文化视域下的高校英语
教学实践探究

萨日古拉　李颖华　刘小凤　著

辽宁大学出版社　沈阳

图书在版编目（CIP）数据

文化视域下的高校英语教学实践探究/萨日古拉，李颖华，刘小凤著. --沈阳：辽宁大学出版社，2024.12. --ISBN 978-7-5698-1940-3

Ⅰ.H319.3

中国国家版本馆 CIP 数据核字第 20248LK294 号

文化视域下的高校英语教学实践探究
WENHUA SHIYU XIA DE GAOXIAO YINGYU JIAOXUE SHIJIAN TANJIU

出 版 者：	辽宁大学出版社有限责任公司
	（地址：沈阳市皇姑区崇山中路 66 号　邮政编码：110036）
印 刷 者：	沈阳市第二市政建设工程公司印刷厂
发 行 者：	辽宁大学出版社有限责任公司
幅面尺寸：	170mm×240mm
印　　张：	19.5
字　　数：	280 千字
出版时间：	2024 年 12 月第 1 版
印刷时间：	2025 年 1 月第 1 次印刷
责任编辑：	李珊珊
封面设计：	高梦琦
责任校对：	李天泽

书　　号：	ISBN 978-7-5698-1940-3
定　　价：	88.00 元

联系电话：024-86864613
邮购热线：024-86830665
网　　址：http://press.lnu.edu.cn

前　　言

在全球化日益加剧的今天，英语作为国际交流的重要工具，其教学与实践的重要性不言而喻。高校作为培养高层次人才的主要阵地，其英语教学实践更是承载着传播文化、培养国际化人才的重任。文化视域下的高校英语教学实践探究，应从文化的角度出发，重新审视和构建高校英语教学体系，在英语教学中融入文化元素，通过文化的导入与渗透，使学生在掌握语言知识的同时，更好地理解和运用英语，实现语言与文化的双重提升，不仅有助于提升高校英语教学质量，培养学生的交际能力。文化视域下的高校英语教学实践要求教师在教学中注重文化导入，从而让学生在真实的语境中感受英语文化的魅力，提高语言运用的准确性。同时，高校英语教学还要关注学生的个性化需求，运用现代信息技术手段，创新教学方法，为学生提供更加丰富、灵活的学习体验。

本书的内容涵盖文化视域下高校英语教学的教学框架与教学准备，通过剖析高校英语教学中文化教学策略的核心要素，以扎实的理论基础和丰富的实践经验，对高校英语教师的文化素养和教学能力提出明确要求，深入探究文化视域下高校英语教学的具体内容及其创新发展，为读者提供了富有启发性的教学思路和教学方法。

本书注重理论与实践的结合，通过引入丰富的教学案例，使得理论更加生动具体，增强说服力和可读性，不仅展示了文化教学策略在教学实践中的具体应用，还为读者提供了宝贵的借鉴和参考。通过阅读本书，读者可以从中获得全新的思考视角，为高校英语教学改革提供有力的指导。期待本书能够提升高校英语教学质量，为我国的国际化人才培养和国际交流合作作出积极贡献，共同推动高校英语教学实践的创新与发展。

作　者

2024 年 8 月

目 录

前　言 …………………………………………………………………… 1

第一章　文化视域下的高校英语教学概论 ………………………… 1

第一节　文化与语言分析 ………………………………………… 1
第二节　文化与教学探究 ………………………………………… 9
第三节　高校英语教学的核心体系 ……………………………… 11
第四节　高校英语教学中的文化教学途径 ……………………… 15
第五节　数字人文背景下的高校英语教学 ……………………… 21

第二章　文化视域下的高校英语教学框架 ………………………… 27

第一节　高校英语教学的特征与要素 …………………………… 27
第二节　高校英语有效教学探究 ………………………………… 30
第三节　高校英语教学的维度分析 ……………………………… 64
第四节　中华优秀传统文化融入高校英语教学的策略 ………… 86

第三章　文化视域下的高校英语教学准备 ………………………… 93

第一节　高校英语教学的原则与现状 …………………………… 93
第二节　高校英语教学的主体分析 ……………………………… 103
第三节　高校英语教学的测试与评价 …………………………… 110
第四节　文化与功能视角下的高校英语教材评价 ……………… 116

第四章　高校英语教学的文化导入 …… 125

　　第一节　文化导入的必要性、原则与主要内容 …… 125

　　第二节　高校英语文化导入的策略现状与原因 …… 130

　　第三节　高校英语教学中文化导入的方法与实现途径 …… 133

　　第四节　中华水文化融入高校英语教学的实践 …… 136

　　第五节　中华饮食文化融入高校英语教学策略 …… 138

第五章　文化视域下的高校英语词汇与语法教学研究 …… 143

　　第一节　高校英语词汇教学的内容与原则 …… 143

　　第二节　文化视域下的高校英语词汇教学 …… 173

　　第三节　高校英语语法教学的内容与要素 …… 174

　　第四节　文化视域下的高校英语语法教学 …… 178

第六章　文化视域下的高校英语听力与口语教学研究 …… 180

　　第一节　高校英语听力教学的目标与内容 …… 180

　　第二节　文化视域下的高校英语听力教学探究 …… 184

　　第三节　高校英语口语教学的目标与内容 …… 195

　　第四节　新媒体视角下茶文化融入英语口语教学的实践 …… 198

第七章　文化视域下的高校英语阅读与写作教学研究 …… 204

　　第一节　高校英语阅读教学的目标与内容 …… 204

　　第二节　文化意识培养下的高校英语阅读教学 …… 205

　　第三节　高校英语写作教学的目标与内容 …… 214

　　第四节　中华优秀传统文化与高校英语写作课堂的融合 …… 216

第八章　文化视域下的高校英语翻译教学研究 …… 220

　　第一节　高校英语翻译教学的目标与内容 …… 220

第二节　文化视域下的英汉文字差异与翻译 …………………… 221

　　第三节　文化视域下的英汉语言差异与翻译 …………………… 248

　　第四节　茶文化视域下的高校英语翻译教学创新 ……………… 252

第九章　文化视域下的高校英语教学创新发展 …………………………… 257

　　第一节　基于文化自信导向的高校英语教学实践 ……………… 257

　　第二节　数字赋能高校英语本土文化教学的实践 ……………… 261

　　第三节　文化视域下的高校英语教学的创新融合 ……………… 267

　　第四节　文化视域下的现代教育技术与高校英语教学 ………… 272

　　第五节　文化视域下的高校英语教学发展建议与方向 ………… 285

参考文献 ………………………………………………………………………… 300

第一章　文化视域下的高校英语教学概论

第一节　文化与语言分析

一、文化分析

"文化"一词是随着人类历史的发展而不断丰富起来的。"文化"作为一个概念，可以有广义和狭义的理解。广义的文化还包括社会意识形态借以形成的物质基础——社会生产力和生产方式的直接产品。人类在生存实践中不断地认识自然、改造自然及改造自身以适应自然，从这个意义上而言，人类在社会实践中形成的一切物质遗产都是文化的组成部分。因此，对文化取其广义的理解——包括精神和物质两个方面。狭义的文化主要指社会意识形态层面上，人类一定范围的社会群体中所具有共性的价值观、行为准则和行为方式，也即使个人行为能力为集体所接受的共同标准；也指在此基础上建立起来的社会组织结构和社会制度。

（一）文化的分类

第一，物质文化。物质文化是指人类创造的物质产品和生产生活的物质条件，包括工具、建筑、服饰、饮食等各个方面，这些物质文化是人类智慧和创造力的体现，也是人类生存和发展的基础。进一步细分，物质文化还可以包括生产文化、生活文化、科技文化等多个子类别。生产文化反映了人类在生产过程中的技术水平和劳动方式，如农耕文化、工业文化等；生活文化则体现了人类在日常生活中的习俗和风尚，如饮食文化、服饰文化等；科技文化则是人类在科学和技术领域的创新和发展，如信息技术文化、生物技术文化等。

第二，精神文化。"精神文化即是人们通常所说的意识形态，如哲学、科学、文学艺术之类，这些都是人的脑力劳动的结晶"①。精神文化是人类文明的灵魂，是人类社会不断发展和进步的动力源泉。精神文化也可以按照不同的维度进行分类。例如，从价值观念的角度而言，文化可以分为集体主义文化和个人主义文化；从艺术审美的角度而言，文化可以分为东方文化和西方文化，或者古典文化和现代文化等。

文化的分类具有重要意义。不同的文化具有不同的历史背景、社会结构和价值观念，这些因素都会影响到人们的思维方式和行为模式。因此，对文化进行分类有助于研究者更好地理解和比较不同文化之间的差异和相似之处，从而推动文化交流和合作。需要注意的是，文化的分类并不是一成不变的，它随着人类社会的发展和变迁而不断演变。随着全球化的加速和信息技术的普及，不同文化之间的交流和融合也日益频繁，这使得文化的分类更加复杂和多样化。因此，在进行文化分类时，需要充分考虑到时代的变迁和文化的动态性。

总而言之，文化的分类是一个多维度、多层次的课题，它涉及人类社会的各个方面和领域。通过不同的分类方式，可以更加深入地了解文化的本质和特性，推动人类文明的进步和发展。同时，也需要保持开放和包容的心态，尊重不同文化的差异和多样性，共同构建一个和谐、包容、进步的世界。

（二）文化的作用

第一，文化的认识功能。文化在帮助人们认识社会、认识人生价值上有重大作用。进步的文化能帮助人们正确地认识社会，或对社会采取批判的态度，或采取扶植、建设、完善的态度。文化越发展，就越能提高人民的素质，充分发挥个人的主动性和积极性，努力为社会进步作出贡献。

---

① 陈仲庚. 中西文化比较［M］. 广州：羊城晚报出版社，2015：3.

第二，文化的改造功能。文化在改造客观世界和人的主观世界方面起了很大作用。自然规律的发现和利用从而达到改造自然的目的，均与文化的传播有关。对社会而言，当某一社会制度正逐渐显露其腐朽性时，新的文化运动就成为批判旧社会、呼唤新社会诞生的先导；当一个新社会诞生后，先进的文化则能帮助这个新社会的巩固、发展和完善。

第三，文化的整合功能。文化的发展帮助人们在思想上、行为上趋于一致。生活在同一社会制度下的人们，在认识上趋于一致，文化起了一定的作用。对某一社会问题，大多数成员能取得一致看法，采取一致行动，并努力去解决它，正是这种功能的表现。例如，文明礼貌活动、优质服务、提高职业道德水平等，都与文化的整合作用有关。

第四，文化的发展功能。文化不仅帮助人们认识社会，而且文化也能为社会结构和社会生活提供蓝图，使社会行为系统化。人一生下来，就踏进了社会化过程，这个过程也就是学习和继承文化的过程，是在前人创造的文化基础上，以此作为起点向前迈进的。在时代的洪流中，人们应当对既有的文化持有一种"扬弃"的态度，这意味着在审慎地评估与取舍之后，继承并弘扬其中具有前瞻性、合理性以及积极促进社会发展的元素。同时，批判地审视并摒弃那些已经过时、无法适应现代社会发展需求的消极因素。通过这样的方式，不仅能够推动文化的持续进步与发展，更能够以此为契机，促进整个社会的和谐与进步。

二、语言分析

在全球化日益加速的当下，不同文化间的交流变得愈发频繁和深入。语言作为文化的重要载体，在文化交际中扮演着至关重要的角色。语言不仅仅是交流的工具，更是文化、历史、社会和心理等多重因素的反映。对文化视域下的语言进行深入分析，有助于增进对不同文化的理解，促进文化交流的有效进行。

（一）语言特点

文化交际作为文化交流的核心领域，其重要性在于促进不同文化背景的人们之间的相互理解与合作。在这一过程中，语言作为交际的媒介，其特点显得尤为突出。

第一，语言的多样性特点。全球范围内，存在着数以千计的语言，每种语言都具备其独特的语音系统、丰富的词汇库、独特的语法结构以及多样化的表达方式，这种多样性为文化交际带来了挑战，但也同时丰富了交流的内容与形式。为了克服语言多样性带来的障碍，人们需要通过翻译、解释等手段，将信息从一种语言转化为另一种语言，以实现有效的沟通。此外，随着全球化的推进，多语言能力也变得越来越重要，它能够帮助人们更好地适应多元文化环境，促进文化交流与合作。

第二，语言的文化性特点。语言是文化的载体，它反映了特定文化群体的价值观、思维方式、风俗习惯等深层次信息。由于不同文化之间的差异，即使是同一种语言，在不同的文化背景下也可能产生不同的理解和解释。因此，在文化交际中，不仅要关注语言的表面形式，更要深入挖掘其背后的文化内涵，以避免因文化差异而导致的误解和冲突。

第三，语言的动态性特点。语言是不断发展的，它随着社会的变迁、科技的进步以及人们思维方式的改变而不断演变，这种动态性使得语言的使用更加灵活多变，同时也对人们的语言能力提出了更高的要求。在文化交际中，需要具备较高的语言适应能力和创新能力，以适应不同语境下的语言使用需求，实现有效的沟通与交流。

总而言之，语言在文化交际中呈现出多样性、文化性和动态性等特点，这些特点既为文化交际带来了挑战，也为人们提供了更多的交流机会与可能性。因此，需要深入研究语言的特点，提高文化交际能力，以促进不同文化背景的人们之间的和谐共处与共同发展。

（二）语言障碍

语言障碍在文化沟通中是一个不可忽视的难题，它的存在严重制约了信息的有效传递与理解的准确性。从多个层面而言，这种障碍的产生和影响都极为复杂。

第一，语言差异。不同语言之间的语音、词汇、语法和表达方式均存在显著差异。在语音方面,不同语言的发音系统、音调和语调都可能有所不同,这可能导致听话者无法准确捕捉说话者的意图。在词汇方面,某些词汇在一种语言中可能具有丰富的文化内涵,而在另一种语言中则可能找不到恰当的对应词,这可能导致信息传递的失真或误解。在语法和表达方式上,不同语言的结构和习惯用法也各有特色,这增加了理解和交流的难度。

第二,文化背景不同。不同文化间的价值观、思维方式、风俗习惯等差异可能导致人们对同一语言现象的理解产生偏差。例如,某些在一种文化中被视为礼貌或尊重的表达方式,在另一种文化中可能被视为冒犯或无理,这种文化差异不仅可能导致沟通双方产生误解和冲突,还可能影响交际的顺利进行,甚至导致交际失败。

第三,非语言因素。尽管语言是人们交流的主要工具,但在实际交际中,非语言因素如肢体语言、面部表情、眼神交流等同样扮演着至关重要的角色。然而,由于不同文化对这些非语言因素的理解和使用方式存在差异,可能导致沟通双方在这些方面产生误解和冲突。例如,某些手势或表情在某些文化中可能被视为友好或礼貌,而在其他文化中则可能被视为不礼貌,这种非语言因素的障碍同样会对交际的效果产生负面影响。

总而言之,语言障碍是制约有效沟通的关键因素之一。在交际中,需要充分了解并尊重不同语言和文化之间的差异,积极寻求克服语言障碍的方法和策略,以确保信息的准确传递和理解的深入。同时,也需要关注非语言因素在交际中的作用,以提高交际的效率和质量。

(三) 语言策略

在全球化日益加深的当代社会,不同文化间的交际变得愈发频繁和重要。然而,文化差异往往导致语言上的障碍,使得交际过程变得复杂且充满挑战。为了克服这些障碍,促进有效沟通,人们需要采取一系列精心设计的语言策略。

第一,尊重和理解文化差异。每一种文化都有其独特的背景和价值观,这些价值观深刻影响着人们的语言和行为。因此,在交流过程中,必须尊重对方的文化背景,避免以自己的文化标准去衡量和评判对方,这不仅是对他人的尊重，也是对自身文化修养的体现。通过深入了解对方的文化，能够更好地理解他们的语言和行为背后的深层含义，从而建立起更为和谐有效的交流关系。

第二，积极学习和了解对方的文化知识。通过学习和研究，可以掌握对方文化中的常用表达、习惯用语和社交礼仪，从而更好地适应和融入文化环境，这种知识的积累不仅能够提高人们的交际能力，还能够增强文化意识，使人们在面对不同文化时能够保持开放和包容的态度。

第三，提高语言能力。掌握一定的外语知识和技能，能够使人们在交流过程中更准确地理解对方的意思，更流畅地表达自己的观点。此外，还应注重培养自己的交际能力，包括语言适应能力、沟通能力和解决问题的能力等，这些能力不仅能够帮助人们更好地应对交际中的挑战，还能提升在文化环境中的自信心和适应能力。

第四，运用有效的沟通技巧。在交际过程中，应该善于倾听对方的意见和想法，尊重对方的观点，避免误解和冲突的产生。同时，还应善于表达自己的看法和需求，以便能更好地了解对方的立场和意图。通过有效的沟通，可以建立起更为紧密和深入的关系，促进双方的合作和发展。

第五，具体的语言手段。例如，使用简单明了的语言能够减少误解的可能性；避免使用具有歧义的表达方式能够确保信息的准确传达；适时地运用幽默和赞美等语言技巧能够增强交流的愉悦性和有效性，这些手段的运用需要人们在实践中不断尝试和总结，以便找到最适合自己的沟通方式。

总而言之，克服文化交际中的语言障碍需要人们在多个方面下功夫。通过尊重和理解文化差异、积极学习和了解对方的文化知识、提高语言能力、培养交际能力以及运用有效的沟通技巧和语言手段，可以更好地应对文化交际中的挑战，促进有效沟通的实现。

（四）语言教育

在全球化趋势日益明显的今天，语言教育的重要性愈发凸显。为了培养具备文化交际能力的优秀人才，必须重新审视并深化对语言教育的理解和实践。语言教育不仅仅是教授语言知识，更是一个全面培养学生文化意识、语言实践能力以及文化沟通能力的过程。

第一,语言教育应着重培养学生的文化意识。语言是文化的载体,也是文化交流的桥梁。因此,在教学过程中,教师不仅要教授语言知识,更要引导学生深入了解语言背后的文化内涵。通过对比不同文化之间的差异和相似之处,学生可以更加全面地认识世界,形成开放、包容的文化心态,这种文化意识的培养,有助于学生更好地理解和尊重不同文化,为未来的文化交际奠定坚实基础。

第二,语言教育应强化学生的语言实践能力。语言学习的最终目的是运用语言进行交际。因此,除了传统的课堂教学外,还应积极开展各种形式的实践活动。例如,可以组织模拟商务谈判活动,让学生在模拟的商务场景中运用所学语言进行交流;还可以开展文化交流活动,让学生有机会与来自不同文化背景的人进行互动,提高他们在实际交际中的语言运用能力,这些实践活动不仅能够激发学生的学习兴趣,还能够帮助他们更好地将所学知识转化为实际能力。

第三,语言教育应注重培养学生的文化沟通能力。在交际中,除了语言本身的运用外,还需要具备良好的倾听能力、表达能力以及解决问题能力。因此,在教学过程中,教师应注重培养学生的这些技能。通过引导学生积极参与课堂讨论、角色扮演等活动,培养他们的表达能力和沟通能力;通过教授解决问题的策略和方法,帮助他们更好地应对交际中可能出现的挑战,这些技能的培养,将使学生在未来的文化交际中更加自信、从容地应对各种挑战。

总而言之,语言教育在培养具备交际能力的人才方面发挥着至关重要的作用。通过注重培养学生的文化意识、语言实践能力以及文化沟通能力,可以为社会培养出更多优秀的文化交际人才,推动全球化进程的发展。

(五)语言与身份认同

在人类社会的多元交织中,语言扮演着举足轻重的角色,它不仅是人们沟通的基本工具,更是个体身份认同的重要标志。当深入剖析语言与身份认同之间的关系时,会发现这一领域充满了复杂性和多元性。

语言是个体文化身份的直接体现。每个人的语言使用习惯、词汇选择、语法结构，甚至语调、口音，都与其所处的文化背景、价值观念和社会地位紧密相连。语言是文化的载体，它承载着历史、传统、习俗等多种文化信息。因此，当使用某种语言时，实际上也在展示着人们的文化特色和价值观，这种语言的使用，不仅有助于个体在特定文化群体中建立和维护自己的身份，还促进了不同文化间的交流和理解。然而，语言也可能成为交际中的障碍，影响个体的身份认同。由于不同文化间的语言差异和误解，个体在交际中可能会遇到身份认同的困境。例如，当来自不同文化背景的人们使用各自的语言进行沟通时，由于语言差异导致的理解障碍可能使双方产生误解和隔阂，进而影响到个体对自身身份的认同。此外，全球化进程中的语言标准化和普及化趋势，也可能导致某些文化特色的语言逐渐边缘化，从而影响这些文化背景下个体的身份认同。

因此，人们需要关注语言与身份认同的关系，尊重每个人的语言使用权利和文化身份。尊重语言多样性，就是尊重不同文化的存在和发展。同时，还应通过教育和引导等方式，帮助个体建立积极的身份认同，促进不同文化间的和谐共处。教育可以培养个体的文化意识，使他们在尊重自身文化身份的同时，也能够理解和接纳其他文化。引导则可以帮助个体在面对语言差异时保持开放和包容的态度，从而建立更加和谐的社会关系。

在全球化背景下，语言与身份认同的关系愈发重要。全球化进程加速了不同文化间的交流与融合，同时也带来了文化冲突和身份认同的困境。在这一背景下，需要更加关注语言与身份认同的问题，通过深入研究和探讨，找到促进文化多样性和个体身份认同和谐共处的有效途径。

语言与身份认同的研究具有重要的实践意义。在政治、经济、社会等各个领域，都可以看到语言与身份认同的紧密关系。例如，在政治领域，语言政策对于维护国家统一和民族团结具有重要意义；在经济领域，多语言环境下的沟通有助于促进国际贸易和合作；在社会领域，语言与身份认同的研究有助于增进社会凝聚力和稳定性。

总而言之，语言与身份认同是一个多维度、复杂而重要的问题。通过尊重语言多样性、加强文化教育、引导个体建立积极的身份认同等方式，可以为构建更加和谐、包容的社会作出贡献。

第二节 文化与教学探究

一、文化教学的内涵

文化教学是指在教学过程中，将文化作为教学的重要内容，通过有效的教学方法和手段，使学生了解和掌握相关的文化知识，同时培养其文化交流的能力。文化教学致力于传授人们交际或与外语教学有关的文化知识，也就是研究两种社会文化的相同和不同之处，使学生对文化差异有较高层次的敏感性，并把它用于交际中，从而达到成功交际的目的。

第一，文化教学的目标是多元的，旨在帮助学生了解不同文化的特点、价值观和行为规范，增强对文化多样性的认识和理解。同时，文化教学还致力于培养学生的交际能力，使他们能够在不同文化背景下进行有效的沟通和交流，这一目标体现了文化教学在促进学生全面发展方面的积极作用。

第二，文化教学的内容丰富多样，它包括了语言文化、历史文化、社会文化、习俗文化等多个方面：①语言文化是文化教学的基础，通过语言学习，学生可以了解不同文化的表达方式、思维方式和交际习惯；②历史文化则有助于学生了解文化的起源、发展和演变过程，从而更深入地理解文化的内涵；③社会文化则反映了不同社会的价值观、道德观和行为规范，对培养学生的交际能力具有重要意义；④习俗文化则是文化教学中最具生动性和趣味性的部分，通过学习不同文化的习俗和礼仪，学生可以更好地融入不同的文化环境。

第三，文化教学的方法需要灵活多样。文化教学更加注重学生的参与和体验，教师可以通过情景模拟、角色扮演、文化体验等方式，让学生在实践中学习和掌握文化知识。

二、文化教学的模式

第一，文化交际教学模式，这种模式强调在文化背景下培养学生的交际能力和文化适应能力。通过模拟真实的交际场景，让学生在实践中学习和掌握交际的技巧和策略，这种模式注重学生的主体性和参与性，能够激发学生的学习兴趣和积极性。

第二，文化体验教学模式。通过组织学生参与各种文化体验活动，如参观文化遗址、体验民俗风情等，让学生在亲身感受中了解和认识不同文化的特点和魅力，这种模式能够增强学生的文化感知力和文化认同感，促进其对文化的深入理解和内化。

第三，文化对比教学模式。文化对比教学模式的核心在于通过深入剖析和对比不同文化间的异同点，引导学生形成对文化多样性的深刻认识。在全球化日益加剧的今天，文化对比教学模式显得尤为重要，它不仅能够帮助学生拓宽视野，增强对不同文化的理解和尊重，更能够培养他们的交际能力。

第四，融合式教学模式。融合式教学模式体现了文化教学与学科教学相互渗透、相互促进的理念，这一模式强调在学科教学中融入文化元素，通过跨学科的方式培养学生的综合素质和交际能力。具体而言，融合式教学模式可以在各个学科领域中寻找文化教学的切入点，将文化知识与学科知识相结合，使学生在学习学科知识的同时，也能够感受到文化的魅力。

总而言之，这些教学模式各具特色，可以根据具体的教学目标和内容灵活选择和运用。在实际教学中，教师可以根据学生的实际情况和需求，结合教学资源和环境条件，设计出符合自身特点的文化教学模式，以实现最佳的教学效果。

三、文化教学的策略

为了有效地实施文化教学，需要采取一系列的教学策略，这些策略旨在提高文化教学的效果，促进学生的文化学习和交际能力的发展。

第一，注重文化内容的整合与渗透。在教学过程中，教师应将文化内容有机地融入学科教学中，使学生在学习学科知识的同时，也能够了解和掌握相关的文化知识。同时，教师还可以通过课外活动、社会实践等方式，进一步拓展学生的文化视野，增强其对文化的感知和理解。

第二，创设文化教学环境。为了培养学生的文化能力，教师应积极创设具有不同文化背景的教学环境，让学生在模拟的文化交际场景中进行实践和体验。通过角色扮演、小组讨论等活动形式，学生可以锻炼自己的文化交际能力，提高对不同文化的适应性和包容性。

第三，注重文化教学的互动性和体验性。在教学过程中，教师应鼓励学生积极参与文化学习和交流活动，通过互动和体验的方式加深对文化的理解和认识。

第四，关注学生的个性差异和学习需求。每个学生都有自己独特的文化背景和学习经历，因此教师在文化教学中应充分尊重学生的个性差异，关注他们的学习需求，提供个性化的教学指导和支持。通过因材施教的方式，教师可以更好地促进学生的文化学习和交际能力的发展。

第五，更新和完善教学内容和方法。随着社会的不断发展和文化的不断交流融合，新的文化现象和文化问题不断涌现。因此，教师在文化教学中应保持敏锐的洞察力和创新精神，及时更新和完善教学内容和方法，以适应时代的发展和学生的需求。

总而言之，文化教学是一个多维度、多层次的系统工程，它要求教师在明确文化教学内涵的基础上，灵活选择和运用各种教学模式，同时采取有效的教学策略来促进学生的文化学习和文化交际能力的发展。通过不断地实践和创新，可以进一步完善文化教学体系，为培养具有全球视野和文化能力的人才作出积极贡献。

第三节　高校英语教学的核心体系

一、高校英语教学的课程教学体系

高校英语教学作为高等教育体系中的重要组成部分，其课程教学体系的构建与完善具有深远的意义，这一体系不仅承载着专业知识和能力培养的使命，更是实现专业培养目标的基石。因此，对于高校英语教学而言，一个科学、合理的课程教学体系显得尤为重要。

第一，课程体系作为专业设置的先导和基础，其设置必须严谨、科学，这涉及课程内容的选取、课时的分配以及授课顺序的安排等多个方面，这些要素之间相互关联、相互影响，共同构成了一个完整的课程体系。而在这个体系中，每一个课程都是专业知识链条上的环节，它们之间的衔接和配合对于专业知识的连贯性和系统性至关重要。对于英语课程体系而言，其确立并非一蹴而就的过程，它必须建立在对各个专业所对应的工作岗位群进行深入调研的基础之上。只有充分了解了这些岗位所需的知识和技能，才能确保英语课程体系的设计能够贴近实际需求，培养出符合社会需要的高素质人才。

第二，从全面培养人的角度而言，英语课程体系不仅要注重专业知识的传授，更要兼顾学生综合素质的提升，这包括培养学生的交际能力、批判性思维能力、自主学习能力等多方面的能力，这些能力的培养不仅能够帮助学生更好地适应未来的工作岗位，还能够促进他们的个人成长和全面发展。在构建英语课程体系的过程中，教材的选择和使用也是一个不容忽视的环节。教材作为专业知识和个人素质、能力培养的物质载体，其质量直接关系到教学效果的好坏。因此，如何使教材符合高校教育的特点与培养目标，是高校界应当密切关注的问题，这需要教师不断地更新教材内容、优化教材结构、创新教材形式，以更好地适应时代的发展和学生的需求。

第三，教师需要关注课程教学方法和手段的创新。随着信息技术的发展，越来越多的现代化教学手段被引入高校英语教学中来，这些手段不仅提高了教学效率，也为学生提供了更加丰富多彩的学习体验。在构建英语课程体系时，应当充分利用这些现代化教学手段，探索出更加高效、实用的教学方法。此外，教师需要重视课程评价体系的建设，一个完善的评价体系能够客观地反映学生的学习效果和教师的教学质量，为教学改进提供有力的依据。因此，在构建英语课程体系时，应当建立起科学、合理的评价体系，对学生的学习成果进行全面、客观评估。

二、高校英语教学的办学条件体系

高校教育作为培养社会所需人才的重要基地，其办学条件的优劣直接关系到人才培养的质量与效果。特别是在英语教育这一领域，实践教学条件的完善与否更是直接关系到学生专业技能的掌握与运用。因此，构建与完善高校英语教学的办学条件体系，显得尤为关键和紧迫。

第一，明确实习实训在高校英语教育中的重要地位。实习实训不仅是高校教育的特色之一，更是提高教育质量、促进学生全面发展的关键环节。通过实习实训，学生可以将在课堂上学习到的理论知识与实际操作相结合，从而达到深化理解、提升能力的目的。特别是对于英语专业的学生而言，实习实训更是他们接触实际工作环境、锻炼英语应用能力的重要途径。

第二，加强高校英语实践教学的条件建设。一方面，高校应加大投入，建设高质量的校内实践基地，这些基地应模拟真实的工作环境，提供充足的实践机会和设施，使学生能够在校内就能初步体验到英语应用的实际场景。同时，校内实践基地还应配备专业的指导教师，对学生的实践活动进行及时、有效的指导和反馈，确保实践活动的质量和效果。另一方面，高校还应积极推行"走出去"战略，与企业合作共建校外实习实训基地。通过与企业合作，高校可以充分利用企业的资源和优势，为学生提供更为真实、丰富的实践环境。同时，企业也可以通过与高校的合作，培养和选拔符合自身需求的英语人才，实现校企双赢。在合作过程中，高校与企业应共同制定实习实训计划，明确双方的责任和义务，确保实习实训活动的顺利进行。

第三，注重实践教学师资队伍的建设。优秀的实践教学师资队伍是保障实践教学质量的关键。高校应加大对实践教学师资队伍的培养和引进力度，鼓励教师参与企业实践、参加专业培训，提升他们的实践能力和教学水平。同时，高校还应建立健全实践教学激励机制，激发教师参与实践教学的积极性和主动性。

第四，加强实践教学的管理和评估工作。实践教学管理和评估是保证实践教学质量的重要手段。高校应建立完善的实践教学管理制度和评估体系，对实践教学活动进行全程监控和评估。通过评估结果的反馈，高校可以及时发现和解决实践教学中存在的问题和不足，从而不断提升实践教学的质量和效果。在未来的发展中，高校英语教学应继续坚持以学生为中心、以实践为导向的办学理念，不断优化办学条件体系，为培养高素质英语人才提供坚实的保障。同时，高校还应积极探索新的教学模式和方法，以适应不断变化的社会需求和人才培养要求，为我国的英语教育事业发展贡献智慧和力量。

三、高校英语教学的实践教学体系

英语实践教学体系的建设和完善，对于高校英语教学活动的组织与安排具有深远的影响，进而直接关系到专业人才素质和职业技能的培养，这一体系的建设不仅关系到学生的实际应用能力的提升，更是关乎我国在国际舞台上的竞争力。在当前全球化日益加深的背景下，英语能力已成为衡量一个专业人才是否具备国际视野和交际能力的重要标准。因此，英语实践教学体系的建设在教育人才培养系统中具有不可替代的地位和作用。

第一，英语实践教学体系的建设需要明确其目标与定位，这一体系的建设旨在通过实践教学活动，提高学生的英语应用能力，培养他们的创新思维和实践能力，它不仅是理论教学的延伸和补充，更是培养学生综合素质和职业能力的关键环节。因此，在构建实践教学体系时，必须充分考虑学生的实际需求和社会发展对人才的要求，确保体系的内容与方法与市场需求相匹配。

第二，积极探索和改革实践教学。高校引入更多具有创新性和实用性的教学方法，如案例教学、项目驱动式教学等。同时，实践教学的内容也应与时俱进，紧密结合行业发展和社会需求，确保学生能够学到真正有用的知识和技能。

第三，完善实践教学设计。教学设计应充分考虑学生的认知规律和学习特点，合理安排实践教学活动的顺序和节奏。同时，还应注重实践教学的连续性和层次性，确保学生在不同阶段都能得到适当的锻炼和提升。此外，实践教学与理论教学的衔接也是设计过程中需要重点考虑的问题，二者应相互补充、相互促进，共同构成完整的教学体系。

第四，在构建体现教育特色的实践教学体系时，应注重培养学生的文化交际能力。随着国际交流的日益频繁，文化交际能力已成为现代人才必备的一项素质。因此，在英语实践教学体系中，应注重培养学生的文化意识，提高他们的文化沟通能力，这可以通过组织文化交流活动、引入外籍教师等方式实现。

第五，以建立和优化英语创新人才培养模式为前提，将实践教学改革融入整体教学改革之中。创新人才培养是当前高等教育的重要任务之一，而实践教学改革则是实现这一目标的关键环节。因此，在构建实践教学体系时，应注重培养学生的创新精神和实践能力，鼓励他们积极参与各种创新实践活动，如科研项目、创新创业比赛等。

第六，不断加强对学生进行知识、能力、素质的综合培养也是实践教学体系建设的重要目标。在实践教学活动中，不仅要注重知识的传授，更要注重能力的培养和素质的提升。通过实践教学活动，学生应能够掌握扎实的英语基础知识，具备良好的英语应用能力，同时还应具备较高的综合素质和职业道德水平。

第四节 高校英语教学中的文化教学途径

随着全球化的深入发展，英语作为国际交流的主要语言，其重要性日益凸显。在我国高校英语教学中，文化教学的重要性也逐渐被广大教育者所认识。文化教学不仅有助于提高学生的交际能力，还能够促进学生对英语语言的深入理解与掌握。因此，探索高校英语教学中的文化教学途径，对于提升英语教学质量、培养具有国际视野的人才具有重要意义。"要想发挥出英语教育的人才培养价值，提高学生的综合英语素养，高校教师不仅要做好词汇、语法等基础知识的传授，还要更加重视对学生语境意识、文化储备等语言文化能力的培养"①。

文化教学是指在英语教学中，通过引入和教授目标语言的文化知识，帮助学生理解并适应不同文化背景下的语言交际行为，这种教学方式强调语言与文化之间的紧密关系，旨在培养学生的文化意识和文化交际能力。在高校英语教学中，文化教学的重要性主要体现在以下方面：①文化教学有助于提升学生的英语综合运用能力。语言和文化是密不可分的，通过对目标语言文化的了解，学生可以更好地理解和运用英语语言，提高英语听说读写各项技能。②文化教学有助于培养学生的国际视野和文化交际能力。在全球化的背景下，具备文化交际能力的人才更具竞争力。通过文化教学，学生可以了解不同国家的文化习俗、价值观念等，增强对不同文化的理解和尊重，提高文化交际能力。③文化教学有助于丰富英语教学内容，激发学生的学习兴趣。通过引入丰富多彩的文化元素，可以使英语教学更加生动有趣，提高学生的学习兴趣和积极性。高校英语教学中文化教学的途径主要包括以下方面：

一、融入文化内容的课程设计

在高校英语教学中，课程设计是实施文化教学的核心环节，它直接关系到学生能否有效地掌握英语知识，并深入理解目标语言的文化内涵。因此，教师在课程设计时应充分认识到文化因素的重要性，巧妙地将文化内容融入英语教学之中。

第一，选择具有文化特色的教材。教材作为教学的基础，其质量直接影响到教学效果。教师在选择教材时，应注重教材的文化内涵和文化交际功能。一方面，教材应包含丰富的文化元素，能够反映目标语言的文化特点和交际规范，使学生在学习过程中能够自然而然地接触到文化知识；另一方面，教材应具备良好的文化交际功能，能够帮助学生理解不同文化背景下的交际方式，培养他们的文化交际能力。

第二，设计具有文化意义的教学任务。教学任务是教学过程中的实践活

---

① 熊慧琳. 高校英语教育中的文化教学途径分析［J］. 英语广场，2021,（4）：91.

动,它能够让学生在实践中感受和理解目标语言文化。教师可以根据教材内容,结合学生的实际情况,设计一系列具有文化意义的教学活动。例如,可以组织学生进行角色扮演,模拟不同文化背景下的交际场景,让学生在亲身体验中感受文化的差异与魅力。此外,教师还可以开展文化讨论活动,引导学生就某一文化现象进行深入探讨,培养他们的批判性思维能力和文化交流能力。

第三,利用多媒体教学、网络教学等现代教学技术来丰富教学手段,为学生呈现丰富多彩的文化现象。多媒体教学可以通过图片、视频等形式直观地展示文化元素,使学生更加直观地了解目标语言的文化特点。网络教学则可以突破时空限制,让学生随时随地进行学习,同时也能够为他们提供更为广泛的学习资源,这些现代教学技术的应用,不仅能够增强学生的学习兴趣和积极性,还能够有效提升学生的文化感知能力。

第四,注重教学内容的拓展。除了传统的语言知识和技能培训外,教师还可以将诗歌、小说、歌曲等文学作品引入教学中,这些作品作为文化的重要载体,蕴含着丰富的文化内涵和艺术价值。通过对这些作品的学习,学生可以更加灵活、深入地对英语文化知识、西方文化语境展开学习与探索研究。同时,这些作品也能够为学生提供更为广阔的视野和更为深刻的人文思考。在拓展教学内容时,高校教师需要特别注意循序渐进的原则。由于学生的认知能力存在差异,教师在选择教学作品时应充分考虑学生的实际情况,确保所选作品与学生的认知能力相匹配。此外,教师还应根据学生的反馈和教学效果及时调整教学策略,确保文化教学的有效性和针对性。

总而言之,融入文化内容的课程设计是高校英语教学中的一项重要任务。通过选择具有文化特色的教材、设计具有文化意义的教学任务以及利用现代教学技术等方式,教师可以有效地将文化内容融入英语课程中,提升学生的文化交际能力和文化素养。同时,教师还需要注重教学内容的拓展和循序渐进的原则,确保文化教学的质量和效果。

二、注重文化差异的对比与分析

通过对不同文化之间的对比与分析,有助于学生更深入地理解并适应不同文化背景下的语言交际行为。因此，教师在高校英语教学中应当重视文化差异的对比与分析。具体而言，教师可以通过以下方面来实现：

第一，引导学生了解不同文化之间的价值观念、社会习俗等方面的差异。通过讲解、讨论等方式，教师可以帮助学生领会不同文化的特点和差异，从而提升他们的文化意识。例如，教师可以比较西方文化中的个人主义与东方文化中的集体主义，或者探讨不同国家在礼仪、家庭观念等方面的差异，这样的比较与分析能够拓展学生的视野，使他们更好地理解不同文化之间的差异。

第二，可以分析文化差异对语言交际的影响。结合具体的语言交际案例，教师可以探讨文化差异在语言交际中的体现和影响，帮助学生掌握在不同文化背景下的交际技巧。例如，在西方文化中，直接表达个人观点被视为正常，而在东方文化中，更注重谦逊和间接表达。通过分析这样的差异，学生可以更好地理解并适应不同文化背景下的语言交际方式。

第三，鼓励学生通过自主学习、合作学习等方式，深入了解不同文化之间的差异和联系，提高他们的文化交际能力。学生可以通过阅读文化交际的相关文献、参与文化交流活动等方式，积极主动地学习和探索不同文化之间的交流模式和规律。同时，教师还可以组织学生进行文化交流的实践活动，如模拟文化对话、开展文化合作项目等，从而帮助他们在实践中提升文化交际能力。

总而言之，高校英语教学中应当注重文化差异的对比与分析。通过引导学生了解不同文化的特点和差异、分析文化差异对语言交际的影响以及鼓励学生进行文化交流的实践活动，可以有效提升学生的文化意识和文化交际能力，从而更好地适应多元文化的社会环境。

三、加强文化实践活动的组织与开展

文化实践活动作为高校英语文化教学的重要组成部分，对于提升学生的文化交际能力、拓宽国际视野具有不可替代的作用。通过亲身参与文化实践活动，学生能够更直观地感受不同文化的魅力，深化对目标语言文化的理解

和认识。因此，在高校英语教学中，教师应充分认识到文化实践活动的重要性，并致力于加强其组织与开展。

第一，组织丰富多彩的文化体验活动。教师可以通过组织学生参观博物馆、艺术馆等文化场所，让学生在亲身体验中感受不同文化的独特氛围和深厚底蕴。例如，可以组织学生参观反映某一历史时期或地域特色的博物馆，通过观赏文物、听取讲解，使学生对该时期或地域的文化有更直观、深入的了解。此外，教师还可以组织学生参加国际文化节、文化交流活动等，让学生在与来自不同文化背景的人交流互动中，拓宽视野，增进对不同文化的理解和尊重，这些活动不仅能够增强学生的文化感知能力，还能够培养他们的文化交际能力，为未来的国际交流与合作奠定坚实基础。

第二，开展文化研究项目。教师可以鼓励学生根据自己的兴趣选择文化主题进行研究，通过查阅资料、实地调查等方式，深入了解目标语言文化的内涵和特点，这种研究性学习的方式不仅可以提高学生的研究能力和自主学习能力，还能够培养他们的创新思维和批判性思维。同时，学生在研究过程中会不断遇到新的问题和挑战，这将促使他们不断学习和探索，进一步提升自己的文化素养和文化交际能力。

在组织实施文化实践活动时，教师还需要注意以下方面：首先，要确保活动的针对性和实效性。教师应根据学生的实际情况和教学目标，选择适合的文化实践活动，确保活动能够真正起到提升学生文化素养和文化交际能力的作用。其次，要注重活动的趣味性和互动性，注重学生的互动和合作。文化实践活动应该具有吸引力和趣味性，能够激发学生的学习兴趣和参与度，让学生在交流中共同成长和进步。最后，要加强活动的评估和反馈。教师可以通过问卷调查、学生反馈等方式，对活动的效果进行评估，以便不断改进和优化活动内容和形式。

总而言之，加强文化实践活动的组织与开展对于高校英语文化教学具有重要意义。通过组织丰富多彩的文化体验活动和开展文化研究项目，教师可以帮助学生更好地了解和感受不同文化的魅力，提高他们的文化素养和文化能力。同时，教师在组织实施活动时还需注意活动的针对性和实效性、趣味性和互动性以及评估和反馈等方面的问题,以确保活动的顺利进行并取得良好的效果。

四、文化教学的资源开发与利用

文化教学作为英语教学的重要组成部分,其资源的开发与利用对于提升教学效果具有至关重要的作用。在高校英语教学中,教师应充分认识到文化教学资源的重要性,并积极挖掘和利用各种资源,以丰富教学内容,提高学生的学习兴趣和积极性。

(一)教材资源的深度挖掘

教材作为高校英语教学的基础,是学生学习英语的主要依据。同时,教材也是文化教学的重要载体,其中蕴含着丰富的文化元素。因此,教师应深入挖掘教材中的文化元素,将其融入教学中,使学生在学习英语的同时,也能深入了解目标语言文化。

第一,仔细研读教材,找出其中的文化主题和文化背景。每个单元或章节往往都有一个或多个文化主题,如节日习俗、社交礼仪、价值观念等,这些文化主题不仅有助于学生理解课文内容,还能引发他们对目标语言文化的兴趣。同时,文化背景也是文化教学不可忽视的一部分。通过介绍文化背景知识,教师可以帮助学生更好地理解目标语言文化的形成和发展过程。

第二,深入挖掘教材中的文化细节。教材中往往蕴含着丰富的文化细节,如词汇的文化内涵、习语的文化背景等,这些文化细节不仅能够帮助学生更深入地理解课文,还能提高他们的文化交际能力。因此,教师应引导学生关注这些细节,帮助他们建立起对目标语言文化的敏感性和认识。

第三,结合教材内容,设计一些具有文化特色的教学活动。例如,教师可以根据课文内容设计角色扮演活动,让学生在模拟真实情境中体验目标语言文化;或者组织文化讨论活动,让学生就某个文化主题发表自己的观点和看法,这些活动不仅能够激发学生的学习兴趣和积极性,还能帮助他们在实践中感受和理解目标语言文化。

(二)网络资源的有效利用

随着信息技术的飞速发展,网络资源在高校英语教学中发挥着越来越重要的作用。网络资源丰富多样，为教师提供了广阔的文化教学空间。因此，教师应积极利用网络资源丰富文化教学内容，提高文化教学的效果。

第一，利用网络资源获取丰富的文化素材。网络上有着海量的图片、视频、音频等文化素材，这些素材直观生动，能够帮助学生更好地理解和感受目标语言文化。教师可以根据教学需要选择合适的素材，将其融入课堂教学中，增强文化教学的生动性和形象性。

第二，利用网络平台开展文化教学活动。网络平台具有交互性强、信息传播快等特点，为文化教学提供了便利条件。教师可以利用网络平台开展在线讨论、在线协作等教学活动，让学生在虚拟环境中进行文化交流与互动，这种教学方式不仅能够打破时间和空间的限制，还能提高学生的参与度和积极性。

第三，利用网络平台发布文化教学资源和学习任务。教师可以将一些优质的文化教学资源上传到网络平台，供学生自主学习和查阅；同时，教师还可以设计一些具有针对性的学习任务，引导学生通过网络平台进行自主学习和合作学习，这种方式不仅能够提高学生的学习效率和质量，还能培养他们的自主学习能力和合作精神。

第五节　数字人文背景下的高校英语教学

一、数字人文背景下高校英语教学的框架

数字人文是一个涵盖人文科学与计算机科学、数字技术等领域的交叉学科，它通过使用数字技术来探索、分析、呈现和解释人文现象，进而推动人文研究的发展和创新。"数字人文的出现和发展，使人文学者能够利用数字技术来深入地挖掘和分析人文现象，为公众提供了更多元化、更生动的文化体验"[1]。

---

[1] 何英. 数字人文背景下大学英语教学研究［J］. 辽宁经济职业技术学院. 辽宁经济管理干部学院学报，2024，(1)：98.

高校英语课程是我国高校面向非英语专业学生开设的公共英语必修课，是高校通识教育的重要组成部分，其目的在于培养学生的英语语言能力和文化交流能力。数字人文的强大数据和人工智能资源为高校英语教学的发展提供了新的方向和思路。通过数字化技术和计算机科技手段，将现代技术与传统文科相结合，为学生提供综合性的多元立体学习环境，改变学生以阅读为主的学习方法，使英语学习者可以在数字平台获得类似真实生活场景中原汁原味的语言信息和文化信息，进行更贴近真实生活的语言输入和输出，从而帮助学习者获得更贴近生活的学习体验，提高英语的应用能力。在数字人文的浪潮下，高校英语教学发生了深刻的变化。相较于传统的教学模式，数字人文为高校英语教学注入了强大的动力，使教学资源与教学手段得以极大丰富。借助数字人文的技术支持，一个集可视化、听觉化、阅读化、模仿化于一体的多元化英语学习资源库应运而生，为学生提供了全方位的英语语言和文化资料，这不仅使学生能够在线上进行阅读、听说和赏析等全方位的学习，更使得沉浸式体验教学和线上线下混合式教学成为可能，极大地提升了学生的学习体验与效果。

（一）数字人文背景下高校英语教学的理论体系

第一，"做中学"教育理论。"做中学"的教育理论，主张教育不应局限于对知识的机械记忆，而应成为一种生活体验和学习方法的掌握过程。在数字人文的背景下，这一理念得到了新的诠释。学生不再是被动的知识接受者，而是成为"做"的主体，通过实践活动和经验积累来探索知识、创造知识，这种转变不仅提升了学生的学习动力，也使其在学习过程中获得了更多的自主权和掌控感。

第二，人本主义教育理论。人本主义教育理论强调学生的自我实现和潜能发挥，注重学习者的情感需求和情感作用。在数字人文的推动下，这一理论得到了进一步深化。多元化教学模式的实施，使得不同基础的学生都能找到适合自己的学习内容和方式，从而激发新的学习需求，并在知识积累的基础上发展出浓厚的学习兴趣，这种以学生为中心的教学模式，不仅提升了学生的学习效果，也促进了其全面发展。

第三，语言输入与语言输出理论。输入假说认为略高于学习者现有水平的可理解性输入是语言习得的必要条件；输出假说则强调语言输出在语言习得中的重要作用，学习者需要在语言使用的过程中不断检验和修正自己的假设。在数字人文的背景下，这两大理论得到了有效融合。丰富的数字人文资源为学生提供了大量的可理解性输入，而交互式学习平台则为学生提供了进行语言输出的机会，这种输入与输出的有机结合，极大地促进了学生的语言习得过程。

总而言之，这些理论为教师在基于数字人文的多元化英语教学实践中提供了有力的指导。教师需要根据学生的实际情况，制定符合其学习目标和计划的教学方案，引导学生通过多元化的方式进行英语输入和输出，从而实现有效的语言学习。

(二) 数字人文背景下高校英语教学的物质基础

第一，教学资源的丰富与拓展。数字人文为高校英语教学提供了前所未有的丰富教学资源，这些资源涵盖了文学、历史、文化等多个领域，以艺术作品、文本、图片、音频、视频等多种形式呈现，为学生打开了一个全新的知识世界。电子书籍、在线期刊、数字化历史和文化档案、在线数据库以及多媒体语料库等资源的引入，使学生可以更加便捷地获取所需信息，降低了信息获取的成本，提高了学习效率。同时，这些资源也为学生提供了更加真实、生动的语言学习环境，有助于其更好地理解和运用英语。

第二，交互式教学平台的构建与应用。数字人文不仅为高校英语教学提供了丰富的教学资源，还为其构建了多种交互式教学平台，这些平台如中国大学 MOOC 平台、ITEST 平台、U 校园平台、WE－learn 平台等，为学生和教师提供了在线交流和合作的机会。通过这些平台，学生可以随时随地与教师进行互动，提出问题、分享心得；同时也可以与其他学生进行合作学习，共同探讨问题、交流想法，这种交互式的学习方式不仅提高了学生的学习兴趣和积极性，也促进了其批判性思维和创新能力的培养。

总而言之，数字人文的兴起为高校英语教学带来了前所未有的机遇和挑战，它不仅为教学提供了丰富的资源和平台，也为教学理念和方法的创新提供了可能。在未来的教学中，应充分利用数字人文的优势，推动高校英语教学的多元化发展，培养更多具有创新精神和实践能力的人才。

二、数字人文背景下高校英语教学的实践路径

（一）数字人文背景下高校英语教师角色

在数字人文的影响下，高校英语教师的角色发生了显著的变化。随着数字人文的兴起，教师的角色逐渐转变为学生学习过程的引导者和促进者。具体而言，教师在课前需要成为课程的设计者或学习材料的开发者，利用数字平台为学生提供丰富的学习资源；课中，教师则转变为学习任务的检查者、活动的组织者和答疑解惑者，引导学生积极参与课堂讨论和实践；课后，教师还需要对学生的作业进行批改，提供学习评估和反馈，帮助学生更好地了解自己的学习状况。数字人文背景下高校英语教师的角色转变要求教师必须不断更新自己的知识和技能，以适应数字人文带来的新挑战。教师需要具备信息素养和数字技能，能够熟练运用各种数字工具和平台，为学生提供个性化的学习支持。同时，教师还需要具备创新意识和跨界思维，能够将数字人文的理念和方法融入教学中，创造出更具吸引力的教学环境。

（二）数字人文背景下高校英语教学形式

数字人文不仅改变了教师的角色，也推动了高校英语教学形式的创新。在数字人文的支持下，高校英语教学形式变得更加多样化和灵活。

第一，数字人文为高校英语教学提供了海量的学习资源。学生可以通过手机、电脑等移动设备随时随地获取各种英语学习材料，包括视频、音频、文本等多种形式，这些资源不仅丰富了学生的学习内容，也提高了他们的学习兴趣和积极性。

第二，数字人文使得高校英语教学更加注重实践和应用。通过线上线下相结合的混合式教学方式，学生可以在课前自主学习新知识，课中通过小组讨论、角色扮演等活动进行实践应用，课后则通过完成作业、参与项目等方式巩固所学知识，这种教学方式使得学生在学习过程中能够更好地将理论与实践相结合，提高了他们的实际应用能力。

（三）数字人文背景下高校英语评估方式

数字人文对高校英语评估方式也产生了深远的影响，在数字人文的背景下，评估方式逐渐变得多元化和全面化。

第一，数字平台为高校英语评估提供了更多的可能性。通过在线测试、自动评分等功能，教师可以实时了解学生的学习情况，及时发现问题并进行针对性的指导，这种数字化的评估方式不仅提高了评估的效率，也使得评估结果更加客观和准确。

第二，数字人文推动了评估内容的拓展和深化。除了传统的语言知识和技能考查外，现在的评估还更加注重学生的实际应用能力、创新能力和协作能力等方面的考察，这种综合性的评估方式能够更全面地反映学生的英语水平和综合素质。

第三，数字人文促进了评估过程的民主化和科学化。通过收集和分析大量的学习数据，教师可以更深入地了解学生的学习情况和发展趋势，从而作出更为科学和准确的评估决策。同时，学生也可以参与到评估过程中来，通过自我评价和互相评价等方式来反思自己的学习表现并不断改进。

（四）数字人文背景下高校英语未来展望

第一，数字人文有望推动高校英语教学向更加个性化的方向发展。在传统的教学模式中，学生往往只能被动接受学校安排的教学内容和进度，而无法根据自己的实际需求和兴趣进行选择。然而，在数字人文的背景下，这一情况有望得到根本性的改变。学生可以通过访问学习平台，浏览丰富多样的教学目录，自主选择符合自己基础和兴趣方向的学习内容。他们可以选择与这些内容相关的班级进行上课，参与相关话题的讨论和小组活动，这种个性化的学习方式将使学生能够更加主动地参与到英语学习中来，从而提高学习效果和学习动力。

第二，数字人文还将推动英语测试和评估形式的创新。在大数据时代，学生的学习活动不再受时间和地点的限制，他们可以根据自己的节奏和进度进行学习。因此，传统的统一考试形式已经无法满足这种多样化的学习需求。未来的高校英语考试可能会采取更加灵活和人性化的形式，例如类似于电子游戏升级过关的模式。学生可以在学习一段时间后申请线上考试，通过后即可进入下一个阶段的学习。如果未能通过考试，他们可以选择停留在当前阶段继续学习，这种考试形式不仅可以根据学生的实际情况进行灵活调整，还可以让学生在轻松愉快的氛围中完成学习任务，提高学习的趣味性和挑战性。

第三，数字人文还将为英语教学带来现实与虚拟多模态互动的新模式。借助增强现实（AR）和虚拟现实（VR）技术，可以为学生创造一个沉浸式的英语学习环境。在这个环境中，学生可以通过 AR/VR 设备模拟真实的语言应用场景，进行人机互动式学习和交流，这种交流可以涉及文本、图像、音频和视频等多种形式，不仅可以一对一进行，还可以以小组形式或对抗形式进行。同时，平台还可以根据人机互动的内容对学生的交流进行评分，并将其纳入考核成绩中。多模态互动的学习方式将使学生能够更加深入地理解和运用英语知识，提高语言应用能力。

总而言之，数字人文不仅改变了教师的角色和教学形式，也推动了评估方式的变革，这些变化使得高校英语教学更加符合数字时代学生的学习需求和习惯，提高了教学效果和质量。人们也应该看到，数字人文带来的未来展望。因此，在未来的教学中，教师需要继续探索和创新，充分利用数字人文的优势，为高校英语教学注入新的活力和动力。

第二章　文化视域下的高校英语教学框架

第一节　高校英语教学的特征与要素

一、高校英语教学的特征

高校英语教学与高校其他学科教学有许多共性，如促进学生身心发展、提高实际应用能力、培养自主学习能力等。但也有诸多特征，主要包括以下方面：

（一）工具性与实用性特征

语言是一种社会现象，是人类传递思想和信息的最重要的工具。高校英语教学承担着培养学生基本英语素养和发展应用能力的任务，即通过英语课程学习，使学生了解基本的英语语言知识，帮助他们掌握一定的听说读写译技能，在促进其思维发展的同时，也为他们继续学习英语和用英语学习其他科学文化知识奠定基础。同时，英语作为一种全球性通用语言，其实用价值主要体现在沟通交流方面。为了使学生能够更好地融入国际社会，必须重视培养他们的英语口语能力，使他们能够流利地表达自己的思想。同时，还应注重提高学生的英语写作能力，确保他们能够撰写出行文流畅、用词精准的英文文章，以准确地传达自己的意图。

（二）人文性与思想性特征

"人文"一词指人类文明，包括人类所创造的一切文化成果以及从事的实践活动，亦有"教化教养"之意。英语经历了漫长的进化与演变，它承载了西方文明的灿烂与辉煌，是西方世界先进思想文化的载体。因此，高校英语教学应充分考虑英语的人文性和思想性，以英语学习为切入点，教师除了帮助学生高效掌握语言知识和技能、减少机械记忆以外，也应重视引领学生深入理解和把握语言，探寻语言背后所蕴含和传达的深刻思想内涵，以助益学生拓宽视野，塑造文化包容并蓄的意识，激发创新能力，培养健全的人格和正面的人生观与价值观。

高校英语教学要体现出英语的工具性，即在重视学生英语语言知识积累的同时，大力培养学生的语言实际应用能力。而英语的人文性也要求高校英语教学要着眼于英语课程对学生思想感情的熏陶，关注学生的心灵成长、心智发展和人格升华。换言之，英语的工具性是人文性的基础与载体，而人文性是工具性的思想与灵魂。只有明确了它们之间的辩证关系，教师才会淡化知识本位的教学，才不会过度强调单词、短语、句型之类的纯知识技能操练，即强调其"工具性"；也不会片面强调"人文性"，即过于关注文化差异，挖掘文本的思想理念。因此，在高校英语教学实践中，要确保学生掌握必要的知识技能，包括听、说、读、写等方面的英语能力，使他们能够运用所学英语解决实际问题。同时，还应将人文性融入整个教学过程中，通过丰富多样的教学内容和方式，让学生在学习过程中领略到不同文化的魅力，增强文化底蕴，丰厚人生积淀，为国家和社会培养出德才兼备的优秀人才，为社会的繁荣和发展贡献力量。

二、高校英语教学的要素

高校英语教学作为一个复杂的系统过程，是由多个相互关联、相互作用的要素共同构成的，这些要素不仅为教学过程提供了基本的框架，也决定了教学行为发展的可行性和有效性。在国内英语教学界，关于英语教学的基本要素存在多种观点，但这些观点主要集中在教学目的、教学内容、教学方法、教学手段、教学环境、教材、教师和学生等方面，这些要素从多个维度对英语教学进行了深入剖析，为教师们提供了更广阔的思路，加深了对教学过程的认识和理解。在这些要素中，教师、学生、教学环境和教学方法是最为关键和基本的要素，它们对英语教学的成功与否起着决定性的作用。

第一，教师作为教学活动的组织者和引导者，其角色和地位不容忽视。教师的专业素养、教学理念、教学方法等都直接影响着学生的学习效果。优秀的高校英语教师不仅能够准确把握教学目标，合理设计教学内容，还能够灵活运用各种教学方法和手段，激发学生的学习兴趣，帮助他们构建知识体系，提升语言应用能力。同时，教师还需要关注学生的学习状态，及时给予指导和帮助，促进他们的全面发展。

第二，学生是教学的主体，是教学活动的直接参与者。学生的英语基础、学习兴趣、学习态度等都直接影响着教学效果。因此，教师在教学过程中需要充分了解学生的实际情况，因材施教，尊重学生的个性差异，鼓励他们积极参与课堂活动，培养他们的自主学习能力和合作精神。同时，教师还需要关注学生的心理需求，为他们创造一个宽松、和谐的学习氛围，帮助他们建立自信心，克服学习中的困难和挑战。

第三，教学环境是语言学习过程中非常重要的部分。良好的教学环境能够为学生提供丰富的语言输入和输出机会，促进他们的语言习得。因此，高校应该努力营造一个充满英语氛围的校园环境，如开设英语角、举办英语文化活动等，让学生在日常生活中也能接触到英语，提高他们的英语实际应用能力。

第四，教学方法在教学过程中起到了极为重要的推动作用。教学方法的选择和使用直接影响到教学效果的好坏。随着高校英语教学改革的不断深入，越来越多的教学方法被引入课堂教学中，如任务型教学法、合作学习法、翻转课堂等，这些新的教学方法不仅丰富了教学手段，也提高了学生的学习兴趣和参与度。教师在选择教学方法时需要根据学生的实际情况和教学目标进行综合考虑，灵活运用各种教学方法，以达到最佳的教学效果。

第二节 高校英语有效教学探究

一、高校英语有效教学的体系

"有效教学特指教师通过教学过程的规律性,成功引起、维持和促进学生的学习,相对有效地达到预期教学结果的教学"①。有效教学的实质在于教师在一定时间内的教学努力,能否切实引发学生明显的学业提升与全面发展。学生是否取得显著的进步与发展,是衡量教学效果是否理想的核心标准。有效教学的显著特点在于其设定的教学目标既明确又恰当,且能够实现高效的学习成果。由于有效的教学是教师在遵循教学规律的基础上,成功激发学生的学习热情、维持其学习动力,并助推其持续进步,从而有效达成预期教学目标的教学活动,这样的教学不仅遵循教学的基本法则,更在效果、效益和效率上均表现出色。而有效教学的这些特质,最能够体现其深层含义,也最有利于实现教学的有效性目标,它们是通过教师一系列精心设计的教学行为来具体展现的。在高校英语教学方面,有效的教学意味着以最小的教学成本投入,成功地推动学生的英语学习与成长,达到既定的英语教学目标。所教授的知识不仅有助于学生的学业发展,更应为其未来的职业道路或创业之路提供有力的支持。同时,这样的教学还致力于促进学生在情感态度、文化知识、学习技巧以及专业素养等多方面的均衡与和谐发展。

(一)高校英语有效教学的目标

"英语教学的有效性,实质上就是要求教师对传统的课堂教学模式进行改革,革除弊端,与时俱进,从教学思维到教学模式,从教学过程到评价机制,对传统的做法加以合理地扬弃、发展和创新,从而提升英语课堂教学的有效性"②。对于高校而言,英语教学不仅是传授语言知识,更是培养学生文化交际能力、批判性思维和创新精神的重要途径。因此,高校英语有效教

---

① 宋君. 高校英语有效教学的研究 [D]. 咸阳:西北农林科技大学,2012:7.
② 潘瑞峰. 高校英语课堂教学的有效性研究 [J]. 科技致富向导,2012 (6):61.

学的目标，不仅仅局限于学生的语言水平提升，更应注重学生的全面发展。

第一，高校英语有效教学的首要目标是提高学生的英语水平，这包括听、说、读、写四个方面的能力。在听力方面，学生应能够准确理解不同口音、语速的英语材料，包括日常对话、学术讲座等；在口语方面，学生应能够流利地进行日常交流，并能在特定场合下进行专业的口头表达；在阅读方面，学生应能够读懂各种题材的英文文献，理解其深层含义；在写作方面，学生应能够撰写结构清晰、逻辑严谨的英文文章，表达个人观点。

第二，注重培养学生的交际能力。在全球化的背景下，学生不仅要掌握英语，更要了解英语国家的文化、历史和社会背景，以便在文化交流中更好地理解和尊重他人。因此，高校英语教学应融入文化元素，通过案例分析、角色扮演等方式，让学生在实践中提高交际能力。

第三，注重培养学生的批判性思维。批判性思维是现代社会中不可或缺的能力，它能够帮助人们对信息进行分析、评价和判断，从而做出明智的决策。在英语教学中，教师可以通过引导学生阅读和分析各种题材的英文文献，培养他们的批判性思维能力。例如，可以让学生就某个社会问题或历史事件进行讨论，通过辩论和写作的方式锻炼他们的逻辑思维和表达能力。

第四，培养学生的创新精神。创新精神是推动社会进步的重要动力，它要求学生具备独立思考、勇于探索的精神。在英语教学中，教师可以通过设置开放性问题、鼓励学生进行创造性写作等方式，激发他们的创新思维。同时，教师还可以利用现代教学技术，如多媒体教学、在线学习平台等，为学生提供更加丰富的学习资源和互动机会，进一步激发他们的学习兴趣和创新潜能。

（二）高校英语有效教学的要求

第一，遵循高校英语教育的内在逻辑。在高校英语教育中，应将语言的学习与职业技能的培养紧密结合，确保教学过程中充分展现其职业性和实用性，这样，不仅可以提升学生的英语交流能力，还能增强他们的综合职业素养，进而增强他们在就业市场上的竞争力。因此，教师在高校英语教育中，必须深入理解和应用这些教育规律，制定出既实际又可行的教学目标和计划。同时，他们还需要科学运用各种教学方法、手段和策略，以提高教学效率，确保教学效果的达成。只有这样，才能实现学生的全面、持续进步与发展，从而真正体现教学的价值。

第二，重视高校英语教育的实效性。高校英语教育的实效性，就是其教学活动所带来的实际成果，就是学生在学习过程中所取得的进步和发展。通过一段时间的学习，应看到学生在英语基础知识的掌握、听说读写技能的提升、学习方法的改进、学习兴趣的增强以及英语文化意识的提高等方面都有显著的变化。学生是否取得了进步和发展，是评价教学实效性的唯一标准。因此，必须高度关注教学的实效性，紧密跟踪学生在学习后的具体表现，以便更好地推动英语教育的有效进行。

（三）高校英语有效教学的环节

1. 课前导入环节

课前导入环节作为英语教学的重要开端，其对于提升整堂课的教学效果具有至关重要的影响。一堂高效的英语课堂，通常可以分为三个关键阶段：导入、正课和总结。其中，导入环节便是教学的初始阶段，它能够开启学生思维的宝库，为接下来的教学活动铺设坚实的基石。在这个环节中，教师需要巧妙地运用教学的艺术魅力，通过引人入胜的话题、生动有趣的实例或是富有启发性的问题，激发学生的好奇心与探索欲，从而唤起全体学生的学习兴趣，这不仅仅是一个简单的开场白，更是对学生情感与认知的双重调动，使学生能够在心理上对英语学习产生积极的期待与向往。对于高校英语教学而言，无论是聚焦于词汇的深度挖掘、语音的精准把握、语法的系统讲解，还是篇章的细致分析，导入环节都显得尤为关键，它要求教师在课前进行充分的准备，结合教材内容与学生的实际水平，设计出既具有针对性又富有创意的导入内容，以此吸引学生的注意力，为接下来的教学活动奠定坚实的基础。同时，这也是教师展现自身教学风格与魅力的绝佳时机，有助于构建和谐的师生关系，为后续的英语学习创造更加良好的氛围。

2. 课堂讲解环节

（1）讲解环节的语篇分析。语篇分析是指以语篇为基本单位，从语篇的整体出发，对文章进行分析、理解和评价，包括语篇的主题分析、结构分析以及文体分析。在高校英语教学课堂讲解环节中，要突出语篇教学。句子水平上的教学只能培养语言能力，要培养交际能力，必须把教学水平提高到语篇水平。语篇分析对于学生了解文章内容、作者写作方法以及以英语为母语时的思维习惯很有帮助。高校英语教学要重视语篇分析，才能让学生准确地把握一篇文章的脉络和寓意。语篇分析在适度的范围内，能够有效推动非英语专业学生在英语写作和听说能力方面的提升，并激发他们对阅读各类主题英语文章的兴趣。

（2）讲解环节的提问技巧。在课堂教学中，教师们已经习惯运用启发式教学方法即提问，提问已经成为课堂教学中必不可少的一部分。学生的学习过程实际上是一个不断提出问题和解决问题的过程。课堂提问有设问、追问、互问、直问和反问五种类型。教师在提问时，要注意问题的科学性，要有助于学生思维的发展，要遵循阶梯性原则（问题由浅入深、由简到繁）、量力性原则（面对不同水平的学生提出不同深度的问题）、精要性原则（提问要精减数量，直入重点）、整体性原则（围绕课文中心，提出相辅相成、配套贯通的问题）、学生主体性原则（引导、鼓励、欢迎学生善于发现和提出问题，发表创新见解）、启发性原则（学生回答机会均等，防止偏向）、趣味性原则（提问要有情趣、意味和吸引力，使学生在愉悦中接受教学）、激励性原则（说一些赞扬的话，加以鼓励）。通过此种方式，课堂提问得以发挥其独特作用，不仅能够启迪学生深入理解教学内容，还能有效检验学生对知识的掌握程度。同时，这一环节也有助于培养学生的创造性思维，充分调动其学习积极性，从而实现教学相长的良好效果。

3. 学生活动环节

在学生活动环节中，教师的角色并不仅仅是知识的传授者，更是学生学习过程中的帮助者和引导者。课堂活动的核心是学生的参与和互动，而教师则是这一过程中的重要辅助力量。在知识层面上，教师应提供必要的指导和解答，确保学生能够顺利掌握知识点；在心理层面上，教师应给予学生充分的鼓励和支持，帮助他们建立自信，克服学习中的困难。为了更好地促进学生的学习，教师还需细心观察和分析学生的活动表现。通过观察，教师可以了解每个学生的长处和短处，从而因材施教，提供个性化的指导。同时，教师还需不断反思自己的教学，发现教学中的不足，并积极寻求改进之道，以不断提升教学质量。交际性的高校英语课堂教学活动在提升学生英语应用能力方面尤为有效。然而，这种教学方式对教师的要求也更高。教师需要具备敏锐的观察能力，以捕捉学生在交际过程中的细微变化；需要拥有深入的分析能力，以准确评估学生的学习状况；还需要具备对教学内容的临时整合能力，以适应不同学生的需求；特别是在班级人数较多时，教师的课堂组织能力就显得尤为重要，以确保每个学生都能有效地参与到课堂活动中来。

例如，小组互动是高校英语高效课堂学生活动中的常见形式之一，也是有效教学模式的主要表现形式，它要求教师充分调动学生的积极性，有效地组织起以学生为中心的生动活泼的课堂活动，并从中发现问题，及时加以帮助和引导。高校英语作为一门实践课程，需要学生通过个人的实践来培养学习兴趣，提高其语言技能。小组互动恰恰为这一实践要求提供了充分的机会。小组互动这一小范围的语言实践活动，能使学生消除在语言操练中可能产生的紧张和焦虑心态，使他们能更积极有效地进行学习。小组互动经常会以完成某种任务的形式来进行。在这一过程中，学生之间处于互动的状态，通过意义共建增进语言习得。通过以任务为核心、以小组合作交流为主要形式的教学活动，为学生提供了更多参与语言实践的机会和时间，这种小组合作的组织方式以及轻松的学习氛围，不仅激发了学生参与的积极性，还确立了一种以学生为中心的、高效的课堂教学模式。

（四）高校英语有效教学的内容选择原则

高校英语教学内容组织是一个复杂的系统，有效教学内容必须是一个整体概念，既能充分发挥各个不同层次的作用又能充分调动教师、学生两方面的积极性。高校英语有效教学内容选择原则包括以下方面：

第一，反馈性原则。教学工作，无论是就其纵向的各种序列、层次而言，或是横向的各个单位、教研室以及他们之间的关系复杂情况而言，显然需要做到信息传递迅速，信息沟通合理，信息及时反馈。在此基础之上，才能实施教学内容的有效组织,从而达到预期效果。

第二,阶段性原则。阶段性原则要求英语有效教学内容组织工作既要重视全过程的管理,又要做好分阶段的管理,明确全过程的管理目标,加强对全过程的管理工作,以推动各个阶段工作朝着整理的目标前进。各个阶段的工作做好了,才能使整体目标的实施得到保证。过程由阶段组成,因而贯彻阶段性意义对于教学内容的组织意义重大。

第三,灵活性原则。高校英语有效教学内容的组织要具有灵活性,内容包括:①教学内容方法要灵活。语言知识主要是语言的语法和文法,语言技能主要是在语言实际运用上。不同的学习内容方法,其特点也不同,对于学习的主体,学生的状况也不同,教师要结合学生及其自身特点,改善课堂的教学情况,激发学生的兴趣,用兴趣引导学生学习,从而激发学生的学习热情。②语言内容的使用要具有灵活性。语言的本质是交际工具。英语作为一种广泛应用的语言,要实现其生活化的目标,就必须在日常生活中积极运用英语进行表达。作为一门生活化的语言,英语可以在课堂上得到更好的应用。教师可以通过使用英语授课,帮助学生更加灵活地掌握英语,并能够在日常生活中自如地运用。

第四,层进性原则。英语有效教学内容组织需要具有层进性原则,在设计教学活动时必须依据合理的、循序渐进的过程,切忌一次性推进,要有过程。过程是从感性到理性,从认知到思考,从思考到质疑,再从质疑到探索发现。为了确保教学方案的有效性和适用性,需要将此观点作为制定方案的根本性原则。在教学过程中,教师应遵循层进性原则,将学生的既有知识和生活经验与教学内容紧密结合,逐步构建完整的知识框架。通过此种方式,教师不仅能够帮助学生更好地理解和掌握知识,还能促进学生的全面发展。首先,教师应该做到使每一个教学环节都循序渐进,不仅要承担这一环节的教学责任,还要准备下一环节的衔接,从而起到承上启下的过渡作用;其次,思考和策划每一个环节,明确目标,才能更好地向目标迈进。

二、高校英语有效教学的策略

在高校英语教学实践中,教师应该想办法实现英语的有效教学,这样才能更好地实现高校英语教学的目标，培养出具有专业技术能力，又具有实际使用语言进行交流和处理外企业务能力的应用型的技术人才。

（一）高校英语知识有效教学的策略

1. 高校英语词汇有效教学策略

（1）利用语料库开展词汇教学，主要包括以下方面：

第一，使学生在语境中掌握词汇具体用法。与语境相关的实例在英语语料库中有很多。在特定的语境中学习英语词汇，能够极大地简化学生的学习过程。通过语料库提供的语境相关学习材料，学生可以深入了解词汇的使用频率、应用方法，掌握高频词汇的多样化使用技巧及其相关的语言现象。同时，具体的语境环境还有助于提升学生的专注度，使他们更容易对词汇的应用规律进行总结和归纳。例如，某高校英语教材给 outline 这个单词的注释是"概要、轮廓、外形"，在实际应用中，教师可以在语料库中进行检索，找出其应用的几种使用方法和使用频率，或者让学生自行检索。通过检索，学生可以知道 outline 这个单词可以作动词，也可以作名词。在实际教学活动中，教师要先示范语料库的正确使用方法，让学生学会如何使用。通过语料库的使用，学生自主学习和动手能力得到了提升。

第二，在检索过程中了解不同词汇搭配。词汇搭配的正确习得可以极大地提高学习者的语言水平，具体表现为输出更准确、更流利、更得体、更高效、更深刻。例如，trend 这个单词有趋势、倾向的意思，将这个单词在语料库中进行检索，可以发现与它有关的词语搭配，包括但不限于 development trend，trend up，short term trend 等短语，可以得知 trend 有多样的使用和搭配方法。通过语料库的使用，学生可以将学习中习得的词汇搭配与语料库中的词语搭配相比较，从而更新自己的英语学习认知，更好地进行词汇学习。

第三，对近义词以及同义词进行检索。通过在语料库检索同义词、近义词，可以帮助学生更好地理解同义词、近义词，然后总结出相应的规律进行实际运用。例如，damage 和 destroy 这两个单词，都有摧毁、毁灭的意思，是一对近义词，为了方便理解，可以先在语料库中对 damage 和 destroy 进行检索，具体分析二者的使用方法，从而理解这两个单词的不同之处。同样的，也可以用语料库检测多个意思相近的词语。

第四，进行词汇的复习与巩固。除了使学生在语境中掌握词汇具体用法、对近义词以及同义词进行检索、在检索过程中了解不同词汇搭配外，英语语料库在词汇教学中还可以对学生进行词汇的巩固。巩固的方式有很多，这里以练习为例说明。语料库中检索出的内容可以作为练习，练习题的方式多种多样，如判断题、选择题、填空题等。教师隐藏语料库中检索出的部分内容，让学生将正确答案填到隐藏的部分。语料库资源的丰富性使教师能够根据学生的学习阶段和学习情况进行习题的选择。学生也可以自主地应用语料库对学习过的一些知识进行巩固，同时拓展已知词汇的课外内容。语料库内容的丰富性使学生可以根据自身的学习进行针对性的练习。此外，鉴于语料库中的词汇涵盖面远超教材范畴，学生在实际语境中更易掌握词汇的应用技巧。语料库的运用在助推学生英语水平提升的同时，亦有助于培养学生的信息技术能力，实现其全面发展。

（2）讲授词汇记忆的不同方法。对于词汇的掌握和使用而言，词汇量的增长非常重要，词汇量的增长很大程度上是要靠记忆来实现的。记忆词汇的方法可以包括以下方面：

第一，归类记忆。按照词根、词缀归类。词汇的记忆异常枯燥，且没有捷径。通过一些方法可以有效提升记忆的效率，如通过词根、前缀和后缀的记忆来扩大词汇量，降低词汇记忆的枯燥感。

第二，按题材归类。英语交际中的话题很多，可以对某一话题的有关词汇进行归类，让学生形成系统的词汇学习方法，对某一题材的词汇有系统地认识和记忆，这样记忆更加系统、有效。

第三，联想记忆。联想记忆法是词汇学习中的一种重要方法，以某一词汇为中心，然后发散思维，联想出与这个词汇有关的词汇。联想记忆法不仅可以提升词汇量，还能提高记忆的效率，同时还可以培养发散思维的能力。

2. 高校英语语音有效教学策略

（1）听音模仿方法。在高校英语教学中，语音系统学习主要依赖于听和模仿这两种方式。教师的发音对于学生语音学习具有重要的示范作用，因此，教师需要不断规范自己的英语发音，并努力提升自己的教学能力，以确保为学生提供准确的语音指导。教师在进行语音教学时，让学生在听清、听懂的基础上观察教师的口型，模仿教师的发音口型和方法进行练习。此外，教师再对发音的要领进行讲解，促进学生更好地进行语音学习。例如，教师在英语口语教学时，向学生传递音标的知识，应使学生熟悉发音的器官，了解发音的方法和部位，让学生仔细观察教师规范的声音是怎样发音的，注意一些细节，如嘴唇的开合程度，最后让学生进行练习，掌握发声的正确方式。在学生掌握发音的方法后需要经过反复练习来巩固，除了基础的发音练习外，高校英语教师可以制作国外原声的发音视频供学生进行听音练习，同时教师也可以根据学生实际演练中出现的发声问题进行指导。在听音模仿中，不只有单音模仿，重音模仿、语速模仿、情景模仿、情感模仿和节奏模仿同样重要。

（2）对比训练方法。高校英语教师在进行英语语音教学时，可以采用对比训练的策略让学生对于语音学习有更好的理解。在学习英语时，汉语的语言习惯有时会运用到英语中，这是一种坏习惯，是一种负迁移。例如，有的学生有时会混淆汉语复韵母的发音和双元音，针对这种情况，英语教师需要向学生解释汉语复韵母的发音和双元音的概念、区别和联系，然后进行针对性的训练来养成良好的习惯。另外学生发音的训练也可以运用英语发音中的最小对立体。一般而言，把只有一个音位不同且意义有差异的单词叫作最小对立体。运用最小对立体的方法能够帮助学生牢记语音和语义，同时也有利于提升学生的听力和阅读能力。

（3）拼读训练英语。高校英语教学的拼读训练可以提升学生的发音认识和能力，要求学生掌握和读出单词中字母的发音。教师进行拼读教学时应该先易后难，先让学生从熟悉的内容开始学起，如元音字母、元音音素和单音节词；然后到双音节词、多音节词，在这里教师需要让学生注意重音的问题。经过长久的拼读训练后，学生才能够依据音标正确发音。

3. 高校英语口语有效教学策略

（1）注重网络测试与实施人机对话训练。在"互联网＋"背景下，教师可以提供相应的技术让学生对自身的口语水平进行客观的评价，然后可以借助信息技术进行人机对话训练。现代信息技术的应用弥补了这一点。通过信息技术，教师可以让学生更多地练习课外的材料，展开自主学习。

（2）强化文化意识培养，拓宽学生国际视野。英语口语教学不仅是语言技能的培养，更是文化交际能力的提升。因此，教师在教学中应注重培养学生的文化意识，引导他们了解不同国家的文化习俗、价值观念等，以便在文化交流中能够得体地运用英语进行表达。同时，教师还可以鼓励学生参加国际交流项目、海外实习等活动，拓宽他们的国际视野，增强他们的文化交际能力。

（3）注重过程评价与教师科研相结合。在高校中，一些科研就是为了教学而服务的，科研的成功意味着教学效果的提升，为教学提供更好的指导，教学与科研息息相关。教师在教学中依据发现的问题、评价结果和工作日志来改进教学方法，教师的教学效果得到了改善，教师的科研能力得到了加强。

（4）营造英语语境，激发学生口语表达兴趣。在高校英语口语教学中，语境的营造至关重要。为了使学生能够更自然地运用英语进行表达，教师可以积极创设各种英语语境，让学生在真实的语言环境中进行口语练习。例如，可以组织英语角、角色扮演、模拟演讲等活动，让学生在轻松愉快的氛围中提高口语水平。同时，教师还可以借助多媒体资源，如英语电影、音乐、新闻等，为学生提供丰富的视听材料，激发他们的学习兴趣和积极性。

（5）注重个体差异，实施因材施教。每个学生的英语水平、学习兴趣和学习能力都有所不同，因此，在高校英语口语教学中，教师应注重个体差异，因材施教。针对不同学生的特点和需求，教师可以制定个性化的教学方案，采用不同的教学方法和手段，以满足学生的多样化需求。同时，教师还应关注学生的学习进展和反馈，及时调整教学策略，确保教学效果的最大化。

4.高校英语听力有效教学策略

（1）听英语通知。在公共场所人们能够听到很多的通知，通知在日常生活中扮演着重要的角色。在高校英语教学中，教师通过收集英语通知的教学资源，让学生体会实际生活中的英语应用，可以有效提升学生英语听力学习水平。

（2）注重听力策略的培养。听力策略的培养对于提高学生的英语听力水平具有重要意义。在高校英语听力教学中，教师应注重培养学生的听力策略，如预测、推理、抓住关键词等。通过训练学生运用这些策略，可以帮助他们更好地理解听力材料，提高听力理解的准确性和效率。此外，教师还应引导学生学会调整自己的听力状态，如保持冷静、集中注意力等，以应对各种听力挑战。

（3）听英文影视作品。教师可以选取一些先进的影视作品作为听力教学的材料，尽量选用不包含中文字幕的影视作品，这样才能通过听觉的刺激和视觉的侧面影响，培养学生的听力能力。

（4）构建英语听力语境。语言的学习离不开语境的构建，尤其对于英语听力而言，语境的创设更是至关重要。在高校英语听力教学中，教师应积极创设真实的英语听力语境，让学生在模拟的实际环境中进行听力训练，从而提高其听力理解能力和应对实际交流的能力。

5.高校英语阅读有效教学策略

教师可以通过信息技术建立网络阅读资源库和网络阅读平台，在网络阅读资源库中，教师不仅可以将阅读教学中的重难点上传，还可以上传一些课外阅读材料供学生阅读，提升阅读能力。教师通过信息技术建立的网络阅读平台可供学生在线参与其中，学生和学生之间可以交流经验，教师也参与其中，在学生遇到难点时提供指导。

为了提升学生的阅读兴趣，课外阅读材料的引进十分必要，同时还有利于学生掌握阅读方法和技巧。要想让学生真正地做到"愿意学，有所学"，教师需要为学生采取多样的方式创设灵活多变的内容，其中，吸引学生阅读兴趣的前提是阅读材料不能脱离学生所处的环境，而且要有相当的实用性。

此外，校园价值和生活价值也需要在英语阅读教学中体现出来。教师可利用在线学习平台培育学生素养，同时，通过在阅读材料中融入专业英语与学术英语元素，可有效提升英语阅读教学质量。

高校英语教师可以根据所教的专业从权威英文报刊摘取适合的文章，供学生阅读。英语阅读中的词汇非常重要，教师可以让学生广泛阅读文献资料的词汇，向学生展示下定义、举例说明、描述、解释、对照等专业阅读中的主要语言功能来实现对教学素材的深度分析。进行阅读教学时的翻译层面的目标是使学生能够翻译学术文章的摘要，同时还要能够翻译与所学专业有关的短篇的学术报道和科普文章。在阅读教学中，写作层面的核心目标是培养学生具备对阅读文章中作者观点提出质疑的能力，并初步掌握撰写与本专业相关的科普文章和学术报道的技巧。教师在设计阅读教学内容时，为了提升学生对于语言的兴趣度和敏感度，可以将一些时事、名人名言等融入教学视频之中。教师在设计在线作业时，应该加入一些多样化的作业方式，如闯关答题和字谜题。同时学生可以将自己阅读学习的视频录制好后传到教学平台，供师生、生生之间互动。

6. 高校英语写作有效教学策略

（1）平行写作教学方法。平行写作教学法适宜在学生还未进行写作时采取的写作教学方法，指的是教师针对某一主题、方向为学生提供一篇主题明确的范文。学生基于这篇范文来决定写作的方向，从而进行写作练习。平行写作教学法可以加快学生的写作速度，同时也可以保证学生写作方向的正确性

（2）延续性教学方法。延续性教学法将写作教学分为若干个阶段，这些阶段在写作教学中的功能和作用都是不一样的，但是具有完整的写作要素的文章在将这些阶段进行连接后就会形成，而且质量良好。延续性教学法有一个弊端，就是不适用于所有的写作教学内容，其中的重要原因是学生不可能将学习时间大量地投入细节之中，而且学生的学习任务较重但时间和精力都是有限的。教师在采用延续性教学法时需要注意这一点。

（3）网络辅助写作教学方法。步入信息化时代后，计算机技术和信息技

术在生活中的应用中越来越广泛，教育领域也不例外，这为网络辅助写作教学法提供了产生的基础，为解决写作教学中的一些问题给出了方案。网络教学相比传统教学不受时间和空间的限制，在网络的帮助下，学生和教师可以随心所欲地进行教学活动。网络辅助写作教学法是从学生的角度出发，充分发挥学生的主观能动性，教师在网络辅助写作教学法需要扮演好指导者和监督者的角色。首先，教师需要为学生明确布置写作学习任务；其次，学生需积极利用网络资源，主动搜集并深入分析相关资料；最后，学生需将所获取的网络资料灵活地应用于自身的学习过程中，实现网络资源的有效转化和利用。

（二）高校英语有效教学的实现策略

1. 信息化背景下的高校英语有效教学实现

随着社会经济的发展，科学技术在教学中的应用越来越广泛，其中的网络技术和多媒体技术在高校英语教学中最为常见。充分运用现代信息技术，可以使高校英语教学效果实现最大化，促进英语有效教学的实现。此外，在高校学生文化交际能力的培养过程当中，信息技术是一种教学手段和教学方式的同时，更应该与英语教学相结合。信息化背景下高校英语有效教学的实现，可以从以下方面着手：

（1）运用信息技术建构文化交际语境。学习者对于目的语文化的态度是二语习得的关键因素，态度的转化过程为接触、适应、接受和趋同。当前阶段的高校英语教学面临着全球化的背景和语境多元化的趋势，所以高校英语教学必须为学生创造相应的语境让学生进行练习，从而适应这种状态。在以往的高校英语教学中，语言教学多为指导和分析句子，而忽略实际语境中的应用，在今后的教学中，必须要强化高校学生在这方面的训练，使学生可以在广泛的语境中积累经验。在信息化的今天，网络环境为英语教学提供了更多、更丰富的教学资源，学生实际体会多元化语境的机会也增多。在高校英语教学中运用现代信息技术，为学生创设真实、自然、有趣的学习环境，让学生学习和领会非语言代码从而分析和对照非语言代码的文化差异。在高校英语教学中，利用现代化信息技术为学生建构文化交际语境，让学生增加文化交际的频率，弥补原来文化交际语境的缺失。另外，可以使用虚拟现实技术为学生创建仿真的交流情景，使学生体会文化交际语境，在立体化的文化输入、输出情境中提升文化交际能力。

（2）利用信息技术建设立体教学资源库。在互联网十分发达的当今社会，对于英语教学而言，运用现代化信息技术建设立体教学资源库和教学平台非常重要。现阶段，高校教师备课的资源主要来源于教材、工具书、配套教参和网络上的资料等，可参考的内容有一定的限制。在信息化的时代，未来的英语教学资源应该更多地运用其网络资源和网络平台基于现有的教学资源，运用现代信息技术促进教材结构向立体化、多媒化改进，构建立体的教学资源库、建设现代化的网络教学平台。建立现代化英语资源库、整合并利用多媒体资源是影响英语教学效果的关键因素。文化的介质多种多样，包括但不限于声音、语言和形象，在互联网上有大量的历史、文化、语言教学资源，随着互联网的发展，网络教学资源将会不断丰富，其与学生使用的教材相关联的网络链接资源的范围将日益扩大。对于文化交际能力的培养而言，高校英语教学中采用立体化、多媒化的教学资源库和网络教学平台大有裨益。

（3）利用信息技术丰富英语教学的方式。随着现代信息技术在教学中的广泛应用，多媒体和网络技术正逐步改变传统的教学方式方法。随着移动电子设备的普及、智能计算机辅助语言学习的兴起，以及交际白板等技术的使用，人们日益关注信息技术在教学中的重要作用，这种趋势体现了教育与时俱进的精神，为提升教学质量和效果提供了新的路径。在英语教学中的教育媒体多种多样，它们各自的功能是教学多样性实现的前提。现代信息技术在高校英语教学中的使用，有利于营造新型教学环境。利用现代信息技术营造的教学环境能够实现情境创设、启发思考、资源共享、信息获取、多重交互、协作学习、自主探究等多种功能。

现代信息技术在高校英语教学中的使用，对于学生的语言和文化知识和语言运用能力的提升有非常大的帮助。信息技术采用的视听教学相结合的方法，是现代教学必不可少的教育手段。在互联网的背景下，通过信息技术寻找网络上的英语报刊等资源，让学生阅读这些资源来丰富文化知识、提高语言运用能力、培养良好阅读习惯和对文化的敏感能力。当下，视频线上会议随着社会需求的增加越来越普及，这也为学校展开师生、班级之间的线上交流提供了手段。"学校和教师要建立好线上与线下相结合的教学模式的具体细节，对学生的监督与学生的自我监督也要做好结合，要让学生提高自我管控能力"①。

（4）现代信息技术在高校英语教学中的使用，有助于交际对话教学的实现。例如，信息技术在智能语言课程上的应用，对于二语习得过程中的对话框架的构建有很大的帮助。在信息技术中，使学生练习交际对话的方式包括网络上的博客、视频等，网络平台为学生提供互动的空间，微信是学生线上交流的渠道，模拟和智能计算机辅助语言学习工具提供了交际适应的环境，互联网上的模板为学生的自由产出提供了参照。

高校英语教师可以在教学中利用先进的电子设备，如摄像机、录像机、电视等为学生营造真实交际环境，促进学生了解文化语境，然后进行测试和评价并取得了比较好的效果。教师在高校英语课堂中运用微格教学法，采取分组的方式使学生完成教师布置的文化交际任务。学生在课上可以通过一些道具来进行真实文化交际语境的模拟，并可以用摄像机记录下来。教师将记录下来的交际画面展示给学生，让学生了解到自己和其他同学在文化交际中可能出现的问题并互相评价。基于观看的相关影视资料，学生在教师的指导下以小组为单位进行活动，学生在课外进行角色扮演来训练交际能力。在现代信息技术的辅助下，英语教学得以更加高效地实施，进而促使学生的语言、文化和交际知识得到全面提升。通过微格教学法以及观看视频、录像等多媒体资源，学生能够更加清晰地认识到自身在英语学习中的优势与不足，从而更有针对性地进行改进和提升。

2. 基于慕课教学的高校英语有效教学实现

慕课是一种在线课程开放模式，是在传统发布资源、学习管理系统的基

---

① 何彬. 线上线下相结合的高校英语混合式教学模式探究［J］. 英语广场，2022（6）：102.

础上建立起来的课程模式，高校英语教学中运用慕课模式，可以更好地实现有效教学。

（1）慕课教学的分类，主要包括以下方面：

第一，基于任务的慕课教学模式。基于任务的慕课教学模式强调的是学生对某项知识技能的掌握，它与单纯对内容的强调不同，更侧重于学生学习的阶段性与教学步骤的循序渐进，鼓励学生自主展示自己的学习成果，慕课教学模式对学习社区的依赖性相对较强，需要靠学习社区来吸引学生、展示学生作品、传递学习信息。

第二，基于内容的慕课教学模式。基于内容的慕课教学模式强调的是教学内容，更加关注学生对教学内容的掌握情况。因此，这种教学模式往往会与教学评价相结合参与到教学实践中。当然作为慕课教学模式的一种，这一教学模式同样需要构建学习社区、号召更大范围的学生参与学习过程。从表现形式而言，慕课教学模式与网络化的课堂教学非常相似。各高校教师需负责录制与其专业相关的视频课程，随后将这些课程与教学资料上传至指定平台。同时，为确保学生的学习效果，应设置相应的线上测试环节。学生可通过注册免费账号，自主参与线上学习。待完成所有学习任务后，可选择缴纳一定费用，以申请获得相应的课程证书。

第三，基于网络的慕课教学模式。基于网络的慕课教学模式强调的不仅是网络环境，而且是学生参与学习的自主性。慕课教学资源依托网络环境进行传播，这并非对学生学习渠道的束缚，而是鼓励学生充分利用网络技术，推动教学资源的广泛传播。学生在利用网络技术传播教学信息的过程中，不仅能够深化对所学内容的理解，还能与更多具有相同学习志向的伙伴建立联系，共同探讨、分享学习心得。

慕课教学模式相对基于内容的教学模式，要更加复杂，对网络技术的要求更高，其中最显著的差异就在于，基于网络的慕课教学模式需要交互性技术的支持，即在教学过程中，并不是先由教师录制好教学视频，再由学生进行学习，而是通过直播的方式，由教师与学生借助网络技术构建一堂线上课程。在这个过程中，不仅要保证网络的稳定性，能够支持图像、语音和文件呈现的实时同步，而且需要互动技术的支持，保证师生互动与即时交流的完成。慕课教学模式与线下课堂教学在结构上有一定的相似性，均以周为单位进行学习安排。然而，与线下教学不同，慕课主要依赖网络进行开展。值得注意的是，慕课教学模式并不预设特定的学习成果，亦不会设置专门的考核与评价机制。

（2）慕课教学的特征，主要包括以下方面：

第一，慕课在网络环境中的开放性特征。开放性是慕课自出现之初就一直强调并坚持的教学原则，慕课的开放性表现在慕课教学的以下方面：

一是，在慕课教学的机会共享方面。慕课为不同文化背景、不同生活条件、不同地区的人提供了相同接受教育的机会，同时学习者在任何时间、任何地点都能够登录课程进行学习，这种面对所有学习者无差别的开放，正体现着慕课的开放性。不同学习者在进行慕课学习时也表现出不同的动机和意愿，有的学习者主要是被兴趣吸引，或满足自己的好奇心；有的学习者更多是希望得到该专业的证书；也有的学习者是为了在自己专业获得更深层次的发展。不同身份、背景、生活经历的学习者共同加入慕课学习中来，这使得很多慕课的学习讨论并不局限于课堂知识或课程本身，学习社区除了知识交流更担负起了文化融合的重任。

二是，在慕课教学资源共享方面。学习者要想参与慕课学习，从免费注册账号、选择学习课程、进行学习讨论以及参加线上线下的教学活动等，都可以自主完成，也就是慕课学习的全过程都是面向所有人开放的。同时随着参与到慕课教学中的高校逐渐增多，各高校间开始承认其他学校的学习成果，这为跨学校、跨学科学习以及学分互认提供了条件。

第二，慕课作为"线上课堂"的特征。慕课与传统课堂教学相比，最大的不同在于，它的传播依托的是互联网，这一特性决定了其受众规模会远超传统教学课堂，但同时也对其教学设计、教学内容、学习管理、评价方式等都提出了特殊要求。慕课作为网络技术发展下教育领域最重要的成果之一，近年来随着互联网技术与信息技术的发展逐渐受到更广泛地区和人群的欢迎。如今，慕课自身也发生显著变化，更加重视课程的完整性与接受度，这不仅为学习者带来更好的学习体验，而且也提高了慕课在教育领域的认可度，学习者通过慕课得到的证书、学业评价等也能够得到更多高校、机构和组织的认可。慕课平台自诞生之初，仅作为一个线上教育信息交流和教学资料分享的平台。然而，随着技术的不断发展和用户需求的日益多样化，它已逐渐演进为一个综合性的"线上课堂"，不仅提供资源共享和信息沟通的功能，还促进了学术交流和知识共享，这一转变不仅彰显了慕课平台在教育领域的深远影响，也为其用户带来了更为丰富和便捷的学习体验。慕课作为"线上课堂"也表现出以下显著的特征：

一是，自我学习为主。课堂教学设计是对整个教学活动的系统规划，对整个课堂的走向和教学框架的科学布置。教学设计一般都要包括目标、内容、策略、评价四个基本要素。慕课的教学设计也包含着目标、内容、策略、评价四个基本要素，但在课程实施过程中，更加强调对学生自主学习能力的培养。慕课的教学设计同样会通过一定方法对课程活动进行限制：通过课程视频形式、课堂测试方法、论坛小组对课程活动进行规范。慕课的出现是为了实现优质教学资源在更大范围内的传播，是为了搭建起缺乏有效学习渠道的学习者与有志于推广优质教育资源的专家学者间的桥梁。因此，慕课课程在设计时更注重对学习过程的设计，注重对学习者的引导。慕课面对着大规模的学习者，学习者同样也面对海量的慕课资源，而且随着近年来全世界范围内高校和学术界对慕课的重视，慕课资源在不到十年的时间里飞速增加，很多同类、同质的慕课资源还是出现在各大平台。学习者需要在这些慕课课程中挑选出自己更喜欢、接受度更高的那部分课程。

二是，短小精确的课程内容。慕课的教学内容全凭课程制作者、讲授者做主，可以是讲授者自己的研究方向或是专业经验，也可以是学科基础知识或者某个易混淆知识点等，还可以是某些跨学科、跨领域的内容等。慕课课程可独立构成一节课，也可分割为若干课时组合成一门完整课程。此外，它还能够将不同学科的知识内容进行整合介绍，甚至实现对先前无关联教学资源的重新整合与高效利用。慕课课程视频的时长大部分都比线下课堂要短，一般只有十多分钟，一个视频可能只包含多个教学片段和部分学习资料，内容容量相较40分钟以上的线下课堂极小。因此，慕课设计者在进行课程内容选择与设计时，应审慎筛选教学素材，优选那些更具吸引力和代表性的内容来制作课程视频，以确保教学质量和学习者的学习效果。一门流传度高、学习者众多、质量过硬的慕课，一般需要很长的准备、设计和制作时间。

三是，民主平等的师生互动与教学管理。线下课堂教学模式，师生之间联系与沟通主要发生在课堂。而课堂上的师生互动绝大多数都是由于教师主导，与教学设计直接相关。从互动角度对教师在课堂的行为进行分类，可分为以下方面：①主教行为。教师作为教学互动的主要参与者，在传统教学模式下承担着知识传授与讲解的职责，需要完成语言介绍、文字与图像信息的呈现、肢体动作的配合，借助这些语言和非语言的表达完成知识传递过程，同时主教行为还包括由教师主导的学习活动、阅读过程、练习过程、师生讨论等行为。②助教行为。教师的助教行为主要包括在营造教学情境时的引导行为，以及课前导入环节和课后总结环节的行为。教师通过助教行为，激发学生的学习动机，引导学生的学习兴趣，并借助对各类现代教学工具的使用，丰富课堂教学呈现方式，增加学生新鲜感。③管理行为。教师的管理行为，主要包括课堂秩序规范方面的管理活动，其中涵盖了课堂规则的制定、课堂时间的合理控制以及对学生行为的有效纠正。教师不仅需通过这些管理行为确保教学活动的顺畅进行，还需审慎选择恰当的管理方式，以促进良好教学氛围的构建。

（3）高校英语慕课教学的优势，主要包括以下方面：

第一，课程内容资源丰富。慕课经过多年发展，已经有海量的资源可供学习者选择。慕课平台上的课程资源覆盖了金融、管理、人文、社科、计算机技术、教育等学科。在内容方面，不仅包含化学、物理、代数、几何等基础学科，而且包含医学、计算机、金融经济等专业性较强的学科。同时这些教学资源并不全都是用英语讲解的，其中也包含很多中文、法语的教学内容。各慕课平台为方便学习者更好地获取教学资源，基本都配备了翻译团队和字幕组。

第二，提供能力培养平台。慕课教学能为学生提供真实的语言环境，让学生逐渐沉浸到英语学习中去；能为学生提供有效的交流平台，让学生与外国学习者直接交流，体验英语交流环境；慕课丰富的教学资源也能让学生寻找到最适合自己的语言学习方法，切实从能力培养的角度来提高英语能力。

第三，扩充学生知识储备。课堂教学是我国高校英语教学的主要形式，但英语教学的课时并不多，教师要保证教学任务的完成，因此英语课堂的知识点一般都较为密集，其他内容相对较少，同时一节课下来学生很难再有精力去吸收更多相关知识。慕课的课程视频时长一般较短，且教学资料丰富，学生通过慕课可以获取大量有意思的背景知识，同时还能为学生提供在线讨论的空间，这对激发学生兴趣、丰富学生知识储备有非常大的帮助。

第四，平衡不同学生水平。在慕课模式下，学生可以通过网络获取全世界范围内优质的教学资源，地区环境的影响被降到最低，只要学生有学习的需求，就能获得优质的教学资源。慕课的开放性为学生提供了学习的机会，同时也为地区发展注入了新的力量，同时也照顾到了不同水平、不同阶段、不同基础的学生的个性化需求，这对于英语教学具有深远的意义。

（4）高校英语慕课教学的注意事项。高校要全方面发挥慕课的积极作用，利用慕课的优势来进行英语教学，高校英语慕课教学模式需要注意以下方面：

第一，英语教学资源共享。学生需要庞大的教育资源来支持他们改变学习方式，只有合理搭建教育资源共享平台才能让学生通过多种渠道和方式获得优质的教学资源，拥有更多的学习机会，才会更快更好地改变学生的学习方式。高校英语教学资源共享主要包括：①校内教育资源共享，高校应创造一切必要条件，开放教育资源，更新完善教学设备，提供获得优质课程的机会和方式，让所有学生都能享受本校最好的教学资源。②学校间共享教育资源。在学校教育资源的共享中，必须发挥名校、名课、名课的作用，开放教育资源，让一所学校的教育资源变成多所学校的教育资源，让学生受益于多所大学。教师也应该在慕课平台上分享自己的教学设计，互相学习，共同进步发展。③全球共享教学资源。世界上有越来越多的著名大学都加入了慕课平台，并在慕课平台上分享了他们最好的课程，并向学生提供了不同文化和语言环境下的教学资源，教师和专家也在慕课平台上分享学习素材，并从不同的角度进行指导，让世界上任何人都能学到自己感兴趣的课程并确保优质的教育资源为全世界人所共有的。

第二，英语教学方式创新。学生的学习方式就是教师教学方式的反映，要想达到良好的教学效果，帮助学生提高学习效率，教师对教学方式的改进与优化始终都是第一位的。首先，教师要从思维方式入手，转变教学观念，真正将培养学生能力放到教学任务的首位。让学生感受到自己的转变，从而促使学生做出改变。其次，教师应持续提升教学能力，尝试新的教学方法。高校英语教师必须要保持一颗开放的心，始终保持对新技术、新思想的关注，并在教学过程中积极尝试新方法，不断总结教学经验，提升教学能力。时刻保持创造性的课堂也会给学生带来新鲜感，激发学生的学习热情和创新思维。最后，及时调整教学方法。在实际教学过程中，教师应灵活调整教学策略，充分发掘并利用各类教学资源，以审慎的态度对各种教学方法的成效、影响及其优缺点进行深入反思和客观评估。在此基础上，教师应致力于提炼出既契合所在学校教学特色，又符合个人教学风格，同时适应所授学科特点的高效教学方法。教师在教育教学过程中，应深刻理解并准确把握各类教学手段的独特价值，以科学、合理的方式配置和灵活运用各类教学手段。既要注重为教学活动增添多元化的亮点，提升学生的学习兴趣和参与度，又要确保教学任务的有效完成，实现教育教学的目标。通过平衡教学手段的运用，教师可以更好地引导学生全面发展，提升教育教学质量。

第三，教师与学生关系重建。教师与学生的关系是影响学生学习方式的重要因素，在慕课环境下，教学方式发生了较大的变化，要想最大程度发挥慕课的价值，必须提升学生的自主性和积极性，这就需要推进平等民主的新型师生关系建设。①教师要转变自己的角色定位，在慕课教学中，教师扮演的更多是指导者的角色，要将课堂主体地位还给学生，让学生在自由的氛围下感受知识本身的魅力。②创设更加民主课堂氛围。营建更加和谐、民主的课堂氛围，能够缓解课堂的严肃感，降低面对教师的紧张感，同时要注意的是，在进行师生交往的时候，教师必须要是真诚的，必须要真诚地关心、热爱和尊重学生，通过自己的教学过程让学生收获更多人生经验、专业知识、职业资讯等，学生只有感受到这份真诚之后才会发自内心地理解和尊重教师。③教师应积极转变教学过程中与学生的交往方式，以平等尊重的态度对待学生的意见，转变之前师生之间单向的教导式交往，鼓励学生发表个人看法，促进交互式交流的形成与发展。同时还要鼓励学生在课堂上发言，增加学生与学生、学生与教师之间的沟通机会。

三、高校英语有效教学的实践

（一）高校英语翻转课堂的有效教学

高校英语教学改革要强化学生的英语素养以实现人的全面发展，提倡学生进行自主学习和教学方式和方法的多样化，高校英语教师要大力发挥其主观能动力，先要转变教育观念和角色定位，改进教学方式和手段，将课堂还给学生来发挥学生的主体性，这同样也体现了高校英语教学改革对教师的要求。翻转课堂教学模式应用于高校英语课堂教学，可以提升高校英语课堂质量，提高课堂教学效率，实现英语课堂的有效教学。

1.高校英语翻转课堂教学的特点

（1）教师角色发生转变，主要包括以下方面：

第一，由教学内容的机械传递者转变为学习资源的开发者和提供者。在翻转课堂教学模式中，教师在学生课外学习前向其提供课外学习的资源，这样可以使学生更好地进行课外学习。教师可以根据学生的现实情况开发教学资源，有利于翻转课堂更好地展开。学生遇到问题，教师应该及时处理，方便学生获取更好的学习资源，更快地处理问题。

第二，由学科知识的传授者转变为学生学习的指导者和促进者。在翻转课堂中，学生的主体性被充分发挥，教师不再主导课堂，将课堂还给学生，但是教师的主导作用在翻转课堂中被放大了，可以更好地对学生进行学习上的指导。在翻转课堂中，教师对于一些学习活动的组织策略，如小组学习、角色扮演、基于问题的学习、基于项目的学习等必须要熟悉且熟练使用。

（2）学生角色发生转变。在翻转课堂教学模式中，学习的决定权由教师转向学生，学生由传统的接受知识的角色转变为自定步调的学习者。作为翻转课堂中的主角，学生不再被动地接受知识的灌输，而是根据需要对学习内容、学习方法、学习实践、学习地点进行控制。在翻转课堂中，知识的理解与内化需要通过小组写作的形式来完成。此外，一部分内化知识较快的学生可以将自己知识的消费者的身份转变为知识的生产者，这部分学生可以担任"教师"的角色来对一些学习进程较慢的学生进行指导。

（3）教学环境实现"翻转"。科技发展使翻转课堂的普遍实现成为可能，翻转课堂不仅包含这些，更有线上教学资源和智能设备。在翻转课堂教学模式中，教师将课外学生要学习的资源展示给学生，学生在课外自主学习后，教师需要对学生课外学习的效果进行一定的评价，从而掌握学生的学习效果，以便于更好地进行教学活动。学生也可以在线上进行交流，共同学习，共同进步。

（4）建立新型师生关系。在翻转课堂教学模式中，教师要以学生为中心，学生在家观看视频学习和在课堂上与同学、教师交流，都体现了这一点。在翻转课堂教学模式中，和谐师生关系的重构表现为学生可以自己控制课外学习的进度，针对一些问题可以与同学、教师交流，具有学习的主体性和主动权，使学生和教师都得以反思。"反思是人类特有的一种心智活动，是对自己的思想、心理感受的思考，对自己体验过的东西的理解或描述"[①]。正是因为教师将课堂还给学生，让学生先自主学习，教师再对其进行指导建立知识体系，真正地以学生为中心，才能更好地构建和谐师生关系。值得一提的是，教师根据不同层次学生进行分组，有利于学生培养合作的能力，促进学生全体全面的发展，建立新型师生、生生关系。

（5）学生学习时间自主安排。在翻转课堂中，学生的课外学习时间完全由自己支配，学生还可以利用碎片化的时间进行教学视频的观看，这都得益于现代科技的发展。在这样的条件下，学生可以自主地控制学习进程：对于难度较大、较难理解的部分可以暂停思考或者重复观看，对于一些简单的可

---

① 文燕. 教师反思与高校英语有效教学的研究 [J]. 教育与职业，2010（18）：188.

以加快速度。另外，学生还可以在网络上就一些学习上的问题与教师和同学进行交流。学生的时间可以自主安排，有助于学生成为知识的主动建构者。

（6）个性化教学得到实现。在翻转课堂中，实现了个别教学与群体教学相结合。翻转课堂教学模式注重教学的异步性的基础是认识到个体发展的速度不同，不同的学生各自的情况是不同的，他们具有不同的智力发展倾向和发展潜能。

2. 高校英语翻转课堂教学的步骤

高校英语翻转课堂教学的有效实践步骤可以分为以下方面：

（1）课前教学。学生自主学习的视频资源需要教师根据教学目的、教学内容、教学方法等来决定是从网络上寻找资源还是自己制作教学视频。从网络上寻找教学资源可以通过以下方面来进行：①一些可以从网络上寻找到的理科公共课程资源；②中国国家精品课程、一些名校的公开课等也可以从网络上找到资源。网络上的资源在节省教师制作视频课程的时间的同时，也可以将教师要出镜的压力减小，同样可以保证教育资源得到有效利用。在高校英语翻转课堂教学中，教师可以引入一些有趣的例子来引发学生的兴趣，适当地加入一些较难的词汇和注释来促进学生加深英语的学习和英语相关知识的拓展；在制作视频的过程中，为了提升视频质量，可以采取多种策略。首先，通过优化声音的质感和表现力，可以增强学生的观感和情感体验；巧妙运用修辞手法，如隐喻、对比、排比等，可以有效提升视频的表达效果和吸引力；合理控制视频的长度，既避免学生产生疲劳感，又能够确保信息的完整性和连贯性。

（2）课中教学。学生在课外自主学习的后视频阶段的学习非常重要，这一阶段能彰显出自主学习是否有效。前一天的课外学习将为课堂教学奠定坚实的基础。在课堂教学中，教师需要根据不同的情况对学生进行针对性的教育，因材施教才能使翻转课堂教学模式发挥出真正的作用。在翻转课堂教学开始之前，教师在制作教学资源前就将学生在学习中可能遇到的问题进行假设，在课堂教学中，教师对于学生提出的问题直接给出解答或让学生自主或者协作进行探究，通过教师的引导来解决学生的疑惑，在这个过程中，教师务应对每个学生的学习状况保持高度关注，并根据其个别差异实施针对性的教学策略，这种因材施教的教学方式不仅有助于提升教师的教学智慧，还能加强其教育能力。唯有如此，课堂才能成为教师与学生共同追求的理想场所，真正实现教师的主导作用与学生的主体地位，推动教育教学的持续发展。

（3）课后总结。学生在经历了课外自主学习和课堂教师主导的知识吸收后，对于教学的内容和知识点有了必要的把握，但是这些知识并没有系统地串联起来，不能应用到生活当中去。知识仅停留在认识的层面上是不会发挥作用的，进行学习时，应基于对知识的认识，对新的思想和内容进行批判性的学习，在原有知识的基础上广纳新知，建立完善的知识体系。学生只有在获取知识的基础上，辅以相应的技能，能够独立思考、解决问题，才能够真正地将知识化为己用。学生需要在了解知识的基础上懂得如何使用，而且要用得更加艺术、更加有效。在翻转课堂的教学模式中，教师在课程规划阶段，可以针对特定的"知识点组"为学生安排课外的深化学习任务，使学生在实际操作中感受知识的实用价值。通过学生对知识的深入思考与实际应用，课后的学习成果方能真正融入其个人的知识体系中，从而实现知识的系统化内化。

3. 高校英语翻转课堂教学的价值

翻转课堂是基于学生自主学习、师生频繁互动，建构的一种新的混合学习方式。作为一种混合学习方式，翻转课堂教学模式是学校和家庭在学生学习过程中所扮演角色的调整。新的教学方式要求学生要有良好的学习习惯和思维方法，能够独立完成课外学习和总结，能够在教师的指导下进行自主探究，养成实事求是的态度，保持一颗求知的心。翻转课堂教学模式具有创新性优势，应提升学生的学习兴趣，兴趣可以帮助学生更好地进行学习。学生的创造力可以在翻转课堂中充分发掘，作为一种轻松愉快的教学模式，翻转课堂可以使学生放松身心、主动投入，在这种环境下，创造力可以得到提升。另外，在翻转课堂的教学模式下，教师能够汇集多样化的教学资源，并向学生展示，这样的举措不仅有益于学生的全面成长，更有助于推动高等教育公平性的落实与提升。高校英语翻转课堂教学的有效价值主要体现在以下方面：

（1）增强学生学习英语的动机。翻转课堂教学模式有利于增强学生学习英语的动机，通过翻转课堂教学模式的落实，学生可以进行课外学习，而且能够根据自身的进度把握学习进度，在课上学生自主探究和合作交流的比例比传统课堂增加，学生的主体性得到了发挥，这些都有利于学生学习动机的增强。通过翻转课堂教学模式的实施，学生的学习态度会变得更加积极。翻转课堂采用了先课外学习，在课上探究、讨论的方式，大部分学生对于课外观看视频都比较感兴趣，翻转课堂教学模式中在课前学习知识和课上解决问题都是学生主动学习的表现。

采用翻转课堂教学模式后，学生的学习将变得更加自主，作为翻转课堂教学的最重要目标，学生的自主学习也是翻转课堂教学的核心要素，要求学生要为自己的学习所负责。学生学习更加自主地表现为：首先，学生自主确定学习目标，自定学习目标充分考虑了自身的情况，符合实际。其次，学生为了达到自定的学习目标而努力，学生通过课前自主学习和课上探究、解决问题都是为了目标而努力。最后，使用合适的手段来证实自身学习目标的实现。翻转课堂教学模式的实施，有助于学生依据个人学习进度进行自我调节，促进学习效果的优化；同时，这种教学模式也有助于学生将所学知识应用于实际情境，提升知识运用的灵活性和实践性。

（2）使教师与学生的关系更加密切。采用翻转课堂教学模式，高校英语教师可以与很多学生进行更加频繁的交流，课堂上的学习氛围也更加积极，师生之间的关系变得融洽和谐。翻转课堂教学模式可以保持教师与学生的之间友好密切的关系，翻转课堂教学模式提升了师生交流的频率与质量。翻转课堂教学模式中，教师仍然是主导，学生课前的自主学习不能代替教师的作用，视频只是起到了辅助的作用。翻转课堂充分利用了学生的课前学习和课堂上的时间，将二者有机结合。在翻转课堂的教学模式中，教师在课堂上的时间得到了更有效的利用，从而为学生提供了更多的个性化指导。通过一对一的深入交流，教师能够更准确地把握学生的学习需求，进而制定出更具针对性的教学策略,这种教学方式不仅有助于提升学生的学习效果,还促进了师生之间的交流与互动,为构建高效、和谐的课堂环境奠定了坚实的基础。

(3)改善学生学习行为表现。在实行英语翻转课堂教学模式后,学生的学习行为和日常行为表现会变得更好。在翻转课堂教学模式的课外,学生将付出时间和精力投入课外自主学习中,在翻转课堂的教学模式中,学生在课堂上的主体地位得到了充分体现。他们充分利用上课时间进行小组探究、讨论和解决问题,使得他们能够更加专注和高效地学习。此外,翻转课堂的教学模式还有助于改善课堂秩序和管理,为教学质量提供了有力保障。

4.高校英语翻转课堂教学的有效实践

(1)关注英语翻转课堂教学过程,主要包括以下方面:

第一,确定学生课外学习目标。在高校英语课堂教学中,采用翻转课堂的教学模式进行教学设计时,应该先确定课外学习目标。在高校英语翻转课堂教学模式中,课外教学与课内教学的位置发生了互换,学生一共需要将知识的内化过程完成两次,在课外自主学习知识是学生第一次内化知识的过程,在课内是第二次内化知识的过程。要先确定学生的课外学习目标才能进行下一步的设计。

第二,选择翻转内容与内容传递方式。由于课外和课内的教学要求不同,学生在课外和课内的学习目标也就不同。作为低阶思维的目标,课外学习目标在确立后,要根据学生的发展状况、特点和规律去选择合适的课外学习内容。在确立并选择好学生课外学习目标和翻转内容后,下一步进行内容传递方式的选择。选择内容传递的方式就是将学生在课外自主学习的内容表达出来的工具。选择内容传递方式时,需要遵循传递内容形式丰富、获取方便、传递速度快、有利于学生个性化发展的原则。

第三,准备教学资源。在完成以上步骤的前提下,教师应该自己制作学习资源或寻找适合学生的学习资源。在这一步骤中,准备的教学资源应该与教学内容相匹配,并且要符合选择内容传递方式的原则。

第四,确定学生课内学习目标。课内学习目标主要针对的是分析、评估和创造等内容,不同于课外学习目标,原因是课内学习目标要求学生通过与教师和同学们的交流和合作来开展教学活动,课外学习目标要求学生更多地进行识记、理解学习内容等。

第五,设计教学活动。在选择了翻转课堂教学模式的教学评价方式后,教师需要根据学生在学习上遇到的困难进行针对性的教学活动的设计,通过指引性的翻转课堂教学模式来对学生进行培养,以便学生的分析、评估和创造等高阶目标技能的养成。进行设计教学活动时,可以根据基于问题的学习、协作探究学习和项目的学习等形式。

第六,选择评价方式。无论是学生还是教师,在进行翻转课堂模式的教学活动前都要做好充足的准备,而选择合适的评价方式是非常重要的。对于教师而言,低风险的评价方式不仅可以对学生进行传统方式的评价,还可以及时发现学生在学习中遇到的问题,是在翻转课堂教学模式中的理想评价方式。教师可以通过发现学生在学习上遇到的困难来调整教学计划。在低风险评价方式中,课前小测验是最常见的。一般而言,可以通过3~4个问题的课前小测验来对学生课外学习的成果进行评价。

第七,辅导学生。翻转课堂教学模式的教学过程的设计中,辅导学生是最后一个步骤。教师是学生学习的引导者,只有发挥好教师的主导作用,才能使教学活动的效果最大化。在翻转课堂教学模式的教学活动中,教师需要为学生的学习活动进行引导并提供相应的支持。教师在学生的学习过程中具有举足轻重的地位。在翻转课堂的教学模式下,教师和学生之间的及时交流显得尤为关键。教师需要对学生的学习情况进行统一的总结和反馈,以此来推动学生对知识的深入理解和牢固掌握,这种互动与合作的教学方式有助于提高学生的学习效果,并促进他们全面发展。

(2)选择英语翻转课堂教学资源,主要包括以下方面:

第一,运用信息化英语教学资源。教学资源是在教学过程中涉及的设备、材料、人员、设施和预算等所有能够投入教学过程的东西,科技的进步带动社会的发展,在当前的信息社会中,信息化的教学资源也就随之而来,信息化教学资源包括教学人力资源、教学环境资源和教学信息资源,是在网络环境下为实现教学目标而服务的资源。翻转课堂教学模式是在信息化教学资源的出现后才被提出和应用的。在高校英语翻转课堂教学模式中，学习任务单、进阶练习、教学视频、知识地图和学习管理系统等信息化教学资源是在翻转课堂上常用的类型。除上述教学资源外，教学辅助工具软件是翻转课堂的一项重要的资源。翻转课堂的教学模式中，广泛运用了信息化教学资源。针对不同教师的教学风格和课程内容特点，教师需要灵活运用各种教学辅助工具，以完成教学资源的制作、学生学习成果的展示等多项任务。可以将教学辅助工具进行分类，分别为视频制作工具、交流讨论工具、成果展示工具和协作探究工具等。

第二，遵循教学资源选择的原则。翻转课堂教学模式所需要的教学资源多种多样，每一类都是有各自不同的特点，而且每类资源中能够实际应用到翻转课堂教学模式的也有很多。面对众多的教学资源，教师要对教学内容、教学方法、学生情况等进行分析，从而甄别出英语翻转课堂适用的资源。在选择教学资源时，需要遵循以下原则：

一是，多种媒体组合原则。高校英语教学翻转课堂的教学资源形式可以包括文字之外的图片、视频、声音等形式，综合利用教学资源形式就是多种媒体组合原则，多种媒体组合原则体现了教学活动中以学生为本的原则。

二是，最优选择原则。最优选择原则是从可以选择的多个方案中选择一个最适合的方案。在高校英语翻转课堂教学模式中，教师要根据教学目标、学生发展情况和教学内容等选择合适的教学资源。

三是，具有较强兼容性原则。具有较强兼容性原则是所选择教学资源要兼容学生所持有的设备。随着科技的不断发展，人类已经进入了信息时代。在这个时代背景下，智能设备在学习生活中的应用越来越广泛，为翻转课堂教学模式的实现提供了有力支持。特别是手机等智能设备的出现，对高校英语教学产生了深远的影响，推动了教学模式的变革，使之更加合理和高效。在高校英语翻转课堂中，学生的课外学习需要运用手机等智能设备，在课内学习中，教师要运用智能设备讲授课业，这就需要将高校英语翻转课堂教学模式采用的教学资源在多数的智能设备上完美呈现。

（3）设计英语翻转课堂教学内容。高校英语课堂翻转教学的教学活动和设计有两方面的内容，分别是课外活动设计和课内活动设计。

第一，课外活动设计，主要包括以下方面：

一是，在线学习。在在线学习的过程中，学生要先进行自主学习，了解课程内容，掌握主要信息，自主学习的主要方式是观看教师准备的教学视频、电子教材和资料等。在一些教师准备的教学视频中还可以添加一些激发学生兴趣的材料、问题和例题等来增强学生在线自主学习的效果。

二是，在线测评。课外活动设计的最后一步是在线测评。在经过课外自主在线学习后，教师需要对学生对知识的掌握情况进行一定的了解，这就需要在线测评发挥作用了。在线测评在检验学生在线学习效果的基础上，提供了教师解决学生问题的机会，也能够为之后的课内教学活动奠定基础。

三是，交流讨论。教师和学生在课外学习活动中的交流讨论是通过在线交流工具和讨论区来实现的。教师和学生通过在线交流形成独特的在线辅导和自组织学习的学习模式，交流的主体可以是教师指定的，也可以是学生通过讨论指定。经过交流和讨论，有利于学生对课外自主学习知识的掌握。

第二，课内活动设计。课内学习活动可以分为：①个体学习活动；②小组学习活动。根据翻转课堂的特点可知，影响高校英语翻转课堂教学的最重要的一点是课内教学活动中学生知识内化的情况。在高校英语教学翻转课堂的实施过程中，必须关注翻转课堂的教学要素是否能够有效促进学生主体性的发挥，进而实现课内教学活动的预期目标。

（二）高校英语分级教学的有效教学

高校教育的主要目的在于培养技术型人才，所以对高校的英语教学模式进行探索和改革已经成为必然趋势，而分级教学一定程度上能够克服传统教学模式中的一些不足，分级教学为不同层次的学生制定了不同的教学目标，教学方法也不尽相同，可以实现英语有效教学。

1. 高校英语分级教学的有效教学方法

（1）明确师生的主体定位。学习策略的使用对英语学习成绩的影响非常显著。因此，语言学习策略的训练与自主学习是相辅相成的，两者存在紧密的联系。学习策略的训练会为学生带来很多益处，能够帮助学生提高学习效率，进一步向学习目标迈进，除此之外，还有利于学生探索适合自己的学习途径，从而提升他们的自主学习能力。

（2）采取不同教学内容与方式。对不同级别的学生创设发展性的课堂教学，应选择具有知识性、趣味性和真实性的语言教学材料，给学生制定明确的学习任务，然后以任务为中心，开展形式丰富多彩的课外活动，并组织学生主动参与，在此过程中给予学生适当的引导、帮助和鼓励。而优秀班级的学生普遍而言基础较好、自主学习能力比较强，可以给他们增加除教材外的学习内容，如英美文化、商务英语、英美报刊阅读等内容，提升他们的英语水平。

（3）制定不同的评估体系。为了鼓励学生的自主学习，教师要改变现有的模式，加大形成性评估的比例。特别对于成绩较差的班级的学生，教师可以运用以形成性评估为主、终结性评估为辅的评估体系，同时加强对他们的监控的督促，并采用激励机制，让他们养成学习英语的良好习惯，使他们逐渐做到想学、能学和坚持学。

2. 高校英语分级教学的有效教学实践

（1）提高学生自信心，培养学生学习英语兴趣。兴趣是决定学习效果的重要因素，也能够起到促进学习进步的作用。教师要先从自身做起，热心帮助学生，使之重建信心，进一步激发英语学习的兴趣，具体的做法表现为以下方面：

第一，加强师生之间的沟通，建立和谐的师生关系。学生的学习效果与师生关系是紧密相连的，学生在良好的师生关系中进行学习，思维会变得更加活跃，对教学活动更有兴趣参与，消除对自己的质疑，增强自信心。学生面对教师对其的关怀会产生一种感激之情，也更有希望向前方迈进。因此，教师要经常与学生交流、谈心，把自己看作他们的好朋友，了解他们对于英语学习的真实想法，找出他们在学习中的困难之处，与他们共同解决。

第二，调动学生的积极性，改变教学方法。为了让学生更好地理解教学内容，教师应积极改变教学方法。教师在教学中，还要组织开展多种形式的教学活动，充满趣味性的学习活动可以很好地调动学生的积极性，培养其学习兴趣，使之每次上课都有不同的感受。大部分学生都有喜欢看外国电影的爱好，教师可以充分利用这一情况，在教学中让学生背诵一段英文对白，在课堂对着屏幕进行表演。

第三，使学生获得成就感。正确地回答教师提出的问题，乃至读对一个句子、一个段落、一个单词，这些学习过程中微小的成绩都可视为学生的成功加以表扬，这样学生体验成功的机会增多了，信心的建立也更加容易。教师要经常给予学生鼓励和表扬，即使学生没有正确回答教师提出的问题，也要及时地给予鼓励，让学生不要灰心，下次争取回答正确，从而发挥出进一步启发引导的作用。在教师的引导下，学生能够很好地完成课堂训练时，教师要及时给予肯定。此外，在日常作业批改环节，教师也应对学生加以鼓励，运用积极正面的评语，不仅能够为学生带来温暖与成就感，也是对其英语学习过程的有效激励。

（2）指导高效学习方法，增强学生的自学能力。教师在教学过程中要经常引导学生用正确的方法学习单词，如构词法、归类法、联想法以及拼读法等。教师要利用合理的方式让学生认识到学习观念的重要性，不能过于依赖教师，教师只是起到一个引导的作用。另外，教师还要教育学生在课堂上认真学习，积极参与教师组织的活动，在课下也要主动学习相关知识，要求学生不仅要接受教师的指导，还要尝试自主学习。在上课时，教师要对学生的预习情况进行大致了解，主要以提问的方式，这在一定程度上起到督促的作用。另外，教师还要引导学生做好课后的复习工作，加深学生对知识的印象，达到巩固的目的。为了更好地帮助学生查缺补漏，教师还要适当安排一些单元测试，这样就能比较直观地让学生意识到知识上的漏洞，从而尽快弥补，为下一个单元的学习奠定良好的基础。为培养学生的独立思维能力，教师应鼓励他们遇到问题时先自行探究，仅在必要时才向教师求助。此外，课外阅读也是提升英语能力的重要途径。因此，教师需积极倡导学生进行课外阅读，以拓展其知识视野，并进而激发其对英语学习的热情与兴趣。

（3）适度关注学生情绪，有效减轻学生焦虑心理。随着分级教学的施行，一部分基础好的学生会提前完成课程任务，修满学分，之后选修一些其他的课程，使自己的英语水平继续向高处迈进。而没有完成任务的学生可能会产生负面的情绪。教师要认识到他们焦虑的真正原因，最大限度地降低学生的焦虑情绪。焦虑的产生是一种正常的心理反应，因此，教师要让学生摆正心态，正确认识焦虑，它是每个人在生活中都会遇到的，属于生活中的一部分，有压力很正常，有焦虑就更正常。学生只有正确认识语言焦虑，才能对自己有个正确的认识与评价，从而学会通过一些适当的方式来释放压力，缓解紧张情绪，进而达到降低焦虑感的作用。教师在日常工作中，应当时刻保持对学生的高度关注，细致观察他们的行为举止及情绪起伏。在掌握学生个体情况的基础上，教师应积极采取措施，助力学生有效应对压力，以减轻其焦虑情绪。为此，教师需要定期开展心理疏导活动，这种活动不仅对学生减轻焦虑具有显著效果，同时也能够提升学生的学业成绩。换言之，学校应适当降低期末成绩中卷面分数的比例，提高平时表现的成绩。

四、高校英语有效教学的优化

有效教学不仅指教师在规定时间内完成教学任务，更强调学生在这个过程中真正获得知识和技能，能够将其应用于实际生活中，这就需要教师在教学过程中，不仅要注重知识的传递，更要关注学生的学习过程，引导他们主动思考、积极探索。针对高校英语有效教学的优化，可以从以下方面入手：

第一，更新教学理念与模式。随着科技的飞速进步和全球化的深入发展，传统的以教师为中心、以教材为本的教学理念已经难以满足现代教育的需求。在这样的背景下，高校迫切需要更新教学理念，以适应新时代的教育环境。新的教学理念应以学生为中心，注重培养学生的自主学习能力、创新能力和批判性思维，使他们在面对复杂多变的社会环境时能够独立思考、勇于创新。为了实现这一教学理念，需要采用多样化的教学模式。线上线下相结合的教学模式可以充分利用现代信息技术的优势，突破时间和空间的限制，为学生提供更加灵活多样的学习方式。小组讨论和案例分析等教学方法可以激发学生的学习兴趣和积极性，培养他们的团队合作能力和解决实际问题的能力，这些新的教学模式不仅有助于提升学生的学习效果，还能培养他们的综合素质，为未来的社会发展奠定坚实的基础。

第二，优化教学内容与方法。教学内容的优化是提升教学质量的关键。首先，需要紧跟时代步伐，及时更新教材内容，引入前沿知识和实用技能，这样可以使学生在学习过程中接触到最新的学术成果和技术发展，提升他们的专业素养和实践能力。其次，教师应根据学生的实际水平和需求，制定个性化的教学计划。通过因材施教，确保每个学生都能在原有基础上得到提升，实现个性化发展。在教学方法上，教师应善于运用现代教学技术，如多媒体、网络等，以丰富教学手段，提高教学效果，这些教学技术可以帮助学生更加直观地理解知识，提高他们的学习兴趣和积极性。最后，教师还应注重培养学生的批判性思维和创新能力，通过引导学生独立思考、发现问题、解决问题，培养他们的创新意识和实践能力。

第三，提升教师素质与能力。教师在教学过程中扮演着至关重要的角色，他们的素质和能力直接影响到教学效果。因此，高校应加强对英语教师的培训和培养，提高他们的专业素养和教学能力，这包括定期组织教师培训活动，邀请专家学者举办讲座和分享经验，鼓励教师参加国内外学术会议和研讨会等。通过这些活动，教师可以不断更新自己的知识结构，掌握最新的教学方法和理念，提升自己的教学水平。同时，教师也应不断自我学习，更新知识结构，提升教学水平。他们需要关注学科前沿动态，了解行业发展趋势，以便将最新的知识和信息传授给学生。此外，教师还应注重培养学生的综合素质和能力，关注学生的个体差异和需求，为他们提供个性化的指导和帮助。

第四，强化实践教学与评估。实践教学是提高学生英语应用能力的重要途径。高校应增加实践教学的比重，如开展英语角、英语演讲、英语竞赛等活动，让学生在实践中锻炼和提高自己的英语能力，这些活动不仅可以帮助学生巩固课堂所学知识，还能培养他们的实际运用能力和团队合作精神。此外，教学评估也是优化有效教学的关键环节。高校应建立科学、全面的教学评估体系，对教师的教学过程和学生的学习成果进行定期评估。通过评估，教师可以及时发现问题并采取措施加以改进，从而推动教学质量的不断提升。同时，评估结果还可以作为教师晋升和评奖评优的重要依据，激励教师不断提高自己的教学水平和能力。

第五，促进学生自主学习与合作交流。自主学习是现代教育的重要理念之一，高校应鼓励学生利用课余时间进行自主学习，如阅读英文原著、观看英文影片、参加线上课程等，这些自主学习活动不仅可以拓宽学生的知识面，提高他们的英语水平，还能培养他们的独立思考能力和自主学习能力。同时，加强学生之间的合作交流也是培养学生综合素质的重要途径。通过小组讨论、项目合作等方式，学生可以共同解决问题、分享经验和知识，培养他们的团队协作精神和沟通能力，这种合作模式有助于培养学生的综合素质和创新能力，为他们未来的职业发展和社会适应奠定坚实的基础。

第六，营造良好的英语学习氛围。学习氛围对于学生的学习效果具有重要影响。高校应努力营造浓厚的英语学习氛围，如举办英语文化节、开设英语广播站、建设英语学习平台等，这些活动可以为学生提供更多的英语学习和实践机会，让他们在轻松愉快的氛围中学习英语，提高他们的学习兴趣和积极性。此外，高校还可以通过组织各种形式的英语竞赛和活动，激发学生的竞争意识和学习热情，这些竞赛和活动可以帮助学生检验自己的学习成果，发现自己的不足之处，从而更加有针对性地提高自己的英语水平。同时，这些活动还可以培养学生的自信心和表达能力，为他们未来的职业发展和社会适应提供有力的支持。

第三节　高校英语教学的维度分析

一、高校英语教学的文化维度

随着全球化的加速推进，英语作为全球通用语言的重要性日益凸显。在中国的高等教育体系中，英语教学不仅是语言技能的传授，更是文化交流的桥梁。因此，高校英语教学必须注重文化维度的融入，使学生在掌握语言技能的同时，能够深入理解英语国家的文化背景，提高文化交际能力。

(一) 高校英语教学文化维度的意义

文化维度指的是在文化交流中，不同文化背景下人们在价值观念、思维方式、行为模式等方面所表现出的差异。在高校英语教学中，文化维度的融入意味着在教学过程中，不仅要关注语言知识的传授，还要注重对英语国家文化的讲解和引导，帮助学生建立正确的文化观念，提高交际能力。高校英语教学的文化维度包括：①文化知识的传授，包括英语国家的历史、地理、风俗习惯、文学艺术等方面的知识；②文化意识的培养，即通过对比分析中西文化的异同，引导学生形成开放、包容的文化心态；③文化交际能力的训练，包括提高学生在不同文化背景下的沟通能力、解决文化冲突的能力等。

文化维度的融入对于高校英语教学具有重要意义。首先，它有助于提高学生的语言综合运用能力。语言是文化的载体，通过学习英语国家的文化，学生可以更好地理解语言背后的文化内涵，从而提高语言的准确性和地道性。其次，文化维度的融入有助于培养学生的文化交际能力。在全球化的背景下，具备交际能力的人才更具竞争力。通过学习英语国家的文化，学生可以增强对不同文化的敏感性和适应性，提高在多元文化环境中的生存和发展能力。最后，文化维度的融入有助于拓宽学生的国际视野。通过学习不同文化背景下的知识，学生可以更好地了解世界，增强国际意识和全球观念。

(二) 高校英语教学文化维度的教学策略

为了实现高校英语教学文化维度的有效融入，教师需要采用一系列教学策略和方法，主要包括以下方面：

第一，教师应深入挖掘教材中的文化元素，将英语国家的文化特色与语言知识相结合。通过讲解、讨论等方式，教师可以引导学生了解英语国家的历史、传统、习俗等，帮助学生建立对异国文化的初步认知。同时，教师还可以利用多媒体教学手段，如视频、音频、图片等，将英语国家的文化风貌直观地展现在学生面前，使学生能够更加生动、形象地感受异国文化。

第二，教师可以通过组织丰富的课堂活动来增强学生的文化体验。例如，教师可以设计角色扮演活动，让学生在模拟真实情境中体验英语国家的文化，提高学生的口语表达能力和文化交际能力。与此同时，教师还可以举办文化沙龙、辩论赛等活动，让学生在轻松愉快的氛围中深入了解不同文化的特点和价值，这些活动不仅能够激发学生的学习兴趣，还能够培养他们的批判性思维和文化意识。此外，教师还可以鼓励学生参加国际交流项目，如短期访学、国际志愿者等。通过这些项目，学生可以直接与英语国家的人民进行交流，深入了解他们的生活方式和思维方式，感受不同文化的魅力，这种亲身体验的方式能够使学生更加深入地了解异国文化，提升他们的文化交际能力。

第三，教师还可以运用对比分析法来引导学生对比中西文化的异同。通过对比分析，学生可以更加清晰地认识到不同文化背景下的价值观念、思维方式和行为模式的差异，从而增强他们的文化敏感性和文化交际能力。同时，教师还可以结合时事热点，引导学生关注国际文化动态，拓宽他们的国际视野，使他们能够更好地适应全球化时代的发展需求。

（三）高校英语教学文化维度的资源建设

高校英语教学文化维度的资源建设，对于全面提升学生的英语综合能力具有至关重要的意义。在全球化日益加速的今天，仅仅掌握英语语言技能已不足以应对复杂的国际交流环境，文化维度的融入显得尤为关键。高校英语教学文化维度的资源建设主要包括以下方面：

第一，教材作为教学的基础，其质量直接影响到学生的学习效果。因此，高校应着力完善英语教材体系，确保教材内容的丰富性和文化性。在教材编写过程中，编写者需要深入挖掘英语国家的文化特色，将文化知识与语言技能紧密结合。例如，可以引入英语国家的传统节日、历史背景、风俗习惯等内容，使学生在学习语言的同时，也能感受到文化的魅力，这样，学生在学习过程中就能自然而然地接触到文化知识，提升文化交际能力。

第二，师资队伍建设是高校英语教学文化维度资源建设的重要环节。教师作为教学的主体，其文化素养和文化交际能力直接影响到教学效果。因此，高校应加强师资队伍建设，提高教师的文化素养和文化交际能力。具体而言，高校可以通过组织教师参加培训、交流访问等方式，提升教师的文化素养和文化交际能力。同时，还可以鼓励教师积极参与国际学术会议、研究项目等，拓宽国际视野，为文化维度的融入提供有力保障。

第三，随着信息技术的快速发展，网络资源已成为高校英语教学的重要补充。高校应积极利用网络资源，建设在线英语文化课程。通过在线课程，学生可以随时随地学习英语国家的文化知识，拓宽学习渠道。高校可以与其他高校或机构合作，共同开发优质在线英语文化课程，实现资源共享和优势互补。同时，还可以利用社交媒体、在线论坛等平台，为学生提供一个交流学习的空间，促进文化维度的深入理解和应用。

（四）高校英语教学文化维度的评价反馈

高校英语教学文化维度的评价反馈，是确保文化维度有效融入英语教学体系的关键环节，这一环节不仅关乎教学质量，更直接影响到学生文化交际能力的发展和文化素养的提升。因此，建立科学的评价体系和反馈机制显得尤为重要。

第一，制定明确的评价标准是确保文化维度评价有效性的基础。高校应充分考虑到英语学科的特点和教学目标，将文化维度的融入作为英语教学评价的重要指标之一，这些指标应涵盖多个方面，如学生对文化知识的掌握程度、文化意识的培养情况以及文化交际能力的发展等。通过制定这些具体的评价标准，可以为教师和学生提供明确的指导，使他们在教学过程中更加注重文化维度的培养。

第二，建立多样化的评价方式也是至关重要的。单一的评价方式往往难以全面反映学生在文化维度方面的学习成果。因此，高校应采用多种评价方式相结合的方法，如课堂表现、作业完成情况、考试成绩、文化实践活动等，这些评价方式不仅可以展示学生在不同方面的表现，还可以为教师提供更为全面的反馈，帮助他们更好地了解学生的学习情况，从而调整教学策略。

第三，建立及时有效的反馈机制是确保评价体系发挥作用的关键。高校应定期将评价结果反馈给学生和教师，使他们能够及时了解自己的表现和教学效果。对于学生而言，及时的反馈可以帮助他们认识到自己在文化维度方面的不足，从而调整学习策略，提高学习效果；对于教师而言，反馈则可以帮助他们了解教学策略的有效性，进一步优化教学方案，提升教学质量。

二、高校英语教学的生态维度

（一）高校英语生态教学系统

高校英语生态教学是一个完整系统，从属于教育生态系统，由一定教育环境的相关要素组成，这些要素可以分别归结为自然环境社会环境和规范环境。教育生态系统以人的活动为生态环境主体，按照人的理想建立一套相应的系统要素。教育生态系统特点包括：①社会性，即受人类社会作用和影响；②目的性，系统运行的目的除了维持自身平衡外，还需要满足人的需要；③易变性，即不稳定性，容易受到各种环境因子影响，并随人类活动而发生变化，自我调节能力相对较弱。教育生态系统的运行，既遵循自然生态系统的某些规律，也遵循社会系统的某些规律。

"教育生态学是将生态系统内在机理映射到教育领域，并针对二者的相互作用和联系性开展深入研究的新兴学科"[1]。从教育生态学的角度而言，教育生态系统是由教育生态主体与教育生态环境共同组成的有机统一体。教育的生态主体主要指学生和教师；教育的生态环境指对教育活动发生作用和影响的环境体系。教育生态系统的层次主要包括：①围绕教育的综合自然环境、社会环境和规范环境所组成的单个或复合的系统，如整个教育工作教育事业；②围绕学生个体发展而形成的外部环境，即由自然、社会和精神因素组成的系统，如学校自然环境、教育政策、教学活动、教师学生生理心理条件等；③以单个学校或某一教育层次的某一教学单位为中心，构成、反映其内部相互关系的系统。

1. 高校英语生态系统的构成

高校英语教学生态系统是围绕高校英语教学活动而构建具有生态特性的教学系统，由教学主体（学生、教师等）及其相应的教学环境组成。该系统有其特定结构，正是由该特定结构，决定高校英语教学生态系统的特定功

---

[1] 魏丽珍，张兴国. 高校英语教学的生态特性及教学定位探究［J］. 环境工程，2022，40（2）：2.

能。教学环境指影响高校英语教学活动的一切外界因素的总和，有自然环境、社会环境和规范环境之分。

（1）自然环境。自然环境是实施教学行为的基础，直接或间接作用于人的身心、认知及审美能力的发展。教学的自然环境，通常指的是教学的物理环境，这涵盖了教学条件以及教学资源等多个方面。对于高校英语教学而言，其自然环境是社会环境得以存在和发展的物质基础。

（2）社会环境。社会环境是人类生存及活动范围内的社会物质、精神条件的总和。社会环境在教育生态学中，主要指对教学活动产生作用和影响的各种社会条件，也指教学活动与其他社会组织发生的各种关系，包括从社会、政治、经济、文化到家庭的亲属关系、学校的师生关系、同学关系乃至学生个人的生活空间心理状态对教育的影响。教学规范环境乃社会各界普遍认同，且符合教学群体需求与期望的一套教学准则与态度，及其所蕴含的价值观念，此环境涵盖诸多因子，如教育传统、政策导向、社会风尚、文化积淀、伦理道德，以及科技发展水平等。同时，也体现于教学要求、评估尺度、课程设置目标等教学理念，以及师生双方所共有的认知观念之中。

（3）教学环境，高校英语教学环境既包括课堂教学环境，也包括学校环境与社会语言环境，但主要指课堂教学环境，还包括学生个体生理心理环境。应该特别注意的是，要重视高校英语教学生态系统内外环境的多维镶嵌性。总体而言，在高校英语教学的一个时空内，教学主体（学生、教师等）和教学环境（非生物因素）共同构成一个互相影响、互相作用，具有物质、能量和信息传递功能的统一整体，以上是高校英语教学生态系统。作为一种独特的生态系统，高校英语教学生态系统同样表现出生态系统的若干基本特性。

2. 高校英语生态系统的分类

（1）个体生态。高校英语教学生态关注教育过程中学生个体的存在状态和学生生命体的健康成长。在教学过程中，作为教学生态主体的学生，有着不同的生理特征、心理特征、成长背景，也有着不同的知识结构、语言观、价值观、人生观和世界观，本身就是一个相对独立的生态系统。周围环境

（物理环境社会环境和规范环境）对学生个体生态发挥的作用、产生的影响都不相同。个体生态的物理环境是学生所处的物理教学环境，主要指课堂环境和学习条件。个体生态的社会环境，更多地指学生个体与其他个体（学生和教师）之间的关系及其对学生个体的影响。无论是主动或是被动，生态个体总会与其他个体形成某种关系并相互影响，相互作用，而且生态个体往往会把其他个体作为自己的一个镜像。生态个体的规范环境既有外在的教学规范，如教学要求、学习要求、评估标准等，又有内在的师生教学理念和语言认知观。现代教育体系高度重视个性化教学方法的实施，通过对高校英语教学中的学生个体生态进行深入分析，得以有效挖掘每个学生的独特潜能，进而促进其个人才能的全面发展，这一做法不仅符合现代教育理念，更有助于培养具有创新精神和实践能力的优秀人才。

（2）群体生态。生态学中的群体生态指一定栖息地范围内同种或异种生物群体所处的环境状况。在高校英语教学生态系统中，由不同的学生个体、教师个体组成为不同的教学群落，如一个教学班级，一个教学小组。教学群体可以有正式的和非正式的。正式的群体具有较强的稳定性，最典型的正式教学群体是英语教学班级；非正式群体的流动性较强，群体的组成往往出于兴趣、情感或是完成某一教学任务，如学习小组、任务小组、兴趣小组等自然或半自然的群聚体。在生态教育学中，群体性质不同于生态学上的物种内和物种间的关系，是由于生态教育学的生态群体是由人组成，人除了自然性，更多的是社会性。因此，群体生态涵盖了个体与个体间的相互关联以及心理影响机制。教育从业人员和管理工作者往往会运用心理学领域中的群体动力学原理来深入探讨和研究个体与群体的成长与进步。

（3）系统生态。生态系统的生物成分有生产者（主要是绿色植物）、消费者（主要是动物和人）、分解者（主要是各种微生物）。生产者、消费者和分解者各司其职，保证生态系统内外物质流、能量流和信息流的顺利移动和交换，使系统处于动态平衡状态。在高校英语生态教学系统中，同样存在类似于生物生态系统中的生产者、消费者和分解者的角色划分。然而，这种划分并不像生物生态系统中那样绝对和明晰。就高校而言，学校、教师等是物质、能量、信息的生产者，学生不仅是消费者又是分解者，学生通过消费、分解学校提供的资源，生成自身的知识、能力和素质，创造社会财富，也为高校提供生存、发展所需的物质能力和信息，由此形成动态平衡的生态循环。教师开发教学资源、传授知识、引导学生学习和思考，实际上是教学生态系统中的开发者；作为消费者的学生接受并内化从教学开发者获得的知识和技能，是对知能和信息的分解利用，学生也会发挥主观能动性，与教师共同开发教学资源，在这个层面，学生又成为教学生态系统的开发者；教师通过教学和科研活动，其教学、专业能力获得提升，教师又成为教学生态系统的消费者和分解者。

3. 英语教学生态系统的构建原则

高校英语教学作为一个生态系统，拥有系统所属的基本特征。按照生态系统的基本特性和教育教学的基本规律，要构建相对理想的高校英语教学生态系统，必须充分体现以下原则：

（1）整体性原则。高校英语教学系统是由教学主体（教师和学生等）、教学物理环境（自然环境）、社会环境、心理环境、规范环境（教学目标、教学策略和教学阶段等）等要素构成的统一有机整体。教师和学生脱离教学环境，便不再是严格意义上的教师和学生，而没有教师或是学生的教学，同样不再是教学活动。教学系统中的教学目标、教学策略也不是先于教学系统而存在，而是在教学系统不断优化和发展中逐步形成和完善。关注各个要素的同时要考虑系统整体的平衡性，而系统整体的稳定和发展也是各要素共同作用的结果。因此，在构建高效英语教学生态系统时，首要任务是确保系统的整体性，并充分发挥其作用。之所以如此重视整体性，是因为只有当系统中的各个要素在规则有序的环境中协同作用时，才能实现最佳的教学效果。

需要特别注意的是，在研究教学系统中各个要素时，既要将学生看成是整体系统中的一个重要部分，又要把学生看作是一个完整的生命有机体，尊重其认知、情感发展的规律，赋予学生完整的生命教育。英语教学策略与教学方法也有各自特点和规律，在尊重这些规律和特征的同时，需要考虑如何优化和加工，才能使其为英语教学系统的整体目标服务。

（2）有序性原则。构建相对理想的高校英语教学生态系统，遵循有序性原则显得尤为重要。在高校英语教学生态系统内部，各个子系统、各个要素均是层次等级结构，其形态特征是稳定有序的。但事实上，形态特征的稳定有序并不能说明实际运行一定稳定有序，这是在构建相对理想的高校英语教学生态系统时所关注的一个核心问题。需要特别指出的是，对高校英语教学活动总是希望其过程稳定有序，是完全正确的，但这种愿望和追求又不能过于绝对，因为波动和无序也是客观存在、不可避免的。

有序使人们便于驾驭局势，便于操控实际工作，实现既定目标，但这样的有序也会束缚和限制人们主动性、创造性地发挥；无序会干扰有组织、有计划、有目的的工作，但是会带来自由发挥和机动调整的新因素，带来可供选新机会，由此而纠正或者完善既定计划方案中实际存在的误差和不足。因而，有序和无序都是人们在工作中发挥主动性和创造性的必要条件，同时又互为限制因素，两者彼此适中才能构成系统的不断优化，这一点对于创建相对理想的大学英教学生态系统格外有启示，因为要构建的系统是一个自由活跃、充满和谐和生机的系统。

（3）相关性原则。高校内的教务部门、英语教学机构、学生班级、教务人员、教师、学生、校园环境、实验室、实践基地、教学制度、教学要求、教学模式、教学管理、教学方式等，都是紧密联系、相互依赖、相互作用，作为系统要素，表现为一种相互关联的共生态，各要素互为条件并相互影响，就是系统的相关性。教师为学生的学习提供服务，学生又是教师存在的条件。同时，学生之间也存在共生性。不同教育群体处于同一个教育生态系统中，为全面发展而创造良好的校风、班风，彼此间相互学习相互鼓舞、相互提高，体现互助和互惠关系。因此，在构建高校英语教学环境时，必须深刻认识到系统相关性特质的重要性，妥善处理各要素间的相互关系。只有在相互协作、支持、补充和理解的基础上，才能有效激发各方的积极性和创造性，形成稳健而有力的合力，才能够构建出一个充满活力、生机勃勃、运行有序、高效能的高校英语教学环境，从而形成一个健康的教学生态系统。

（4）协变性原则。协变性是当系统出现变化，特别是出现无序时，通过系统内部的协同作用，使系统实现有序。实际上，高校英语教学过程是一个动态起伏的过程，有智慧、有经验的教师会把这种动态起伏把握得恰到好处，做到动静有度，起伏有序。在高校英语高效课堂上，教师、学生及其心理情感之间始终存在着相互作用与影响。任一因子的变动均可能引发另一因子的相应变化，这种变化，作为系统的重要组成部分，既可能有助于维护系统的有序性，也可能对其有效性产生影响。因此，必须充分理解和关注这种相互依赖和相互作用的关系，以促进教育系统的稳健运行和持续发展。

教师的教学理念将决定其选用的教学模式、教学方法和教学资料，不同的教学模式、方法和教材对学生的知识结构和认知能力将产生不同影响。学生也许一时不适应，但会努力作出心理调整，使知识结构和认知能力适应教师教学发生的变化。学生的认知结构和认知能力变化，又可以改变教师的教学理念，教师或将坚持其教学理念，又或将对已有的教学理念重新理解，甚至放弃。协同变化还表现在教师和学生间的情绪变化，学生的情绪会直接影响教师的情感，在积极的课堂情感环境下，学生的主动参与会提高教师的教学热情。

高校英语教学生态系统的可持续发展在于系统的生命力，即生命存在的能力和生命发展的能力。对于构建相对理想的高校英语教学生态系统并充分体现其可持续发展能力，主要依赖于：①系统本身的科学性、合理性。换言之，该系统不完全是主观产物，而是客观需要的产物，它的存在、发展、运行是有规律的，是合乎历史逻辑和常理的；②系统运行的可靠性和可控性，即该系统是有序和无序的有机结合，是可靠的，也是可以驾驭和控制的，能够通过有效调节，维持其正常运行的状态；③系统运动的动力是源源不绝的，有持续不断的信息、物质、能量输入和输出，维持和更新系统本身的动态平衡和发展需要；④系统的各个子系统、各个要素的主动性和能动性，是积极的而是消极的，是主动而不是被动的，是求新求异的而不是守旧保守的，都有使系统更优的普遍心理追求和实际行动。

4. 英语教学生态系统的构建规律

高校英语教学生态系统的运行有其自身特有规律，结合教育生态学比较有共识的基本规律用于高校英语生态系统中，主要包括以下方面：

（1）迁移与潜移。生态系统的物质流、能量流和信息流的循环与交换，表现为宏观上的迁移和微观上的迁移。高校英语教学生态系统的物质流、能量流和信息流同样也表现出迁移和潜移特性。教师讲授课程、向学生演示语言技能，语言知识、信息流动有明确的流向和路径，这是知识、信息的转移（迁移）。知识和信息通过感官进入学生大脑后，学生的认知结构会发生变化，知识、信息被分解为数据，再由数据合成信息，建构成新的认知，这些新的认知将对学生的身心发展产生影响，特别是由于语言是文化和思维的主要承载，这些新的认知将促成学生或是认知的发展，或是情操的陶冶，又或是价值观、人生观和世界观的发展等，这是知识和信息的潜移。

（2）平衡与失衡。自然界中的各种因子都是彼此间互相联系和制约，并由此构成统一体。因子之间的相互作用达到一个相对稳定的平衡状态就是生态平衡，可见该平衡态是通过自然生态系统的自我调节而达成。生态平衡是动态平衡而不是静态平衡，是相对平衡而不是绝对平衡。当生态系统受到外部干扰超过生态系统自我调节能力的可控范围时，生态系统将无法维持相对稳定的平衡态，被称为生态失衡。一旦出现生态失衡，各种生态问题会陆续出现。在高校英语教学生态系统中，智能信息、物质在各个因子间转换和循环，各教学因子间的相互作用和制约，使教学生态系统处于相对稳定的状态，但是局部生态中教学失衡现象也会发生，需要通过外部干预或内部自调自控机制干预进行调节，使得教学生态系统达到新一轮的稳定平衡。

（3）竞争与协同。同一生态环境中的不同物种之间存在竞争，从长远观点而言，物种间的相互竞争最终会导致协同进化。环境的不断变化给予生物个体进化的压力，而环境不仅包括非生物因素，也包括其他生物因素。在高校英语教学生态系统演化和发展过程中，学生之间的关系也有竞争与协同发展的关系。在教育教学环境中，协同发展的重要性尤为突出，而竞争关系则能激发学生的学习动力。为达成协同发展的目标，需对竞争与合作之间的关系进行合理调整。

(二) 高校英语生态课堂教学

1. 完善教师教学

教师是教学活动的力量源泉，是教学实践的中心，是教学活动的设计者、领导者、组织者，也是教学的执行者。教学，是一种让同学认识其他事物的活动，学生作为活动参与者，教学内容作为活动中的认识对象，教师作为桥梁和媒介，将两者串联在一起。在教学过程中，特别是有着生态化语言的环境下，教师在教育过程中，不仅应当精准指导学生探索出符合个人特性的学习路径，并促使他们有效地运用这些路径来获取知识，进而解决所遇到的问题，同时，更应致力于推动生态化语言学习的深化发展，以确保学生能在实际生活中真正感受到学习的实用价值。

学生作为活动的参与者，应该知道如何学会学习，而教师要做的，不仅是引导他们的学习方法和思维转向，还要引导他们形成正确且良好的人生观和价值观，更要对学生在语言学习上进行启迪、激励和引导。在学生自主学习方面，教师应该学会引导学生提出问题并能够自己解决问题、自主选择适合的学习方式、自主选择学习目标、自己能够控制和调节学习进程。教师在英语生态教学模式中作为有机组成部分之一，有着重要作用。为实现生态化英语语言教学模式的转型，教师需对自身语言知识文化观念、教学角色认知及教学方式进行全面而深刻的变革。

（1）转变教师教学的角色意识。高校英语教学发展至今，增加了英语交际能力与实践能力、语言掌握能力等，对英语教师提出了更高要求。教师要转变自己的教育理念，从传统英语基础理论知识的教学逐步转变成多方面的英语教学。为此，教师要从教学实践前期开始改变，要对学生进行分析，根据学生的个性化特点，制定教学目标、确定学习方法，从而适应各个阶段、各个层次的学生教学。另外，教师要在原有传统教学手段基础上，增加新的教学手段，引入多媒体以及网络教学资源，丰富教学内容、提高教学效果。教师需要摒弃传统的单一教学内容传递方式，并转变过度侧重于理论知识传授的教学方式。在教学过程中，教师应积极引导学生培养自主学习的能力，并激发他们的学习热情，以实现更高效的教学成果。

在新的教学模式中，要以学生为中心，教师作为教学实践的实施者，要逐步改变原有知识传递者的角色。在新型的教育体系中，教师的作用侧重于引导学生进行自主学习。在学生自主学习过程中，教师又扮演着观察者的角色，观察学生在自主学习过程中遇到的问题与解决问题的方法，并且在观察过程中提出问题，协助学生利用自身能力，寻找问题的解决方法，这个过程对教师观察问题的能力有着很高要求。教学实践的新模式对教师的组织协调能力提出了更高要求。现代教学不再仅限于课堂讲授和课后评估，而是需要教师在课堂实践中组织各类活动，让学生在亲身参与中学习和成长，这种转变意味着教师角色已不仅仅是知识的传递者，更是学生学习活动的引导者和组织者。

（2）提升教师语言知识文化观。语言学和语言哲学中的一个主要命题是语言知识文化观，决定是否能够形成正确的英语教学观。语言观是人们如何看待语言本质，一般而言，教师的语言观对英语教学影响包括：在教学过程中，如设计教学大纲、回应学生在学习中的反馈、组织课堂教学等方面遇到很多问题，而这些都会受教师在英语课堂教学过程及组织的影响。当然，在英语教学过程中，并不是所有的教师都会直接运用语言学知识，而且教师如果只是掌握其中一点语言学知识，并不能解决所有问题。只有通过相互作用和联系，尽管各自具有不同的意义，但各个参照构架之间才能共同产生出解决语言教学问题的有效方法。

受到教学语言观影响，教师会在教学内容上选择广泛的知识范围，而语言知识选取则会被教师的语言观所影响。英语教师对所教语言性质的认识，也会受到教师语言观中语言学对于语言描写的影响。语言学家从不同的角度，对语言有着不同的理解和描述，工具论的内容指语言只是一种交流手段，作为人类在社会交往时的一种必要手段和人类生存与发展的必要工具，也就是用于交流、表达思想、讨论工作。人类生存与发展的基石在于文化，每个人均在特定的文化氛围中成长与生活。语言，作为社会文化体系的核心组成部分，发挥着至关重要的作用。

（3）多元化的语言教学方式。随着社会发展和教学体系的改革，教师在语言教学方式上也要进行丰富，即从最开始完全讲授与接收的课堂教学方法，逐步转变为课本剧表演、课堂讨论等新型的教学方法。此外，教师还可以设计更多的教育教学方法。教师在制定教学方法时，要以能够促进学生发现并掌握新的知识为原则。教师在教学方法的设计上应具备创新意识，积极探索和采用新颖独特的教学模式，以充分激发学生的学习兴趣和主动性。学生一旦对课程产生浓厚兴趣，将更加乐于参与学习，从而取得更为显著的学习成效。因此，教师在教学方式上的创新至关重要，它是提升学生学习效果的关键所在。

2.确保学生主体

（1）提升语言学习时空流变性。时空流变性的建设基于时空的三维性。空间有三个维度，即长、宽、高，同样，时间也有三个维度，即现在、过去和未来，时间的三个维度与空间一样，都需要引起足够重视。从人文角度和心理视角可以观察和体验到现在、过去和未来，也能够确认三者之间的区别与联系。离开时间的三个维度，则谈不上时间流程和时间观念。

语言学习也是一种学习模式的延续，在学习第二语言时不可避免地会受先前母语学习影响。第二语言的学习遵循母语学习规律，并且母语学习的思维将影响第二语言学习思维，表明语言学习也具有时空思维。与英语的生态教学模式理论相吻合。因此，语言学习是一个复杂的过程，涉及对多种规模和类型的现象与事件的复制与投射，这种分维模式在语言学习的各个阶段都有体现。同时，语言学习在空间上也呈现出一种流变性，这表明语言学习的过程并非静态，而是随着时间和空间的变化而不断发展。空间流变性是语言的学习会受身边文化变化影响，这个过程会对学习母语过程中养成的习惯与经验进行改变，甚至是重塑。语言学习受时间以及空间的影响，是两者综合作用的结果。

（2）增强语言学习历程影响力。英语教育在进行改革后，将英语课程的启蒙年级降低，在低年级阶段引入英语教学，并且在课堂教学结束后引入评价过程。在每一个阶段学习后，教师都给予学生一个评价，让学生能够通过评价了解自己对于语言的掌握程度，增强学习语言的信心，从而培养学习语言的兴趣，逐步达到自主学习。评价体系主要分为：①过程评价，即对于学生学习英语的过程进行评价、对学习的态度等进行评价；②结果评价，即在每一个学习阶段结束后，对学生的掌握情况进行结果评价。在这样的教育体制下，教师需要进行自我提升。教师要利用自己的教学能力，为学生提供更多的教学资源和更为丰富的教学方式。基于互联网技术的飞速发展，教师应积极整合网络教学资源，包括视频教学素材等，为学生创造更多模拟实践的机会，以优化学习成效。此外，鼓励学生参与视频教学资源的制作流程，不仅能充分调动学生的积极性，更能有效提升学生的英语应用能力，此举不仅符合教育现代化的要求，也是提升学生综合素质的重要途径。

3. 构建英语语言

(1) 英语与汉语的对比，主要包括以下方面：

第一，汉语习惯于补充说明，英语倾向于使用省略表达。以英语为母语的人，相比于使用汉语的人群，更经常性地省略部分说话内容。英语中，省略方式更加多样，比较常见的有省略句中表暗指的动词或者名词，除此之外，还有句法省略和情景省略等。例如，当多个句子是并列关系时，英语表达中会习惯性地省略听者明确其所指的内容或者在前面句子中已经出现过的内容。但是在汉语中，通常会习惯于将这些词重复一遍，以起到强调或者补充说明作用，这种对于内容的补充或者省略，是学生进行汉英互译工作的一个难点。

第二，汉语句子重心在后面，英语句子重心在前面。从语言的逻辑角度而言，汉语的表达方式通常将重心放在句子后面，例如，先说事实再说结论，先说原因再说结果或者先说假设再说推论。但是英语则不同，句子的重心一般是在前面，先说结论或者判断，然后再进行说明。以汉语为母语的学生在做听力练习时，依照汉语习惯，不重视句子的开头而听句尾，所以容易错过英语句子的重点所在，抓不住听力内容重心。

第三，汉语倾向于使用名词，英语则使用代词。在汉语中，名词具有重要地位，松散的句式和短小的句型使名词的理解在句意理解中占据首要地位，但是在英语中，由于长句更为常见，且句法结构对句意理解起到决定性作用，代词则变得十分重要。

第四，汉语一般都使用主动句，英语更多地使用被动表达。英语中，尤其是科技英语中，会经常性地使用被动句式。尽管汉语中也有被动句，通常也有明显表示被动的词汇，但是相比于英语，汉语的被动句较少，而且汉语中的被动句还带有贬义。因此，在英语学习中，应惯性地把英语中的被动理解为汉语中的主动表达。

第五，汉语使用分句频率较高，英语则常用从句。汉语表达中，句式较为松散，短句形式十分常见，也习惯于通过语词的意义传达句意。但在英语中，则经常使用包含大量修饰语的长句，或者用引导词在主句之外连接从句，使句子较为复杂，难以理解。在理解这样的长句时，需要对复杂的句子结构进行梳理，通常可以使用语法分析法进行解决。

第六，汉语更倾向于使用短句，英语习惯于使用长句。汉语具有很强的穿透力和延伸力，有时通过几个字词能够直接表达出整句意思或者通过短句表达出超过句子范围内的意蕴。英语中，经常会出现很长的句子，其中包含多层意思和复杂的句法结构。习惯于汉语语句短小精悍的人们，在阅读英文文献时，遇到最大的困难在于对长句的理解。理解长句往往需要进行语法分析，正因为它的复杂性，英语长句的翻译经常出现在英译汉的考试中。

第七，汉语表达较为具体直观，英语则抽象生涩。英语经常使用抽象的表达方式，而汉语则偏爱具体的意象。尽管汉语的表达极为形象直观，但是在表面意义背后可以拥有更深的意蕴，给人留下想象空间，但在意义表达上又是含蓄的。

(2) 语言知识与技能的融合。语言能力由语言机能和语言知识共同构成，两者相互促进，也相互影响。语言学习不仅是为了语言知识内容的获得，也是为了发展包括听、说、读、写、译在内的语言技能。能够理解和运用语言知识，对于培养语言技能具有重要意义。在英语教学中，单纯传授语言知识是远远不够的。除了知识传授，还必须将所学知识融入实际语言实践中，实现听、说、读、写、译等实际语言能力的综合训练与语言知识学习的有机结合，这样才能真正提高学生的英语水平，使其能够在实际应用中熟练运用英语。在学习语言知识时，要具有在语言实践中运用知识的意识而不是仅将知识作为头脑中的储备；在语言实践中，又要将实践作为巩固知识的手段。只有使语言机能和语言知识相互促进，才能让语言教学取得更好的效果。

4. 优化教学环境

语言环境对语言学习有着非常重要的作用，人所处的语言学习环境中各种要素综合产生的作用，最终决定一个人的语言能力。当一个人所处的语言学习环境利于学习时，能够调动学习者学习语言的积极性，使其产生原动力，推动自己积极主动地学习语言。阅读、写作、听力、口语学习对语言环境的要求不同。在培养阅读能力方面，语言环境所起的作用相对较小，因此，对于在汉语环境中学习英语的学生而言，提升阅读能力相对而言较为容易实现。阅读能力是一项基础性的能力，它对于掌握语言知识的深度、广度，以及对于信息获取的准确性和完整性都具有决定性的影响。同时，阅读能力的提升也会对其他语言能力，如听力、口语、写作和翻译等产生积极的推动作用。

（1）英语教学与生态课堂的联系。课堂和英语教学有着密不可分的联系，对学英语的人的学习效果和人才培养模式有很大影响。对很多学生而言，几乎是在英语课堂上完成学习英语的过程，课堂的学习氛围会对英语教学质量产生极大影响。英语教学要尽可能地多运用英语，再加上母语辅助，在学英语时要有用英语的教学思想，要将课堂环境变成良好的语言教学环境。在英语课堂教学过程中，维持良好的课堂氛围对于学生的学习积极性具有显著的促进作用。一个积极向上的课堂环境，能够激发学生对英语学科的兴趣，促使他们更主动地参与到课堂活动中来。同时，这样的氛围还有助于学生充分利用课堂生态环境，逐步培养起用英语进行日常交流的习惯。教师应尽可能地运用英语来教英语的优点是将英语作为交流的介质，这样可以将学习主体（学生）、学习客体（英语）两个要素连接成一个整体。因为英语教学的目的和中间介质是英语，无论是学生还是教师，他们在课堂上都运用英语，为英语输出提供环境。学生在学习英语的同时，也在运用英语，可以把英语教学形式和内容很好地结合在一起,从而提高英语教学效果。"使用语言学习语言"是交际教学法倡导的理念,是在沟通时通过刺激语言系统本身和激活固有语言信息自身的发展而得到语言。

(2)英语教学语言生态环境的构建。英语教学需要建立一个和谐的生态语言学环境,需要激励学习者在现实和自然语言学习环境下,尽可能地运用现代化的学习条件和信息,不断提升语言使用能力,把社会文化和语言结合在一起。

第一,阅读英语原版书刊。阅读英文书籍不仅能够增加读者的语言知识,还可以让学习者了解英语文化、开阔视野。因此,阅读原版英语书籍和英文读物,能够使阅读者感受英语语言的节奏感,通过其他人的遣词造句,提升自己的整体英语水平。

第二,收看英文电视节目或原版影片。语言承载着文化,学习者在看英文原版电视剧时,除了能够学习英语和练习听力外,还能够了解文化和语言之间的相互关系。在观看过程中,除了留意节目中的日常生活用语,还能了解英语文化。所以,看原版影片是一个提高英语应用能力、丰富英语文化知识的有效途径。经常看英文原版影片还,可以提升学生听力,因为在观看电影或者电视剧时,有相关画面帮助听力理解。听音过程是一个复杂且要求精细的学习过程。在此过程中,学习者需密切关注节目中的语音元素,同时积极记忆和吸纳听力材料中的新知识。此外,学习者还需正确区分日常口语、正式口语与书面语言之间的表达方式,以确保理解的准确性和语言表达的得体性。

第三,利用网络,畅游英语世界。英语学习者要运用互联网和计算机媒体学习英语。随着网络的飞速发展,学习者通过互联网除了能够找到不同国家科技、经济、文化等方面的英文信息资料以外,还可以听到各种英文演讲。互联网上的音效、文字、图片效果,可以让学习者产生学习兴趣,让学英语变得有乐趣。学习者是英语生态教学模式中的中心,除此之外,还与英语教师、英语语言以及英语学习的整个环境有关,他们具有相辅相成的作用,能够提高高校英语课堂教学的质量,"优化大学英语教学的情感环境、社会环境、评价体系及网络环境,创建一个动态、和谐、平衡的大学英语教学环境"①。在学习中,教师的教学方法与整体教学效果有很大关系,学生对语言的学习与教师的教学具有相互推动关系;在教师教学过程中,教师能够学到从未学过的知识。在整个英语学习过程中,学习者的学习状态与学习环境有很大关系,如果学习环境和学习氛围好,学习者能够从中获得更多知识。

三、高校英语教学的整合维度

(一) 高校英语教学整合维度的要素

在全球化的时代背景下,英语作为国际交流的主要语言,其重要性不言而喻。高校作为培养高素质人才的重要基地,其英语教学质量直接关系到学生的综合素质和国际竞争力。因此,如何有效整合高校英语教学的各个维度,提高教学质量,成为当前教育领域亟待解决的问题。高校英语教学的整合维度,是指在英语教学过程中,将各个教学要素、教学环节和教学资源进行有效整合,以实现教学目标的最优化。具体而言,高校英语教学的整合维度包括以下方面:

1. 高校英语教学内容整合

(1) 语言知识与文化知识的整合是教学内容整合的重要环节。语言是文化的载体,而文化则是语言的土壤。在高校英语教学中,不能仅仅局限于语言知识的传授,更要将文化知识融入其中,使学生在掌握语言技能的同时,也能深入理解英语国家的文化背景、价值观念和社会习俗,这样,学生不仅能够在语言层面上进行交流,更能在文化层面上实现真正的文化交际。

(2) 实用技能与综合素质培养的整合也是教学内容整合的重要方面。英语不仅仅是一门学科,更是一种工具,一种能够帮助学生拓宽视野、增强竞争力的实用技能。因此,在高校英语教学中,应注重培养学生的听、说、读、写等基本技能,同时更要注重培养他们的综合素质,如批判性思维能

---

① 郭坤,田成泉. 高校英语生态教学环境的优化 [J]. 教育理论与实践,2016,36 (24):56.

力、创新能力、团队协作能力等，学生才能在职场中脱颖而出，成为具有竞争力的英语人才。

为了实现以上两个方面的整合，需要构建一个完整、系统的高校英语教学体系，这个体系应以培养学生的文化交际能力、批判性思维能力以及自主学习能力为目标，将语言知识与文化知识、实用技能与综合素质培养有机地结合在一起。同时，教师还应根据不同学生的需求和特点，灵活调整教学内容和方法，确保每个学生都能得到适合自己的教育。

2. 高校英语教学方法整合

教学方法是实现教学目标的关键环节。在高校英语教学中，需要采用多元化的教学方法，以满足不同学生的学习需求和个性特点。任务型教学、合作学习、项目式教学等方法都是值得尝试的新型教学方式。任务型教学强调学生在完成任务的过程中学习语言知识和技能，有助于培养学生的实践能力和解决问题的能力；合作学习则鼓励学生之间的合作与交流，有助于培养学生的团队协作能力和沟通能力；项目式教学则以学生为中心，让学生在参与项目的过程中自主学习和探究，有助于培养学生的创新能力和自主学习能力。

此外，还应注重信息技术与英语教学的融合。现代技术手段如多媒体、网络等可以为教学提供丰富的教学资源和手段，使教学更加生动、有趣。例如，可以利用网络资源进行在线教学或自主学习，利用多媒体技术制作生动形象的课件或教学视频，以提高学生的学习兴趣和效果。

3. 高校英语教学资源整合

教学资源是英语教学的基础，其丰富程度和多元化程度直接影响到教学效果。在高校英语教学中，应充分利用校内外的各类教学资源，为学生提供丰富的学习材料和语言环境。

（1）校内资源是最直接的教学支持。图书馆中丰富的图书和期刊、多媒体教室的先进设备和英语角等语言实践场所，都为学生提供了良好的学习条件。同时，还可以邀请外籍教师或具有海外留学背景的教师来校任教或举办讲座，让学生接触到原汁原味的英语和多元的文化背景。

（2）网络资源的便捷性和丰富性使得学生可以随时随地获取最新的英语学习材料和信息，教师可以引导学生利用网络平台进行自主学习和在线交流，拓宽他们的学习视野和交际圈子。此外，校企合作也是整合校外资源的重要途径。通过与企业的合作，可以为学生提供更多的实践机会和就业渠道，使他们在学习过程中能够更好地将理论与实践相结合。

4. 高校英语教学评价整合

教学评价是检验教学效果、指导教学改进的重要手段。在高校英语教学中，应建立多元化的评价体系，以全面、客观地评价学生的学习成果和教师的教学质量。

（1）评价内容应多元化。除了传统的语言知识测试外，还应注重对学生交际能力、创新能力、自主学习能力等方面的评价，这些能力在现代社会中同样重要，甚至更为关键。因此，在评价过程中，应设计多种形式的评价任务，如角色扮演、项目报告、口头陈述等，以全面评估学生的综合能力。

（2）评价方式应多样化。教师可以采用形成性评价和终结性评价相结合的方式，既关注学生的学习过程又关注其学习成果。形成性评价可以通过课堂观察、学习日志、同伴评价等方式进行，以便及时了解学生的学习情况和问题；终结性评价则可以通过期末考试、课程论文等方式进行，以评估学生的整体学习效果。

（3）评价主体应多元化。除了教师评价外，还可以引入学生自评、同伴互评等评价方式，让学生参与到评价过程中来，这样不仅可以提高学生的自我评价能力和自我管理能力，还可以增强评价的客观性和公正性。

（二）高校英语教学整合维度的作用

高校英语教学整合维度的作用是一个复杂且多元的话题，它涉及教学内容、方法、资源与评价等多个方面的相互关联和相互影响，这种整合不仅有助于提升教学质量，更能够全面地促进学生的个人发展和综合素质的提升。高校英语教学整合维度的作用主要包括以下方面：

第一，教学内容、方法、资源与评价这四个维度在高校英语教学中起着基础性的支撑作用。教学内容作为教学的基础，是构建知识体系、传递知识信息的核心要素。教学方法则是实现教学内容传递的手段，它决定了如何有效地将知识传递给学生，使其能够被充分理解和吸收。教学资源是教学的物质基础和条件保障，它包括了教材、教学设备、教学环境等各个方面，为教学的顺利进行提供了必要的支持。而教学评价则是对教学效果的检验和反馈，它能够帮助教师了解学生的学习情况，及时调整教学策略，从而优化教学效果。

第二，教学内容、方法、资源与评价这四个维度在高校英语教学中相互支撑、相互促进，共同构成了一个完整的教学体系。只有当这四个维度得到有效整合时，才能充分发挥它们在教学中的作用，提高教学质量。例如，通过选择具有实际应用价值的教学内容，采用多样化的教学方法，充分利用各种教学资源，同时结合科学的教学评价，可以形成一个高效、有趣、实用的教学环境，从而激发学生的学习兴趣和积极性，提高他们的学习效果。

第三，整合维度在高校英语教学中有助于提高学生的学习兴趣和积极性。通过整合不同领域的知识和技能，采用多元化的教学方法和手段，以及充分利用各类教学资源，可以为学生提供更加丰富、有趣的学习体验，这种综合性、实践性的教学方式能够激发学生的学习兴趣，使他们更加主动地参与到英语学习中来。

第四，整合维度有助于培养学生的综合素质和能力。高校英语教学的目标不仅仅是培养学生的语言能力，更重要的是培养他们的文化交际能力、批判性思维能力、自主学习能力等综合素质和能力。通过整合教学内容、方法、资源和评价等多个维度，可以帮助学生拓宽视野，了解不同文化背景下的思维方式和价值观念，增强他们的文化交际能力。同时，通过引导学生参与课堂讨论、小组合作等活动，可以培养他们的批判性思维和团队合作能力，这些能力和素质的培养对于学生未来的发展和职业竞争力具有重要意义。

（三）高校英语教学整合维度的实践策略

第一，加强师资队伍建设。教师是教学的主体，他们的专业素养和教学能力直接决定了教学质量的高低。因此，高校应高度重视师资队伍建设，采取有效措施提高教师的专业素养和教学能力。具体而言,可以通过定期举办教师培训班、组织教师参加国内外学术会议、邀请专家学者来校讲座等方式,使教师不断更新教学理念和方法,拓宽教学视野,提高教学水平。同时,还应建立完善的教师评价体系,激励教师积极投入教学工作,提高教学效果。

第二,推进课程与教学改革。课程是教学的载体,课程改革是教学改革的核心。高校应根据社会需求和学科发展趋势,对英语课程进行优化设置和改革。一方面,要调整课程内容,注重培养学生的语言综合运用能力,加强文化交际能力的培养;另一方面,要改革教学方法和手段,探索多元化的教学模式,如翻转课堂、在线教学等,以适应不同学生的学习需求。此外,还应加强教材建设,选用适合学生水平和需求的教材,确保教学内容的科学性和实用性。

第三,强化实践教学环节。实践教学是理论教学的延伸和拓展,是培养学生实际操作能力和创新精神的重要手段。高校应加强与企业的合作与交流,建立实践教学基地和校企合作平台,为学生提供更多的实践机会和实践环境。通过实践教学环节的设置与实施,帮助学生将理论知识与实际应用相结合,提高他们的英语应用能力和综合素质。同时,还应加强实践教学的管理和指导,确保实践教学的质量和效果。

第四,完善教学评价体系。评价是教学的重要环节,通过评价可以了解学生的学习情况和教师的教学效果,为教学改进提供依据。高校应建立多元化的评价标准和评价方式,注重过程评价与结果评价相结合、定性评价与定量评价相结合的原则,全面、客观地反映学生的学习情况和教师的教学效果。同时,还应加强评价结果的反馈和应用,指导教师和学生针对评价结果进行调整和改进,促进教学质量的不断提升。

第四节 中华优秀传统文化融入高校英语教学的策略

中华优秀传统文化是中华民族的瑰宝,是中华民族几千年文明史的智慧结晶，它包含了丰富的哲学思想、道德观念、艺术形式、科技发明等，是中华民族的精神支柱和文化自信的源泉。将中华优秀传统文化融入高校英语教学，不仅可以提升学生的文化素养，增强他们的民族认同感和自豪感，还可以帮助他们更好地理解西方文化，提升文化交际能力。"大学是国家培养高级人才的重要基地，其教育内涵既要包括知识体系和专业技能的传授输入，又要涵盖对受教育者的品德、素养及价值观的塑造"[①]。中华优秀传统文化融入高校英语教学的策略主要包括以下方面：

一、优化教学内容，融入中华优秀传统文化元素

在全球化的今天，英语教育作为国际交流的重要工具，其重要性日益凸显。英语教育不仅仅是语言技能的培养，更是文化交流与融合的桥梁。在这一背景下，将中华优秀传统文化元素融入高校英语教学内容，显得尤为重要，此举不仅有助于提升学生的英语综合运用能力，还能加深他们对中华文化的理解与认同，进而促进中华文化的国际传播。

第一，在教学内容上进行改革，是融入中华优秀传统文化元素的关键步骤。高校英语教材作为教学的基础，应当充分体现中华文化的精髓与特色。在编写教材时，可以加入关于中国文化的篇章，全面介绍中国的历史、文化、哲学、艺术等方面的知识，这些篇章可以涵盖中国的传统节日、历史人物、文学经典、哲学思想、艺术形式等多个方面，以展现中华文化的博大精深。同时，教材的编写应当注重知识的系统性和连贯性，以便学生能够全面、深入地了解中华文化。

第二，在课堂上引入与中国文化相关的主题，是促进学生思考与交流的有效途径。教师可以结合教材内容，设计一系列与中国文化相关的讨论话题，引导学生进行深入思考，这些话题可以涉及中国的价值观、道德观、思维方式等方面，以帮助学生更好地理解中华文化的内涵。同时，教师还可以邀请学生分享他们对中华文化的看法和感受，鼓励他们提出自己的观点和见

---

① 李芹. 中华优秀传统文化融入高校英语教学的策略探究［J］. 纺织服装教育，2022，37（4）：372.

解，以促进课堂互动和思维碰撞。

第三，利用现代教学手段，也是将中华优秀传统文化元素融入高校英语教学内容的重要手段。多媒体等现代教学手段具有直观、生动、形象的特点，能够帮助学生更加直观地感受中华文化的魅力。教师可以利用这些手段，展示中国的传统文化和艺术形式，如书法、绘画、音乐、舞蹈等。通过观看这些视频和图片，学生可以更加深入地了解中华文化的艺术魅力，从而增强对中华文化的兴趣和热爱。

在融入中华优秀传统文化元素的过程中，也需要注意一些问题。首先，要尊重历史事实和文化传统，避免对中华文化进行歪曲或过度解读；其次，要注重文化交流的平衡性，既要展示中华文化的独特魅力，也要尊重其他文化的多样性和差异性；最后，要注重培养学生的批判性思维和创新精神，鼓励他们在了解中华文化的基础上，进行独立思考和创新实践。

总而言之，优化高校英语教学内容并融入中华优秀传统文化元素是一项具有重要意义的工作。通过改革教学内容、引入相关主题和利用现代教学手段等多种方式，可以有效地将中华文化融入高校英语教育中，提升学生的文化素养和国际视野。同时，这也需要高校在实践中不断探索和完善，以确保这一工作的顺利进行并取得良好的成效。

二、创新教学方法，激发学生的学习兴趣

在高校英语教学中，需要探索并实践更加灵活多样的教学方法，尤其需要注重融入中华优秀传统文化，以期在提高学生英语水平的同时，也培养他们的文化素养和交际能力。

第一，融入中华优秀传统文化的高校英语教学，意味着将中华文化的精髓和英语教学相结合。中华文化源远流长，博大精深，包含了丰富的历史、哲学、艺术等方面的内容，这些元素可以成为英语课堂的宝贵资源，既可以用来丰富教学内容，也可以用来创新教学方法。例如，可以选择与中国文化紧密相关的英语文章作为阅读材料，让学生在学习英语的同时，了解中国的历史文化和社会习俗。此外，还可以结合中国的传统节日、民间故事等，设

计具有中国特色的高校英语教学活动，使学生在轻松愉快的氛围中学习英语，感受中华文化的魅力。

第二，在教学方法上，可以采用小组讨论、角色扮演、情景模拟等多种方式，以激发学生的学习兴趣和积极性。小组讨论可以让学生在交流中碰撞思想，相互学习，提高解决问题的能力；角色扮演可以让学生通过模拟真实场景，锻炼自己的口语表达能力和交际能力；情景模拟则可以让学生在模拟的情境中学习英语，提高语言运用的实际能力，这些教学方法不仅注重学生的主动参与和互动，还能够培养学生的团队协作能力和创新思维。

第三，邀请专家学者举办讲座或开设选修课程，为学生提供更加深入的学习机会。专家学者在各自领域有着深厚的学术造诣和丰富的实践经验，他们的讲座和课程可以为学生提供更加专业的指导和启发。通过聆听专家的讲解，学生可以更加深入地了解中华文化的内涵和价值，从而增强文化自信和民族自豪感。此外，选修课程的设置也可以满足学生的个性化需求，让他们在感兴趣的领域进行深入学习，提升自己的综合素质。

在实践这些教学方法的过程中，需要注意以下方面：首先，要尊重学生的个性差异和学习需求，因材施教，让每个学生都能在英语学习中找到自己的兴趣和方向；其次，要注重培养学生的自主学习能力，引导他们主动探索、积极思考，形成良好的学习习惯；最后，要加强师生之间的沟通与互动，建立和谐的师生关系，为学生的学习创造良好的氛围。

总而言之，创新教学方法融入中华优秀传统文化，对于激发学生的学习兴趣和积极性具有重要意义。通过灵活多样的教学方法和丰富的中华文化资源，可以为学生打造一个既有趣又有意义的英语学习环境，让他们在掌握英语知识的同时，也能够领略中华文化的博大精深，这不仅有助于提高学生的英语水平，还能够培养他们的文化素养和交际能力，为他们的未来发展奠定坚实的基础。

三、完善教学评价体系，注重学生的综合素质评价

在现今的高校英语教学体系中，对于中华优秀传统文化的融入和传承，

已逐渐成为教学工作的重要环节,必须致力于构建更加完善的高校英语教学评价体系,特别是要关注并注重学生的综合素质评价。

第一,打破单一的评价模式,引入多元化的评价因素。在传统的评价体系中,考试成绩往往占据了主导地位,这种评价方式虽然具有一定的客观性,但却忽视了学生在英语学习过程中的实际表现和综合能力的提升。因此,高校应该将学生的课堂表现、作业完成情况、参与课外活动等多种因素纳入评价范围,这些因素不仅能够反映学生在英语学习中的积极性和投入程度,还能够展现出他们的创新思维、实践能力和文化运用能力。

第二,采用多元化的评价方式,以便更加全面地反映学生的学习情况和能力水平。学生自评是一种有效的评价方式,通过自我评价,学生可以更加清晰地认识到自己的学习状态和不足之处,从而有针对性地调整学习策略。互评则能够让学生在相互学习的过程中,发现他人的优点和不足,从而取长补短,共同进步。而教师评价则能够结合教师的专业知识、教学经验和对优秀传统文化的掌握,对学生的学习成果进行客观、准确的评价。

第三,在完善评价体系的过程中,注重对学生中华优秀传统文化的理解和应用能力的评价。中华优秀传统文化是中华民族的瑰宝,也是高校英语教学的重要内容之一。因此,应该通过设计相关的评价任务,鼓励学生深入学习和理解中华优秀传统文化,并尝试将其应用到英语学习和交流中,这样不仅能够提升学生的文化素养,还能够增强他们的交际能力。

第四,完善高校英语教学评价体系还需要不断更新评价理念和方法。随着教育改革的不断深入和新的教育技术的不断涌现,需要不断学习和探索新的评价理念和方法,以适应时代发展的需求。例如,可以利用大数据和人工智能等技术手段,对学生的学习数据进行收集和分析,从而更加精准地评价学生的学习情况和能力水平。

总而言之,完善高校英语教学评价体系、注重学生的综合素质评价是一项紧迫而重要的任务,不仅需要打破传统的评价模式、引入多元化的评价因素和评价方式,还需要不断更新评价理念和方法、注重对学生中华优秀传统文化的理解和应用能力的评价。只有这样,才能更加全面、准确地评价学生的学习成果和综合素质，为他们的全面发展和未来的职业生涯奠定坚实的基础。同时，这样的评价体系也能够激励学生更加积极地参与英语学习和文化交流活动，提升他们的学习兴趣和动力，促进高校英语教学质量的不断提升。

四、加强师资培训，提升教师的文化素养和交际能力

教师在高校英语教学中的角色至关重要的，他们不仅是知识的传播者，更是文化的传承者和沟通的桥梁。在全球化背景下，尤其是在中华优秀传统文化融入英语教学的过程中，教师的文化素养和文化交际能力显得尤为重要。因此，高校必须进一步加强师资培训，以提升教师的文化素养和交际能力，从而推动英语教学质量的提升。

第一，教师文化素养培训。中华优秀传统文化是中华民族的瑰宝，也是国家软实力的体现。英语教师作为传承和弘扬这一文化的重要力量，必须具备深厚的文化素养。因此，高校可以组织教师参加一系列的培训课程或研讨会，让他们深入了解中华优秀传统文化的精髓，掌握其基本知识和教学理念，这些课程可以涵盖文学、历史、哲学、艺术等多个领域，使教师能够全面把握中华文化的博大精深。同时，还可以邀请文化领域的专家学者进行授课，与教师们分享他们的研究成果和教学经验，从而提升教师的文化素养和教学水平。

第二，提升教师的交际能力。在全球化的大背景下，英语教学已经不再是单纯的语言教学，而是涉及文化、历史、社会等多个方面的综合性教学。因此，英语教师必须具备较强的交际能力，以便更好地理解和教授不同文化背景下的英语知识。为此，高校可以鼓励教师积极参与国际交流与合作项目，通过亲身体验和交流学习，了解不同文化背景下的英语教学实践和经验，这些项目可以包括国际教师交流、海外访学、合作研究等多种形式，使教师能够开阔视野，增强文化意识，提升文化交际能力。

第三，建立教师之间的合作与交流机制。通过定期组织教师研讨会、教学观摩等活动，让教师们能够分享各自的教学经验和心得，相互学习、相互

借鉴，这种合作与交流不仅可以提升教师的教学水平，优化教师的传统文化素养，还可以促进教师之间的团结和协作，形成良好的教学氛围。

第四，注重对培训效果的评估和反馈。通过定期的教师考核和学生评价等方式，了解教师在文化素养和交际能力方面的提升情况，以便及时调整培训策略和内容。同时，还可以建立激励机制，对在培训中表现突出的教师进行表彰和奖励，以激发他们参与培训的积极性。

总而言之，加强师资培训、提升教师的文化素养和文化交际能力是推动中华优秀传统文化融入高校英语教学的重要举措。通过组织相关培训课程和研讨会、鼓励教师参与国际交流与合作项目以及建立合作与交流机制等措施，可以培养出一支具备较高文化素养和交际能力的英语教师队伍，这支队伍将为高校英语教学改革提供有力的人才保障，推动高校英语教学质量的不断提升。

第三章　文化视域下的高校英语教学准备

第一节　高校英语教学的原则与现状

一、高校英语教学的基本原则

（一）学生为中心的原则

随着教育改革的深入发展，高校英语教学逐渐从传统的以教师为中心的教学模式转变为以学生为中心的教学理念。这一转变不仅体现了对学生个体差异的尊重，也符合现代教育对培养学生自主学习能力的要求。以下旨在深入探讨以学生为中心的教学理念的内涵，分析如何在高校英语教学中落实学生的主体地位，并讨论学生自主学习能力的培养途径。

1. 以学生为中心的教学理念

以学生为中心的教学理念强调在教学过程中，学生的需求、兴趣和能力应成为教学设计的出发点和落脚点。这一理念要求教师在教学过程中，从学生的角度思考问题，关注学生的个体差异，尊重学生的主体地位，从而构建一种和谐、互动的教学环境。在这种环境下，学生能够积极参与教学过程，主动探索知识，实现知识的内化和能力的提升。

2. 落实学生主体地位的教学实践策略

（1）构建互动式教学环境。落实学生的主体地位，首先需要构建一个互动式的教学环境。教师可以通过提问、讨论、小组活动等方式，引导学生积极参与教学过程，发表自己的观点和看法。同时，教师还应鼓励学生之间的合作与交流，让学生在互动中相互学习、相互启发。

（2）设计个性化教学计划。学生的个体差异是教学过程中不可忽视的因素。为了落实学生的主体地位，教师应根据学生的需求、兴趣和能力，设计个性化的教学计划。这包括选择适合学生的教学内容、教学方法和评估方式，以满足学生的个性化需求，促进学生的全面发展。

（3）培养学生的自主学习能力。自主学习能力是学生主体地位的重要体现。在教学过程中，教师应注重培养学生的自主学习能力，引导学生学会如何学习。这包括教会学生如何制定学习计划、如何选择学习资源、如何评价自己的学习成果等。通过培养学生的自主学习能力，学生可以更好地适应未来社会的发展需求。

3. 学生自主学习能力培养途径

（1）激发学生的学习兴趣。为了培养学生的自主学习能力，教师应首先激发学生的学习兴趣。可以通过引入有趣的案例、讲述生动的故事、展示精美的图片等方式，吸引学生的注意力，激发学生的学习兴趣。同时，教师还应关注学生的情感需求，建立良好的师生关系，让学生在轻松愉快的氛围中学习。

（2）提供丰富的学习资源。自主学习需要丰富的学习资源作为支撑。教师应为学生提供多样化的学习资源，包括教材、参考书、网络资源等。同时，教师还应引导学生如何有效地利用这些资源，提高学生的信息获取和处理能力。

（3）建立科学的评估机制。科学的评估机制是培养学生自主学习能力的重要保障。教师应建立多元化的评估体系，包括过程性评估和结果性评估，以全面反映学生的学习情况。同时，教师还应注重学生的自我评价和同伴评价，让学生在评价中反思自己的学习过程，调整学习策略，提高自主学习能力。

（二）实用性与交际性原则

在当今全球化的背景下，英语作为一种国际通用语言，其重要性日益凸显。高校英语教学作为培养高素质英语人才的重要途径，必须紧跟时代步伐，注重实用性与交际性原则的深度融合。

1. 英语作为交流工具的实用性

英语作为一种交流工具，其实用性不言而喻。在国际合作、文化交流、学术研究等领域，英语都扮演着至关重要的角色。对于高校学生而言，掌握实用的英语技能意味着能够更好地融入国际社会，拓宽视野，提升竞争力。"在教学内容的选择上，应该尽量选择跟实际交际更为接近的内容、与职业相关的内容，让学生能够学有所得，学有所用"[①]。因此，高校英语教学应注重培养学生的英语实际应用能力，使学生能够在日常生活和工作中熟练运用英语进行交流。

2. 交际性教学在提高学生英语应用能力中的作用

交际性教学是一种注重培养学生实际交际能力的教学方法。在高校英语教学中，交际性教学通过模拟真实场景、开展角色扮演、组织小组讨论等方式，让学生在实践中学习、运用英语。这种教学方式不仅能够激发学生的学习兴趣，还能够帮助学生更好地理解和掌握英语知识，提高英语应用能力。此外，交际性教学还有助于培养学生的文化交际能力，使其能够更好地适应国际环境。

3. 实用性与交际性相结合的教学策略

为了实现实用性与交际性原则的深度融合，高校英语教学需要采取一系列有效的教学策略。首先，教师应根据实际需求，选择具有实用价值的教学内容，如日常生活对话、职场沟通等。同时，教师还应关注学生的学习兴趣和需求，调整教学内容和难度，以提高教学效果。其次，教师应注重交际性教学方法的运用，如组织小组讨论、开展角色扮演等，让学生在互动中提高英语应用能力。此外，教师还可以利用现代教学技术，如多媒体、网络等，创设丰富的交际场景，激发学生的学习兴趣和积极性。

除了以上教学策略外，高校英语教学还应注重评价体系的改革。传统的以考试成绩为主的评价方式往往忽视了学生的实际应用能力和交际能力。因

---

① 韩宪武. 新时期高校高专英语有效教学策略初探［J］. 湖北科技学院学报，2013，33（3）：102.

此，高校英语教学应建立多元化的评价体系，将学生的实际应用能力和交际能力纳入评价范围。通过课堂表现、小组讨论、角色扮演等多种形式的评价，全面了解学生的英语应用水平，为教学提供有针对性的反馈和指导。

此外，高校英语教学还应加强师资力量的培养。教师应具备较高的英语水平和丰富的教学经验，能够灵活运用各种教学方法和手段，提高教学效果。同时，教师还应关注英语教育领域的最新动态和研究成果，不断更新教学理念和方法，以适应时代发展的需要。

（三）多元化与个性化教学原则

在高等教育机构中，英语教学的质量和效果对于学生的全面发展和未来职业生涯具有重要影响。随着教育观念的不断更新和学生需求的多样化，传统的单一教学模式已经难以满足现代教育的要求。因此，多元化与个性化教学原则应运而生，旨在通过创新的教学方法和策略，提升教学质量，满足不同学生的学习需求。

1. 多元化教学及其特点

多元化教学是一种综合性的教学理念，其核心在于尊重和包容学生的多样性，通过多样化的教学内容、方法和评价体系，激发学生的学习兴趣和创造力，促进其全面发展。

（1）教学内容的多样性：多元化教学强调教学内容应涵盖广泛的主题和领域，不仅包括基础的语言知识，还应涉及文化、历史、社会等多个方面，使学生在掌握英语技能的同时，也能拓宽知识面，增强文化交际能力。

（2）教学方法的多样性：教师应根据学生的不同特点和需求，采用多种教学方法，如讲授、讨论、合作学习、项目式学习等，以适应不同学生的学习风格和节奏。

（3）评价体系的多样性：多元化教学倡导建立多元化的评价体系，不仅关注学生的考试成绩，还应评价学生的参与度、创新能力、团队协作等多方面能力，以全面反映学生的学习成果。

2. 个性化教学在满足不同学生需求中的作用

个性化教学是指根据每个学生的特点、兴趣和需求，提供定制化的教学支持和资源，以促进其个性化发展。

（1）满足个体差异：每个学生的学习能力、兴趣和目标都有所不同。个性化教学能够针对这些差异，提供适合每个学生的学习路径和资源，帮助他们克服学习障碍，发挥潜能。

（2）激发学习动机：通过个性化的教学内容和方法，能够更好地激发学生的学习兴趣和内在动机，使他们更加积极主动地参与学习过程。

（3）促进自主学习：个性化教学鼓励学生根据自己的需求制定学习计划，培养自主学习的能力，这对于学生未来的终身学习和职业发展具有重要意义。

3. 实现多元化与个性化教学的有效结合

为了实现多元化与个性化教学的有效结合，教师需要采取一系列策略和措施。

（1）深入了解学生：教师应通过观察、交流和评估等方式，深入了解每个学生的特点和需求，为个性化教学提供依据。

（2）设计灵活的教学计划：教师应设计灵活的教学计划，包括多样化的教学内容和活动，以适应不同学生的需求。

（3）利用信息技术：现代信息技术为多元化和个性化教学提供了强大的支持。教师可以利用在线资源、教学平台和智能教学工具，为学生提供丰富的学习材料和个性化的学习体验。

（4）建立合作学习环境：教师可以通过小组合作、同伴教学等方式，促进学生之间的交流和合作，共同探索知识，实现教学的多元化和个性化。

（5）持续反思与改进：教师应定期反思教学实践，收集学生的反馈，不断调整和改进教学策略，以更好地满足学生的需求。

（四）创新性教学原则

在当代高等教育体系中，创新性教学原则的实施对于培养适应快速变化社会的高素质人才具有至关重要的作用。随着全球化和信息化时代的到来，传统的教学模式已经无法满足学生对于创新能力和批判性思维的需求。因此，高校英语教学领域亟需引入创新性教学原则，以促进学生全面发展，适应未来社会的挑战。

1. 创新性教学在现代教育中的地位

创新性教学是指在教学过程中,通过创新的教学理念、方法、内容和评价体系,激发学生的学习兴趣,培养其创新能力和解决问题的能力。在现代教育中,创新性教学已成为提升教育质量、实现教育现代化的关键因素。

(1) 教育质量提升:创新性教学能够提高教学效果,使学生在掌握英语知识的同时,能够运用所学进行创新实践,提升综合素质。

(2) 适应社会发展:随着社会的发展,对于具有创新思维和跨界能力的人才需求日益增加。创新性教学有助于学生适应社会的变化,培养其成为未来社会的领导者和创新者。

(3) 教育模式革新:创新性教学推动了教育模式的革新,从传统的知识传授转向以学生为中心的教学,强调学生的主动参与和自主学习。

2. 英语教学创新的具体表现

英语教学创新主要体现在以下方面:

(1) 教学内容的创新:教学内容不再局限于传统的语法和词汇学习,而是融入文化交际、国际视野和社会热点等元素,使学生在学习英语的同时,能够拓宽知识视野,增强国际竞争力。

(2) 教学方法的创新:采用项目式学习、翻转课堂、协作学习等多样化的教学方法,鼓励学生主动参与教学过程,提高学习的互动性和实践性。

(3) 教学技术的应用:利用信息技术,如在线课程、虚拟现实(VR)、人工智能(AI)等现代教育技术,为学生提供丰富的学习资源和创新的学习体验。

(4) 评价体系的创新:建立以学生为中心的评价体系,不仅评价学生的语言知识和技能,还注重评价学生的创新能力、批判性思维和团队协作能力。

3. 培养学生创新思维的教学策略

为了在英语教学中培养学生的创新思维,教师可以采取以下策略:

(1) 创设宽松的学习环境:提供一个充满探索和尝试机会的学习环境,鼓励学生敢于提问、敢于挑战,不怕犯错误。

(2) 引导问题解决:通过设计真实情境的问题解决任务,引导学生运用所学知识进行分析和解决，培养其批判性思维和创新能力。

（3）鼓励多元思维：尊重学生的个体差异，鼓励学生从不同角度和文化背景出发思考问题，培养其多元思维和文化交际能力。

（4）开展合作学习：通过小组合作学习，促进学生之间的交流和协作，共同探索问题的答案，提高团队协作和创新能力。

（5）实施个性化教学：根据学生的兴趣和特长，提供个性化的学习资源和指导，激发学生的学习动力和创新潜力。

（五）反思性与发展性原则

在高等教育领域，英语教学的改革与创新是提升教学质量和适应学生需求的关键。为了实现这一目标，教学过程中的反思性与发展性原则显得尤为重要。这两个原则不仅指导教师对教学实践进行深入思考，还推动教学内容和方法的持续更新与优化。

1. 反思性教学的意义与方法

反思性教学，作为一种追求教学质量提升与学习效果优化的教学理念，正日益受到教育界的广泛关注，它强调教师在教学实践过程中，不断审视和评估自身的教学行为、方法以及最终效果，以此推动教育教学的不断进步。

（1）反思性教学对于教师个人成长具有显著的推动作用。通过持续的反思，教师能够及时发现并解决教学实践中的各种问题，进而提升教学策略的有效性。这种对教学实践的深入剖析，不仅有助于教师丰富教学经验和提高教学技能，更有助于教师形成自己的教学风格和特色。

（2）反思性教学有助于提升学生的学习效果。教师在反思过程中，能够更深入地理解学生的学习需求和特点，从而针对性地调整教学策略，提供更加个性化的教学支持。这种以学生为中心的教学方式，有助于激发学生的学习兴趣和积极性，促进他们的全面发展。

（3）反思性教学还有助于推动教育教学的整体进步。通过反思，教师能够不断总结教学经验，提炼教学智慧，为教育教学改革提供宝贵的实践依据。同时，反思性教学也能够促进教师之间的交流与合作，形成教育教学的良好氛围，推动整个教育系统的优化与发展。

在实施反思性教学时，教师通常需要遵循一系列具体的步骤：首先，在教学活动开始之前，教师应制定明确的教学目标、内容以及预期结果，为教学反思提供清晰的参照标准。其次，在教学过程中，教师应灵活运用各种教学方法和技巧，同时密切关注学生的反馈和参与情况，以便及时调整教学策略。第三，教师需要对教学过程进行实时监控，记录学生的反应和学习进展，为后续的评估与反思提供详实的数据支持。第四，教学结束后，教师应对教学效果进行全面的评估，包括学生的学习成果以及教学方法的有效性等方面。最后，基于评估结果，教师应进行深入的教学反思，总结教学过程中的优点和不足，并提出具体的改进措施。

值得注意的是，反思性教学并非一蹴而就的过程，而是需要教师在长期的教学实践中不断摸索和完善。因此，教师应保持开放的心态和持续的学习精神，勇于面对教学中的挑战和不足，不断追求教学质量的提升和教学效果的优化。

2. 教学发展的持续性与动态性

教学发展，作为教育领域中一项至关重要的议题，其本质特征表现为一种持续不断的进化过程。这一过程要求教师在教学实践活动中，不仅保持对既有教学方法和策略的审慎反思，更要时刻关注教育环境的变迁与学生需求的发展，从而不断更新教学理念、内容和方法。这种持续性与动态性，构成了教学发展的核心内涵，同时也是教师专业成长的重要驱动力。

（1）教学发展的持续性：这一特性体现在教师对教学实践的长期投入与持续改进上。教学实践作为教师职业生涯的基石，其质量直接关系到学生的学习成果与全面发展。因此，教师需在教学实践中不断追求创新，通过探索新的教学方法、更新教学资源、运用教学技术以及完善教学评价体系，不断提升教学效果。这种持续性的改进，不仅有助于教师个人专业水平的提升，更有助于推动整个教育体系的进步与发展。

具体来看，教学方法的创新是教学发展持续性的重要体现。随着教育理念的不断更新，传统的教学方法已难以满足现代教育的需求。因此，教师需要关注教育领域的新动态，学习并应用新的教学方法，如探究式学习、项目式学习等，以激发学生的学习兴趣和主动性。同时，教学资源的更新也是教学发展的重要方面。随着信息技术的发展，网络教育资源日益丰富，教师应充分利用这些资源，丰富教学内容，提高教学质量。此外，教学技术的运用和教学评价体系的完善，同样是教学发展持续性的重要体现。

（2）教学发展的动态性：这一特性强调教师在面对教育环境中的各种变化时，应具备灵活应对的能力。教育环境是一个复杂多变的系统，其中包含了学生群体的变化、教育理念的更新以及社会需求的变化等多个方面。这些变化对教师的教学工作提出了新的挑战和要求。因此，教师需要保持敏锐的洞察力，及时捕捉这些变化，并据此调整教学策略，以适应新的教育环境。例如，随着学生群体的变化，教师的教学策略也应随之调整。现代学生具有更加多元的兴趣和个性，教师需要更加注重个体差异，采用个性化的教学方法，以满足不同学生的需求。同时，教育理念的更新也对教师的教学工作产生了深远影响。现代教育更加注重学生的主体性和创新能力的培养，因此，教师应转变传统的教育观念，更加注重学生的自主学习和合作学习，培养学生的创新精神和实践能力。此外，社会需求的变化也对教师的教学工作提出了新的要求。教师需要关注社会发展的新趋势，了解行业发展的新动态，将最新的知识和技能融入教学中，以培养学生的社会适应能力和竞争力。

3. 在反思中促进教学的持续发展

教学反思，作为一种深度的自我审视与批判性思维过程，对于教学的持续发展具有不可忽视的推动作用。为此，教师应积极采取多种策略，将反思融入日常教学实践，进而实现教学质量的不断提升。

（1）建立反思文化：这种文化应是一种开放、包容、支持性的氛围，鼓励教师勇于面对自己的教学不足，并乐于分享与接受他人的经验与建议。通过组织定期的教学研讨会、分享会等活动，教师可以就自己的教学实践进行深入反思，并从同事的经验中汲取智慧，形成集体成长的良好局面。

（2）专业发展：教师应积极参与各类专业发展活动，如研讨会、工作坊、学术会议等，以拓宽视野，更新教学理念，掌握新的教学方法。这些活动不仅有助于教师了解教育领域的最新动态，更能激发其教学反思的积极性，推动其在实践中不断探索与创新。

（3）利用技术工具辅助教学反思：教师可以借助在线学习平台、教学管理系统等技术工具，实时跟踪学生的学习数据，分析学生的学习轨迹和需求。这些数据不仅能为教师提供丰富的教学反馈，更能帮助其深入理解学生的学习过程，从而更有针对性地调整教学策略，提升教学效果。

（4）参与或发起教学研究项目：教师可以更加深入地探索教学方法的有效性，验证自己的教学理念与策略，这种以研究为导向的教学方式，不仅有助于提升教师的专业素养，更能推动教学实践的不断发展与创新。

（5）建立有效的反馈机制：教师应定期收集学生、同事以及教育专家的反馈意见，认真倾听他们的建议与批评，从而不断完善自己的教学实践。这种反馈机制不仅有助于教师及时发现并纠正教学中的问题，更能激发其持续进行教学反思的动力与热情。

二、高校英语教学的现状分析

（一）母语文化教学的忽视

语言与文化之间存在着密切的联系，语言不仅是沟通的工具，更是文化的载体，蕴含着丰富的文化内涵。"语言在绝大多数方面蕴含在文化之中，因此，某一社会的语言乃是其文化的一个方面，语言和文化的关系是部分和整体的关系"[1]。因此，在英语教学大纲中，忽视母语文化的教学不仅是忽视了语言的学习，更是忽视了文化的传承与发展。母语文化在英语教学中的忽视可能导致学生对母语文化的认识浅薄，甚至产生文化认同的危机。在全球化的背景下，英语作为国际通用语言，其重要性不言而喻。然而，这并不意味着我们可以忽视母语文化的重要性。反之，应该在英语教学中有意识地融入母语文化的教学，使学生能够在学习英语的同时，对母语文化有更深入的了解和认识。母语文化教学不仅仅是在课堂上进行，还需要通过各种形式的活动和实践，让学生在生活和学习中感受和体验母语文化的魅力。

---

[1] 韩健. 功能语言学视阈下的法律文本对比分析[M]. 上海：上海交通大学出版社，2013：146.

(二) 目的语文化内容的缺失

在探讨大学英语教学目的语文化内容的缺失问题时，必须认识到，目的语文化在文化交际中的重要性不容忽视。然而，当前的英语教学实践中，目的语文化的内容往往过于集中在某些特定国家，而忽视了其他国家的文化，这种现象对于学生的文化交际能力的发展产生了一定的负面影响。

第一，目的语文化内容的缺失可能导致学生对目的语文化的认知片面。语言是文化的载体，每一种语言都承载着丰富的文化内涵。在学习英语的过程中，如果学生只能接触到某些特定国家的文化，将难以理解和掌握英语中的文化元素，从而影响文化交际的效果。

第二，忽视其他国家的目的语文化可能导致学生在文化交际中出现文化冲突和误解。不同文化之间的差异可能导致交际障碍，如果学生对其他国家的文化缺乏了解，就可能在文化交际中出现文化冲突和误解，影响交际的顺利进行。

此外，目的语文化内容的缺失也可能导致学生对英语文化的理解停留在表面，无法真正达到文化交际的目的。英语教学的目标之一是培养学生的文化交际能力，而这一能力的培养需要学生对目的语文化有深入的了解。只有通过对目的语文化和母语文化的深入了解和对比，学生才能真正理解和掌握英语，才能在文化交际中游刃有余。因此，在英语教学中，应该重视目的语文化的教学，将目的语文化与母语文化教学相结合，使学生在学习英语的同时，对目的语文化有更深入的了解和认识，这不仅有助于学生文化交际能力的培养，也有助于学生文化素养的提升。

第二节 高校英语教学的主体分析

高校英语教学主体的构成与特点涉及教师、学生以及教学管理者与辅助人员等多方面的内容，这些主体在英语教学中各具特点，相互作用，共同构成了教学的核心，具体从以下方面探讨：

一、高校英语教学主体的构成与特点

（一）教师主体

在高校英语教学体系中，教师主体的角色定位与职责至关重要，其影响深远，直接关系到教学质量和学生的学习成果。教师不仅是知识的传播者，更是学生学习过程中的重要引路人，他们承担着启迪智慧、培养能力的多重使命。

第一，从角色定位与职责来看，教师在高校英语教学中扮演着多重角色。他们不仅是学科知识的传承者，更是学生学习策略的指导者，以及学习动力的激发者。教师的职责不仅局限于传授知识，更重要的是通过引导学生掌握语言技能，培养他们的语言思维能力和文化交际能力，从而帮助他们更好地适应全球化的社会环境。这种角色定位要求教师在教学过程中，既要注重知识的传授，又要关注学生的学习过程，确保学生在掌握知识的同时，也能提升自身的学习能力和综合素质。

第二，教师的专业素养和教学能力对于教学质量具有决定性的影响。专业素养不仅包括扎实的语言基础知识，还包括对教学大纲和教学目标的深刻理解。教师需要具备灵活运用多种教学方法和策略的能力，以满足不同学生的学习需求。同时，教师还需要具备教学研究和创新的能力，以应对不断变化的教育环境和学生需求。这种专业素养和教学能力的提升，需要教师持续进行自我学习和专业发展，通过参与教学研究、学术交流等活动，不断更新教学理念和方法，提升教学质量。

第三，教学策略和方法的选择与实施直接关系到学生的学习效果。在教学过程中，教师应根据学生的特点和学习需求，灵活运用多种教学方法，如任务型教学、互动式教学等，以激发学生的学习兴趣和积极性。同时，教师还需要根据教学内容和目标，合理安排教学活动，提供丰富多样的学习资源，以帮助学生更好地理解和掌握知识。此外，教师还应注重培养学生的自主学习能力，通过引导学生进行自主学习和合作学习，提升他们的学习效率和综合素质。

(二)学生主体

第一,学习动机与兴趣。学生的学习动机和兴趣是影响其学习效果的重要因素。有些学生可能出于兴趣或者将来的职业需求而学习英语,而另一些学生可能由于课程设置或者学习压力而感到学习英语是一种负担。因此,教师需要通过激发学生的学习兴趣,调动他们的学习积极性,帮助他们树立正确的学习态度,从而提高他们的学习效果。

第二,学习策略与自主学习能力。学生的学习策略和自主学习能力对其学习成效起着至关重要的作用。在英语学习过程中,学生需要掌握一定的学习方法和技巧,培养自主学习能力,提高自我调控和解决问题的能力。同时,学生还需要积极参与课堂讨论和学习活动,与教师和同学进行互动,共同探讨和解决学习中遇到的问题,从而提高学习效果。

第三,英语水平与发展差异。由于学生的学习背景和学习能力不同,导致他们的英语水平和发展差异较大。一些学生可能具有较高的英语水平,能够熟练运用英语进行交流和表达,而另一些学生可能英语水平较低,需要花费更多的时间和精力来提高自己的英语水平。因此,教师需要根据学生的实际情况,采取差异化教学策略,满足不同学生的学习需求,促进他们的个性化发展。

(三)教学管理者与辅助人员主体

第一,角色与职责。教学管理者和辅助人员在英语教学中扮演着重要的角色。他们不仅需要制定和实施教学计划,监督和评估教学质量,还需要为教师和学生提供必要的支持和帮助,解决教学中的问题和困难,促进教学的顺利进行。

第二,主体间的协作与互动。在英语教学中,教师、学生、教学管理者和辅助人员之间的协作与互动是非常重要的。他们需要相互配合,共同努力,为教学的顺利进行和学生的全面发展共同奋斗。只有通过各主体之间的密切合作和良好互动,才能够实现教学目标,提高教学质量,促进学生的学习效果。

二、高校英语教学主体的作用与影响

高等教育中，高校英语教学主体的作用与影响是决定教学质量和效果的重要因素。教师、学生以及教学管理者与辅助人员，作为教学的核心主体，发挥着各自独特的作用，共同影响着教学的质量和学习的效果。以下探讨教师、学生以及教学管理者与辅助人员在英语教学中的作用和影响。

（一）教师主体对教学质量的影响

第一，教师的专业素养与教学质量的关系。教师的专业素养直接影响着教学质量的高低。一位具有扎实的语言基础知识、丰富的教学经验和良好的教学能力的教师，能够更好地引导学生学习，更有效地传授知识，提高学生的学习效果。因此，提升教师的专业素养是提高教学质量的关键之一。

第二，教师的教学策略与学生学习效果。教师的教学策略和方法直接影响着学生的学习效果。采用多样化的教学方法和策略，能够激发学生的学习兴趣，提高他们的学习积极性和效果。因此，教师需要灵活运用各种教学手段，根据学生的特点和需求，设计和实施有针对性的教学活动，从而提高教学效果。

（二）学生主体对学习效果的影响

第一，学生的学习动机与学习效果。学生的学习动机是影响其学习效果的重要因素之一。具有积极学习动机的学生更能够全身心投入学习中，更容易取得良好的学习效果。

第二，学生的学习策略与英语能力提升。具有良好学习策略的学生能够更有效地利用学习资源，更快地掌握知识和技能，从而提高其英语能力。因此，教师需要帮助学生培养良好的学习习惯和方法，引导他们积极参与课堂活动和学习任务，从而提高他们的学习效果。

（三）教学管理与辅助人员的作用

第一，教学管理对教学秩序的影响。教学管理者在英语教学中发挥着重要的作用。他们需要制定和实施教学计划，监督和评估教学质量，维护教学秩序，保障教学正常进行。良好的教学管理能够提供良好的教学环境和秩序,有利于教师和学生的教学活动开展,促进教学的顺利进行。

第二,辅助人员对教学支持的贡献。辅助人员在英语教学中扮演着重要的角色。他们可以为教师提供必要的教学资源和支持,协助教师开展教学活动,提高教学效果。同时,辅助人员还可以为学生提供学习指导和辅导,解决他们在学习中遇到的问题,促进他们的学习发展。

三、优化高校英语教学主体的策略与建议

(一)提升教师主体素质的策略

在高校英语教育中,教师是至关重要的主体,其素质和教学能力直接关系到教学质量和学生的学习成果。因此,优化高校英语教学主体,首要任务是提升教师的主体素质。以下旨在探讨如何深化教师主体素质的提升,并提出一系列策略与建议。

1. 加强教师专业培训与学术交流

在提升教师主体素质的过程中,加强专业培训与学术交流是不可或缺的一环。随着英语教学理念的不断更新和教学方法的持续创新,教师需要不断更新自己的知识储备,以适应新的教学需求。

(1)高校应定期组织英语教师参加专业培训,邀请国内外知名教育专家进行授课,传授最新的教学理念和教学方法。同时,还应鼓励教师参与国内外学术会议,与同行进行深入的学术交流,分享教学经验,拓宽教学视野。

(2)高校应建立完善的培训机制,确保培训内容的针对性和实效性。可以根据教师的实际需求,设置不同的培训课程,如语言教学理论、课程设计、教育技术应用等,以满足教师不同层面的学习需求。

2. 建立教师激励机制与评价体系

在提升教师主体素质的过程中,建立有效的激励机制与评价体系同样重要。合理的激励机制能够激发教师的工作热情,提高其教学积极性;科学的评价体系则能够客观、公正地评价教师的教学水平,为其发展提供有力的支持。

(1)高校应建立明确的激励机制,通过物质奖励、职称晋升、学术荣誉

等方式，对在教学和科研方面取得突出成绩的教师给予表彰和奖励。这不仅可以激发教师的工作热情，还能够吸引更多的优秀人才投身高校英语教育事业。

（2）高校应构建科学的评价体系，对教师的教学质量、科研成果、学术贡献等方面进行综合评价。评价体系应注重客观性和公正性，避免主观臆断和偏见。同时，还应注重评价的多元性，综合考虑教师的教学风格、学生反馈、同行评价等多个方面，以全面、准确地反映教师的教学水平。

（3）高校还应加强对评价结果的反馈与利用。对于评价结果优秀的教师，应给予适当的奖励和表彰；对于评价结果不佳的教师，则应提供有针对性的培训和指导，帮助其改进教学方法，提高教学水平。

在实施上述策略与建议的过程中，高校还应注重教师的个人发展和职业规划。教师作为教育事业的主体，其个人发展和职业规划对于提升教学质量具有重要意义。高校应鼓励教师根据自身兴趣和特长，选择适合自己的教学方向和研究领域，为其提供必要的支持和保障。

（二）激发学生主体能动性的建议

在高校英语教学体系中，学生作为学习的主体，其能动性对于提升教学质量和效果至关重要。因此，优化高校英语教学主体不仅需要从教师角度进行改进，还需要关注如何有效激发学生的主体能动性。

1. 创新教学模式与方法，激发学生的学习兴趣

传统的高校英语教学模式往往注重知识的灌输和应试技巧的训练，忽视了学生的主体地位和兴趣需求。为了激发学生的学习兴趣，需要对传统教学模式进行创新和改革。

（1）高校英语教师应积极引入多元化的教学模式，如翻转课堂、混合式教学等，让学生在课堂上更加主动地参与学习和讨论。通过互动式教学和小组合作等方式，可以激发学生的学习热情和主动性，提高学习效果。

（2）教师应注重教学方法的多样性和灵活性。除了传统的讲授法外，还可以采用案例教学法、情景模拟法等多种教学方法，让学生在实践中学习和掌握知识。这些方法能够帮助学生更好地理解英语知识的实际应用，提高英

语应用能力。

（3）教师还可以利用现代信息技术手段，如多媒体教学、在线学习平台等，丰富教学内容和形式，为学生提供更加便捷、高效的学习体验。通过创新教学模式和方法，可以有效激发学生的学习兴趣和积极性，提升高校英语教学质量。

2. 提供个性化学习支持，满足不同学生的学习需求

每个学生都是独一无二的个体，他们的学习需求、兴趣和能力各不相同。因此，提供个性化学习支持是激发学生主体能动性的重要途径。

（1）高校英语教师应充分了解每个学生的学习特点和需求，通过问卷调查、个别访谈等方式收集学生的反馈信息。根据这些信息，教师可以为每个学生制定个性化的学习计划和教学方案，以满足他们的不同需求。

（2）教师应提供多样化的学习资源和学习路径，让学生可以根据自己的兴趣和能力选择合适的学习内容和学习方式。例如，可以为学生推荐不同的阅读材料、听力材料或在线学习资源，让他们根据自己的需要进行自主学习。

（3）教师还可以建立学习支持体系，为学生提供辅导、答疑等服务。通过定期的学习辅导和答疑活动，教师可以及时了解学生的学习进展和困难，并提供有针对性的帮助和指导。这种个性化的学习支持能够帮助学生更好地解决学习中遇到的问题，提高学习效果。

（三）加强教学管理与辅助人员队伍建设的措施

在高校英语教学体系中，教学管理与辅助人员队伍的建设对于提升教学质量和效率具有至关重要的作用。他们不仅是教学工作的有力保障，更是推动教学改革和创新的重要力量。因此，优化高校英语教学主体，必须重视和加强教学管理与辅助人员队伍的建设。以下从优化教学资源配置和提高教学效率、加强教学管理与辅助人员的培训与发展两个方面，提出具体的策略与建议。

1. 优化教学资源配置，提高教学效率

教学资源是教学工作的基础，其合理配置与有效利用对于提高教学效率

具有重要意义。因此，应从以下方面着手优化教学资源配置：

（1）充分利用现代信息技术，构建高效的教学平台。通过引进先进的教学管理系统和教学辅助软件，实现教学资源的数字化、网络化，提高教学资源的共享性和利用率。

（2）注重教学硬件设施的完善与更新。投入必要的资金，改善教学条件，如更新教学设备、改善教学环境等，为教学工作提供有力的物质保障。

（3）加强教学资源的整合与优化。通过整合校内外优质教学资源，形成具有特色的教学资源库，为师生提供更加丰富、多样的学习资源。

2. 加强教学管理与辅助人员的培训与发展

教学管理与辅助人员是教学工作的重要组成部分，他们的专业素养和综合能力直接影响到教学质量和效果。因此，必须加强教学管理与辅助人员的培训与发展，提升其专业素养和综合能力。

（1）建立健全培训体系，制定详细的培训计划。根据教学管理与辅助人员的不同岗位和职责，设置不同的培训课程和内容，确保培训的针对性和实效性。

（2）注重培训内容的更新与拓展。随着教育理念的更新和教学方法的创新，教学管理与辅助人员需要不断更新自己的知识储备和技能水平。因此，培训内容应紧跟时代步伐，注重前沿性和实用性。

（3）加强实践锻炼和考核评估。通过组织实践活动、开展教学观摩等方式，让教学管理与辅助人员在实践中提升能力；同时，建立科学的考核评估机制，对其工作表现进行客观评价，激励其不断进步。

第三节　高校英语教学的测试与评价

一、定量测试法与定性分析法

在全球化趋势日益加强的当下，外语教学的地位愈发凸显。其中，文化作为外语教学的核心目标和内容，在课程开发、教学设计与测试评估中均占据举足轻重的地位。然而，审视当前的外语教学现状，由此可见，文化能力的测评尚未得到充分的重视与实施，这既体现在中国外语教学界，也广泛存在于欧美等文化教学历史悠久的国家。这一困境，不仅阻碍了文化教学的深入发展，更在某种程度上误导了学习者的文化认知与习得。因此，探讨定量测试法与定性分析法在外语教学中的应用，对于完善外语测试评估体系、促进文化教学的健康发展具有深远的意义。

第一，定量测试法在外语教学中的挑战。定量测试法，以其客观、可量化的特点，长期在外语教学中占据主导地位。然而，面对文化的复杂性和主观性，定量测试法的局限性逐渐显露。文化的内涵丰富，既涉及文学、艺术等人类文明的结晶，也涵盖习俗、思维方式、价值观念等深层次的内容。此外，文化的主观性也为定量测试带来了难题。不同个体对同一文化现象可能有截然不同的理解和感受，这使得文化能力的测评难以形成统一、客观的标准。因此，即使采用定量测试法，其结果的信度和效度也往往受到质疑。

第二，定性分析法在外语教学中的优势与探索。与定量测试法相比，定性分析法更加注重对文化现象的深入理解和解释。它强调通过访谈、观察、文本分析等手段，获取丰富、生动的数据，进而揭示文化现象背后的深层含义和规律，这一方法在文化能力测评中具有独特的优势。首先，定性分析法能够更全面地反映学习者的文化能力。它不仅可以评估学习者对文化知识的掌握程度，还可以考察其在实际交流中对文化的运用和理解，这种全面的评估方式，有助于更准确地反映学习者的文化能力水平。其次，定性分析法能够更深入地揭示文化现象的本质。通过深入访谈和观察，可以了解学习者对文化的真实感受和认知，进而揭示文化现象背后的社会、历史、心理等因素，这种深入的分析，有助于学生更好地理解文化现象，为教学提供更有针对性的指导。然而，定性分析法也面临着一些挑战。例如，数据的收集和分析过程较为烦琐，需要耗费大量的时间和精力；同时，分析结果的主观性较强，难以形成统一的标准。因此，在运用定性分析法进行文化能力测评时，需要结合实际情况，科学合理地制定评估方案，确保评估结果的客观性和准确性。

第三，定量测试法与定性分析法的融合与互补。在外语教学中，定量测试法与定性分析法并非相互排斥，而是可以相互融合、相互补充的。一方面，定量测试法可以为教师提供客观、可量化的数据，帮助教师了解学习者在文化知识掌握方面的基本情况；另一方面，定性分析法可以为教师提供深入、全面的信息，帮助教师揭示学习者在文化交流中的真实表现和潜在问题。因此，在构建外语教学的测试评估体系时，应充分考虑定量测试法与定性分析法的特点与优势，将其有机结合起来。具体而言，可以通过设计包含客观题和主观题的综合性测试题目，既考察学习者对文化知识的记忆和理解能力，又考察其在实际交流中的文化运用和表达能力。同时，还可以结合访谈、观察等定性分析方法，对学习者的文化学习过程进行深入了解和分析，为教学提供更有针对性的指导。

二、文化测试与评价的具体内容

测试和评价是对教学目标和内容的反映，文化测试和评价就应该以文化教学的目标和内容为基础，确定测试和评价的内容。文化测试不仅是对学习者文化能力的评估，更是对其文化意识、理解和行为的全面考察。评价的目的是更好地指导教学，提高学习者的文化能力，使其能够在文化交际中更加自如和有效。因此，文化测试与评价的内容应当全面、科学，能够真实反映学习者的文化水平。

（一）具体文化层面的测试与评价

具体文化层面的测试与评价应当包括以下方面：

第一，历史文化知识。历史文化知识是评价学习者对目的文化了解程度的基础，这包括对该文化的历史脉络、重要事件、历史人物、文化传统、习俗习惯以及社会制度等方面的认知。例如，在学习中国文化时，学习者需要了解中国的四大发明、古代哲学思想、传统节日以及现代社会的变迁等。通过对这些历史文化知识的测试，可以评估学习者对目的文化的宏观层面是否有足够的了解。

第二，社会文化功能。社会文化功能关注的是学习者对目的文化在不同社会场合中的表现与作用的认知,这涉及语言使用、礼仪规范、社会交往方式等方面。在不同的社会文化中,人们的行为准则和交往方式可能会有很大的差异。因此,了解并尊重这些差异是文化交流的关键。例如,在某些文化中,直接表达个人意见可能被视为不礼貌,而在其他文化中则可能被视为坦诚和直接。通过测试学习者对这些社会文化功能的理解,可以评估他们在文化交流中的适应能力和表现。

第三,价值观与信念。价值观与信念是文化的核心组成部分,它们影响着人们的思维方式、行为准则以及对待生活的态度。在文化交流中,了解并尊重不同文化的价值观与信念至关重要。例如,一些文化可能强调个人主义和竞争,而另一些文化则可能更注重集体主义和合作。通过测试学习者对目的文化的价值观与信念的理解,可以评估他们在文化交流中的文化敏感性和包容性。

第四,文化差异理解。文化差异理解是评价学习者对目的文化与本族文化差异的认识和理解的重要方面。在文化交流中,由于文化差异的存在,很容易产生误解和冲突。因此,对文化差异的理解和尊重就显得尤为重要。通过测试学习者对目的文化与本族文化差异的认识和理解,可以评估他们在面对文化冲突时的应对策略和应对能力。

第五,交际能力。交际能力是评价学习者使用目的语言和相关文化知识与来自目的文化的人们进行有效、恰当交流的能力,这不仅包括语言技能的运用,还包括对目的文化中的非语言交流方式、社交礼仪以及文化习俗的理解和掌握。通过测试学习者的交际能力,可以评估他们在文化交流中的实际表现和应用能力。

(二)抽象文化层面的测试与评价

全球化浪潮的席卷之下,文化能力与文化学习能力的塑造和衡量逐渐成为教育领域中的关键议题。特别是抽象文化层面的测试与评价,其重要性日益显现,它不仅是对学习者在文化交流中的行为表现的深度剖析,更是对其在全球化语境下适应能力的全面评估。这种测试与评价方式,相较于传统的语言技能测试,更加注重学习者在文化交流中的实际表现,力求从多个维度揭示其文化能力的真实面貌。

第一，文化敏感性作为文化交流的重要基石，在测试中占据了举足轻重的地位。文化敏感性不仅仅是对不同文化现象的表面认知，更是对深层次文化差异的敏锐感知。因此，在测试中，需要着重考察学习者对于各种文化习俗、社会规范以及价值观念的理解和把握程度。这种理解不仅仅停留在知识的层面，更需要学习者能够在实际交流中灵活运用，展现出对文化差异的尊重和理解。

第二，文化交际能力作为文化交流的核心能力，也是测试中不可或缺的一部分。这种能力不仅要求学习者具备扎实的语言基础，更要求他们能够在不同文化背景下进行有效沟通。在评价学习者的文化交际能力时，需要关注他们在与来自目的文化和其他文化群体的人用英语进行交流时的实际表现。这包括但不限于他们的口语表达能力、听力理解能力，以及在交流中是否能够运用适当的语言和非语言行为来传达自己的意图和情感。

第三，文化学习方法作为提升文化能力和文化学习能力的关键途径，同样需要纳入测试与评价的范畴。掌握正确的文化学习方法，不仅能够帮助学习者更加高效地获取文化知识，还能够提升他们在实际文化交流中的应对能力。因此，在测试中，需要考察学习者是否掌握了有效的文化探索、学习和研究的方法，并能够将这些方法灵活运用到实际的文化学习中。

三、文化学习的测试与评价方法

在全球化和多元文化交融的时代背景下，文化学习已成为外语教学中不可或缺的一环。而如何有效地测试与评价文化学习的成果，对于促进学习者的全面发展与文化交流能力的提升具有重要意义。以下从文化知识的测试、情感态度的评价、文化行为的评价以及作品集文化学习评价法四个方面，对文化学习的测试与评价方法进行深入的探讨。

第一，文化知识的测试是评价学习者文化学习成果的基础。文化知识作为外语学习者必备的能力之一，涵盖了普遍文化知识、具体文化知识、宏观文化知识和微观文化知识等多个层面。在测试过程中，需根据不同类型的知识特点，采用多样化的测试方法。对于普遍文化知识，传统的笔试形式仍不失为一种有效的评价方式；而对于具体文化知识，则应注重情景化的题目设置，将测试任务置于真实的交际语境中，以更准确地评估学习者的文化应用能力。此外，对于宏观文化知识和微观文化知识的评价，也应给予足够的重视，通过综合分析学习者的文化理解深度和广度，全面反映其文化知识水平。

第二，情感态度的评价是文化学习测试中不可或缺的一环。情感态度作为文化交际能力的重要组成部分，对于学习者在文化交流中的表现具有重要影响。尽管情感态度的测试和评价存在一定难度，但可以通过问卷调查、访谈、观察等多种方法，尝试了解学习者的情感态度。这些方法虽各有利弊，但综合运用可以在一定程度上揭示学习者的文化情感倾向和态度变化。因此，应积极开发更多、更好的情感态度测试和评价方法，以更全面地评估学习者的文化学习成果。

第三，文化行为的评价是检验学习者文化学习效果的重要途径。文化行为是学习者在文化交际过程中表现出的受文化影响的行为，是文化知识和情感态度的外化表现。在评价文化行为时，传统的笔试形式虽能在一定程度上反映学习者的文化知识掌握情况，但往往难以真实反映其实际行为表现。因此，更应注重采用真实、直接的行为表现评价法，通过观察学习者在真实交际场景中的行为表现，来评估其文化应用能力。这种方法以外语教学中的任务和项目为基础，能够更直接、更真实地反映学习者的文化行为特点。

第四，作品集文化学习评价法是一种具有创新性的评价方式。它以学习者在一定时间内完成的一系列系统、有序的作业、研究报告、学习日记、测试等"文件"为基础，对学习者在文化学习过程中的努力、进步、态度、方法和成就进行全面评价。这种方法不仅能够反映学习者的文化学习成果，还能够揭示其学习过程和思维发展轨迹，为教学提供有益的反馈和指导。因此，作品集文化学习评价法适用于文化学习的各个阶段，特别是对文化态度、文化知识和文化行为的综合评价具有独特优势。

综上所述，文化学习的测试与评价方法应多样化，既要注重知识的考核，也要关注情感态度和行为表现。作品集评价法作为一种全面、可靠和真实的评价手段，在外语文化教学中有重要作用。通过不断完善文化学习的测试与评价方法，有助于提高学习者的文化交际能力和全球意识。在实际应用中，教师应根据教学目标和学生的具体情况，选择合适的评价方法，为文化教学提供积极的反馈和指导。同时，注重评价方法的实时调整和优化，以适应不断变化的教育环境和教学需求。只有这样，才能更好地推动文化教学的发展，培养出具有国际竞争力的优秀人才。

第四节 文化与功能视角下的高校英语教材评价

一、高校英语教材评价概述

（一）高校英语教材评价的重要性

对高校英语教材进行科学的评价，既是一项迫切的任务，也是一项具有深远意义的学术工作。

第一，从学术角度来看，高校英语教材评价的重要性体现在其对教材质量的提升作用上。教材作为教学的基础资源，其质量直接关系到教学效果的好坏。通过对教材进行全面、客观地评价，可以发现教材在内容、结构、教学方法等方面存在的问题与不足，从而为教材的修订与完善提供科学的依据。这种基于评价的反馈机制，有助于推动教材编写的不断进步，提高教材的整体质量。

第二，高校英语教材评价对于提升英语教育的效果具有关键作用。教材作为实现高校英语教学目标的重要载体，其质量的好坏直接影响到学生的学习效果。通过对教材进行评价，可以了解教材是否能够满足学生的实际需求，是否能够有效地促进学生的学习进步。这有助于教师更加精准地把握教学方向，调整教学策略，从而提升英语教育的整体效果。

第三，高校英语教材评价还有助于促进学生的全面发展。在全球化背景下，英语已成为一种重要的国际交流语言。具备良好的英语能力，不仅有助于学生更好地融入国际社会,还能够为其未来的职业发展打下坚实的基础。通过对教材进行评价,可以发现教材在培养学生各项能力方面的优势与不足,从而有针对性地加强相关内容的教学与训练。这有助于学生在掌握英语知识的同时,提升自己的综合素质和竞争力。

第四,高校英语教材评价还具有推动教育改革的重要意义。随着教育理念的不断更新和教学方法的不断创新,传统的教材评价模式已经难以适应现代教育的需求。因此,需要从新的视角和维度出发,对教材进行全面、深入的评价。这种评价不仅关注教材本身的质量,还关注教材在实施过程中的效果与反馈。通过这种评价,可以发现教育教学中存在的问题与不足,从而为教育改革提供有力的支持。

第五,高校英语教材评价也有助于提升教师的教学水平。教师在使用教材的过程中,通过对其内容、结构、教学方法等方面的评价,可以更加深入地了解教材的特点与优势,从而更加灵活地运用教材进行教学。同时,教师还可以通过评价反馈,不断调整自己的教学策略和方法,提升自己的教学效果和水平。

(二)高校英语教材评价的相关理论

随着全球化进程的加速,英语作为国际交流的主要语言,其教学在高校教育中占据了举足轻重的地位。而英语教材作为英语教学的重要载体,其质量直接关系到教学效果与学生英语能力的提升。因此,对高校英语教材进行科学、系统的评价显得尤为重要。以下旨在深入探讨高校英语教材评价的相关理论,构建其理论框架,并分析教材评价中的理论基础及其与高校英语教材的关联。

1. 教材评价理论框架的构建

教材评价理论框架的构建是进行评价工作的基础。该框架应包含评价目标、评价标准、评价方法以及评价过程等多个维度。首先,明确评价目标是至关重要的,它决定了评价的方向和重点。对于高校英语教材而言,评价目标应聚焦于教材的内容、结构、教学方法以及对学生英语能力培养的有效性等方面。其次,制定科学的评价标准是评价工作的关键。这些标准应基于教育学的理论、语言学的原理以及教学实践的经验,确保评价的客观性和公正性。此外,选择恰当的评价方法也是必不可少的,如问卷调查、访谈、课堂观察等,以便全面、深入地了解教材的使用情况。最后,评价过程应注重数据的收集、分析和解释,确保评价结果的准确性和可靠性。

2. 教材评价中的理论基础

教材评价离不开相关理论的支持。首先,语言学理论为教材评价提供了语言层面的指导。例如,功能语言学强调语言在交际中的功能,这为评价教材在培养学生实际运用能力方面的效果提供了依据。其次,教育学理论为教材评价提供了教育层面的指导。如认知心理学理论关注学生的学习过程和认知发展,有助于评价教材在促进学生认知发展方面的效果。此外,课程与教学论也为教材评价提供了理论支撑,它关注课程的设计与实施,有助于评价教材在教学设计上的合理性和有效性。

3. 高校英语教材评价的关联性分析

高校英语教材评价与诸多方面存在密切的关联。首先,教材评价与教师教学息息相关。教师是教材的主要使用者,他们对教材的评价直接影响到教学效果。因此,教材评价应充分考虑教师的需求和反馈,以便更好地满足教学需求。其次,教材评价与学生学习密切相关。学生是教材评价的最终受益者,他们的学习成效是衡量教材质量的重要标准。因此,教材评价应关注学生的学习需求和发展规律,确保教材能够满足学生的学习需求。最后,教材评价还与课程改革和教育政策紧密相连。随着教育改革的不断深入,英语教材也需要不断更新和完善。教材评价可以为课程改革提供有益的参考和依据,推动教育政策的制定和实施。

(三) 高校英语教材的文化内容分析

1. 对英语教材中的文化元素进行分类与梳理

文化元素并非孤立存在,而是相互关联、共同构成的文化体系。在教材中,文化元素通常包括风俗习惯、历史传统、价值观念、宗教信仰、社会制度等多个方面。通过对这些文化元素的分类与梳理,可以更好地理解其在教材中的分布与呈现,从而揭示出教材在文化传承与文化交流方面的独特作用。

2.分析文化内容在教材中的呈现方式及特点

高校英语教材在呈现文化内容时，往往采用多种方式和手段，如课文、插图、注释、练习等。这些方式和手段不仅丰富了教材的内容，也提高了学生的学习兴趣。同时，教材中文化内容的呈现特点也值得我们关注。例如，有的教材注重文化对比，通过对比不同文化之间的差异，帮助学生拓宽视野，增强文化意识；有的教材则强调文化融入，将文化元素融入语言学习中，使学生在学习语言的同时，也能深入了解文化。

3.评估文化内容对提高学生文化交际能力的作用

（1）文化内容及其在教学中的应用。文化内容涵盖了语言、习俗、价值观、艺术等多个方面，是构成特定文化群体特征的核心要素。在教学中，文化内容的引入不仅有助于丰富教学内容，更能通过情景模拟、角色扮演等多样化的教学方式，使学生深入理解和体验不同文化的内涵和魅力。

（2）文化内容对学生文化交际能力的影响机制。文化内容对学生文化交际能力的影响主要体现在认知、情感和行为三个层面。在认知层面，文化内容的学习有助于学生拓宽视野，增强对不同文化的认知和理解。在情感层面，文化内容的熏陶能够培养学生对多元文化的尊重和包容态度，增强文化交流的情感基础。在行为层面，文化内容的实践应用能够提升学生的文化交际能力，使其在真实情境中能够得体、有效地进行文化交流。

（3）优化文化内容教学策略的建议。一是要丰富文化内容的教学资源，引入更多真实、生动的文化素材，以激发学生的学习兴趣和积极性。二是要注重文化内容的情境化教学，通过创设真实的文化交流情境，让学生在实践中学习和提升文化交际能力。三是要加强文化内容的跨学科融合，将文化内容与语言学习、历史研究、艺术欣赏等多个学科领域相结合，以培养学生的综合文化素养。四是要重视文化内容的评价反馈，通过有效的评价机制及时了解学生的学习情况，调整教学策略，确保文化内容教学的针对性和实效性。

（四）高校英语教材的功能性分析

在高校英语教育体系中，教材作为知识传递和技能培养的重要载体，其功能性分析显得尤为重要。以下深入探讨高校英语教材的功能定位与教学目标，并细致分析教材在听说读写译各项技能培养方面的功能，进而评估教材在促进学生自主学习和终身学习能力方面的作用。

1. 高校英语教材的功能定位与教学目标

高校英语教材的功能定位是构建其教学内容和教学方法的基础，它直接决定了教材的使用效果和教学目标的实现程度。在当前的教育背景下，高校英语教材的功能定位应着眼于提升学生的综合语言运用能力，培养学生的文化交际能力，以及促进学生的全面发展。这要求教材不仅要涵盖语言知识的学习，更要注重语言技能的培养，同时也要融入文化元素的传授。

教学目标是教材功能定位的具体化，它指导着教学活动的设计和实施。高校英语教材的教学目标应涵盖语言知识的积累、语言技能的掌握、学习策略的运用以及情感态度的培养等多个方面。这些目标共同构成了高校英语教育的整体框架，为教材的编写和使用提供了明确的方向。

2. 教材在听说读写译各项技能培养方面的功能

高校英语教材在听说读写译各项技能培养方面发挥着举足轻重的作用。首先，在听力技能培养方面，教材应通过丰富的听力材料和多样的听力练习，帮助学生提高听力理解能力和听力速度。其次，在口语技能培养方面，教材应设计真实的口语交际场景，引导学生积极参与口语实践，提高口语表达能力。再次，在阅读技能培养方面，教材应选取具有代表性和启发性的阅读材料，通过阅读理解、阅读分析和阅读讨论等多种方式，提升学生的阅读能力和阅读素养。此外，在写作技能培养方面，教材应提供多样化的写作任务和写作指导，帮助学生掌握写作技巧，提高写作水平。最后，在翻译技能培养方面，教材应介绍基本的翻译理论和翻译方法，通过翻译实践，培养学生的翻译能力和文化交际能力。

3. 教材在促进学生自主学习和终身学习能力方面的作用

高校英语教材不仅要注重语言技能的培养，更要关注学生的学习能力和终身发展。首先，教材应设计富有启发性的学习活动和问题，引导学生主动思考、积极探索，培养他们的自主学习能力和创新思维。其次，教材应提供丰富的学习资源和学习策略，帮助学生掌握有效的学习方法，提高他们的学习效率和学习质量。此外，教材还应关注学生的情感态度和价值观的培养，帮助他们形成积极的学习态度和正确的价值观，为他们的终身发展奠定坚实的基础。

二、文化与功能视角下的高校英语教材评价模型构建

在高等教育中，英语教材的评价至关重要，而基于文化与功能视角的评价模型则呼应了当今英语教学的发展趋势与需求。以下旨在阐述这一模型的构建原则与步骤，并通过具体案例说明其在实际教材评价中的应用。

（一）基于文化与功能视角的教材评价模型构建原则

1. 文化视角

文化视角强调将英语教学纳入文化背景之中，促进学生对英语语言文化的理解与尊重。评价模型应基于此视角，关注教材中是否涵盖了多样化的文化内容，以及对学生文化交际能力的培养是否有效。

2. 功能视角

功能视角注重英语教学的实用性与功能性，强调语言的功能在实际交际中的应用。评价模型应考量教材中是否注重语言功能的培养，是否能够有效提升学生的语言运用能力，使其能够应对多样化的交际情境。

（二）教材评价模型构建步骤

第一，确定评价指标。根据文化与功能视角的原则，确定评价指标，包括文化内容涵盖度、文化交际能力培养、语言功能覆盖度、实用性等方面。这些指标旨在全面评估教材的质量与适用性。

第二，制定评价标准。针对每一评价指标，制定相应的评价标准，明确各项指标的达标要求与评分标准。评价标准应具体、明确，便于评价者对教材进行客观、细致的评估。

第三，数据收集与分析。收集教材使用者的反馈意见、学生学习成效数据等，通过问卷调查、访谈、观察等方法获取相关数据，并对数据进行分析，发现问题和不足之处。

第四，模型修订与完善。根据数据分析结果，及时对评价模型进行修订与完善，使之更加贴近实际教学需求与学生学习情况，不断提升评价模型的有效性与可操作性。

（三）评价模型在具体教材中的应用

以某高校英语教材为例，通过文化与功能视角下的评价模型进行评估。首先，通过文化视角考察教材是否涵盖了多样化的英语语言文化内容，如地域文化、习俗礼仪等，以及是否促进了学生对英语文化的理解与尊重。其次，从功能视角分析教材中语言功能的覆盖度，如交际功能、表达功能等，评估教材是否能够有效提升学生的语言运用能力。最后，综合分析评价结果，发现教材在文化内容的涵盖度较为丰富，但在语言功能的培养方面存在一定不足，故建议教材编写者加强对语言功能的设计与训练，以提高教材的质量与适用性。

三、文化与功能视角下高校英语教材的改进建议

在全球化的时代背景下，高校英语教育不仅承载着传授语言知识的使命，更承载着培养文化交际能力的重要任务。为此，从文化与功能的视角出发，对高校英语教材进行深入的审视与改进，显得尤为迫切与必要。以下旨在提出一系列基于文化与功能视角的高校英语教材改进建议，并探讨这些建议的实施策略与预期效果。

（一）文化与功能视角下高校英语教材改进的方式

在高等教育中，英语教学的重要性不言而喻，而教材作为英语教学的核心载体，其质量和内容的优劣直接影响着学生的学习效果和英语能力的提升。以下从文化与功能视角出发，探讨针对高校英语教材的改进建议，旨在提出对现有教材的优化和完善。

1. 注重文化多样性

文化多样性是当今社会不可忽视的一个重要特征。在高校英语教材的编写过程中，应更加注重融入世界各地的文化元素。这包括但不限于不同国家和地区的历史、传统、习俗、风土人情等方面的内容。通过在教材中呈现多

元文化，可以帮助学生深入了解不同文化的内涵与特点，拓宽他们的视野，增强文化交际能力。因此，在教材编写过程中，应充分考虑到文化多样性，选择具有代表性和典型性的文化内容，使学生在学习语言的同时能够获得文化的认知和体验。

2. 强化功能性的语言应用

英语教学的最终目的在于实际应用。因此，在教材设计中应该更加强化功能性的语言应用。教材内容应贴近实际生活和工作场景，注重与学生日常生活密切相关的语言场景，如购物、旅游、工作等。通过这些实际情境的模拟和练习，学生能够更加直观地感受到语言的实际运用场景，从而提高他们的语言表达能力和交际能力。此外，还可以加入一些与学科专业相关的语言内容，满足学生在专业领域的实际需求，增强教材的实用性和针对性。

3. 注重培养学生的自主学习能力

自主学习能力是当今信息化时代学生必备的一项重要素质。因此，教材应该注重培养学生的自主学习能力。在教材中，可以设置一些学习任务和活动，引导学生通过自主学习的方式获取知识，如独立阅读、自主思考、自主总结等。通过这种方式，不仅可以提高学生的学习效率，还可以激发他们的学习潜能，促进其全面发展。

（二）文化与功能视角下高校英语教材改进建议的实施

在全球化和信息化的时代背景下，高校英语教育的重要性日益凸显。作为英语教育的重要载体，英语教材的改进对于提升教育质量、促进学生全面发展具有举足轻重的作用。以下从文化与功能的视角出发，深入探讨高校英语教材改进建议的有效实施策略。

1. 构建跨学科背景的教材编写团队

教材编写是一项复杂的系统工程，需要多方面的知识和技能的支撑。为了确保教材内容的丰富性和科学性，应构建一支具备跨学科背景的教材编写团队。这支团队应涵盖语言学、文化学、教育学等多个领域的专家，他们能够从不同的角度审视教材内容，确保教材既符合语言学习的规律，又能够融入丰富的文化元素，同时满足教育教学的需求。

123

在构建团队的过程中，还应注重团队成员之间的沟通与协作。通过定期的研讨会和交流活动，促进团队成员之间的思想碰撞和知识共享，从而确保教材编写的顺利进行。

2. 充分征求教师和学生的意见

教师和学生是教材使用的直接对象，他们的需求和期望对于教材的改进具有至关重要的影响。因此，在教材编写过程中，应充分征求教师和学生的意见，了解他们对于教材内容的看法和建议。

具体而言，可以通过问卷调查、访谈等方式收集教师和学生的反馈意见。针对收集到的意见，应进行深入的分析和整理，将其转化为具体的改进建议。同时，还应建立有效的反馈机制，确保教师和学生的意见能够及时得到回应和处理。

3. 定期评估与修订教材

教材作为教育教学的重要资源，应随着时代的发展和教育的变革而不断更新和完善。因此，教材出版后，应定期进行评估和修订，以确保其适应性和时效性。

在评估过程中，可以采用多种方法，如专家评审、教师评价、学生反馈等，对教材的内容、结构、教学方法等方面进行全面审视。针对评估结果，应制定相应的修订计划，对教材进行必要的修改和补充。此外，还应关注教育领域的最新动态和研究成果，及时将新的教育理念和教学方法融入教材中，使教材始终保持与时俱进的状态。

4. 加强教材使用培训与指导

除了上述策略外，加强教材使用培训与指导也是确保教材改进建议有效实施的重要环节。通过培训和指导，可以帮助教师更好地理解和使用新教材，充分发挥其优势和作用。具体而言，可以组织专门的教材使用培训活动，邀请教材编写团队成员或相关领域的专家进行讲解和示范。同时，还可以建立在线学习平台或提供相应的教学资源，方便教师进行自主学习和实践。通过加强教材使用培训与指导，可以提高教师对新教材的认识和接受度，促进新教材在教学实践中的广泛应用和有效实施。

第四章　高校英语教学的文化导入

第一节　文化导入的必要性、原则与主要内容

一、文化导入的必要性

（一）语言与文化的同一性需要进行文化导入

语言和文化密不可分，语言是文化的重要组成部分。世界上不同的民族拥有各自不同的文化、风俗习性和历史进程，这些具体文化内容都是通过其特定语言来表现和记录。语言作为该类文化的媒介和载体，反映着该民族文化风格，展现着该族文化的各个方面。英语教学仅教授语言知识，舍弃语言之外的因素或非语言因素不能保证得体、恰当使用语言。

文化与语言交际之间属于辩证统一的关系，二者相互影响、相互依存。一方面，文化决定着语言表达和交际的范畴；另一方面，交际反作用于文化和语言的传播和进化。如果个体缺失了必备的社交活动，即使具备语言的习得功能，也不可能掌握人类语言和文化。此外，语言和文化依赖于社会交际活动，文化通过语言习得在社会中得到传播和共享，从而发挥出文化的纽带作用。同时文化与语言交际又相互制约，语言的特点是它很大程度上制约着文化的传播与交融，文化传播与交融又会给所处语言环境带来新的词语、新的表达方式，给语言带来更多更丰富的素材。要真正学好一种语言，需研究学习该语言背后的特定社会文化背景内容，否则难以做到精通和运用该门语言。

（二）文化导入是经济发展对学生的重要需求

近年来，国家对于教育事业进行大力改革，强调学生学习英语的兴趣以及英语的实用性，英语在教育系统中的重要地位也日益凸显。同时，很多人在本科或者中学阶段就选择出国深造，在走出国门后，英语对于我们的生活而言依然是不可或缺的一部分，如果在学习英语的过程中较早地接受其文化因素，文化导入的意识更加强烈，也更加能适应当地人的生活方式，减少不同地域不同环境所带来的文化冲击，更加凸显英语教学中的实用性。由此可见，英语的文化导入趋势无论在教育体制改革中抑或个人生活发展中都有着广泛而深远的意义。

（三）文化导入是国际化发展与文化交流需要

经济全球化使世界经济活动超越国界，各国在日益密切的经济交流中逐渐成为经济共同体，与此同时，随着商品、技术、信息、人员等生产要素的跨国跨地区流动，文化交流也随着经济全球化的发展，凭借文化给人独有的潜移默化与深远持久的影响，在人们的生活中占据了重要的地位。经济的发展和信息技术革命将世界各国和人民推送到了"全球化"时代和"国际化"时代。在"全球化"里，世界人民之间互联互通形成了一个内部互相联系的整体，经济贸易、文化交流随着信息技术发展更加便利的同时，人们对贸易和交流的需求度更高，这已经是现代化社会的整体形式。在这种大社会走向下，文化将走向全球化，并且包含了文学、艺术、体育活动、娱乐等方面，不同的文化背景的人们能够进行着频度更高、跨度更大、范围更广、层次更高的文化交流。

二、文化导入的原则

（一）文化导入的系统性原则

文化是一个整体，具有不同的层次，因此，我们要考虑到文化的各个要素和差异，对文化进行整体性的把握。学生在进行文化学习时，不仅是学习具体的知识点，同时也是对学习文化的内容和层次在整体上进行把握。教师向学生展示的不光是"树木"（文化的具体现象），同时，还要学生看到整片的"森林"(文化的整个体系)。而学生只有先从整体上了解了文化的特质,才能更容易理解各种文化现象;在这里,文化的系统性为学生掌握英语文化现象提供了向导和索引。

(二) 文化导入的实用性原则

文化导入的实用性原则要求所导入的文化内容与学生所学的语言内容、日常交际的主要涉及面密切相关,同时要考虑到学生将来所从事的职业性质。这样,文化教学与语言交际实践紧密结合,可以激发学生的兴趣而不会觉得语言与文化的关系过于抽象、空洞。因此,英语教学应突出教学内容的实用性和针对性,将语言基础能力与实际涉外交际能力的培养有机地结合起来,以满足经济发展对学生的要求。

(三) 文化导入的阶段性原则

文化导入的阶段性原则是指文化导入的内容应该根据学生的语言水平和接受能力,充分考虑到学生的认知能力和年龄特点,遵循由浅入深,由简到繁,由现象到本质这样一条主线,循序渐进对文化内容进行逐步地扩展和深化。英语教学在起始阶段应与学生身边的日常生活密切相关并能激发学生学习英语的兴趣。在英语学习的较高阶段,要通过扩大学生接触异国文化的范围,帮助学生拓宽视野,使他们提高对中外文化异同的敏感性和鉴别能力。

(四) 文化导入的整合性原则

文化导入的整合性原则就是教师在进行英语文化教学的时候,要考虑学生其他学科中的内容,根据学生学习阶段的不同,对英语文化教学进行通盘考虑和整合,如管理学、市场营销学等。教师要试图保持外语教学的开放性和灵活性,帮助学生打通英语学科与其他学科之间的界限,有意识、有目的、有计划地在文化内容方面进行整合。多媒体技术的发展丰富了英语教学手段,教师应适当利用多媒体技术来整合我们的英语文化教学。教师为学生提供学习文化内容的渠道,主要可以通过视觉、听觉和触觉这三个方面,满足学生对文化学习内容层次和风格的需求。如实物、电影、录像、录音、电视、因特网、访谈、报章杂志、文学作品、趣闻轶事、插图、照片、歌曲等都可以被教师开发成教学资源。

（五）文化导入的适度性原则

文化导入要把握好尺度，分清主次，属于主流文化的东西应该详细讲解，共时文化应为重点，适时引入一些历史的内容，以便学生理解某些文化传统和习俗的来龙去脉。英语教学方法的适度，就是要处理好教师讲课和学生自学的关系。教师应该成为学生课外文化内容学习的组织者和指导者，鼓励学生进行大量的课外阅读和实践，增加文化知识积累。

三、文化导入的主要内容

英语教学背景下的文化导入主要表现为这些场合下的知识、价值观、时空观和物质财富、社会环境等概念。在英语教学背景下参照教学理论和教学实践可操作性分析，则展现为深层文化和表层文化两大特征类别：深层文化具有本质性和抽象性，如思维活动、历史渊源内容、传统观念等，它们这些概念反映的是特定民族的思维方式和精神文明状态；相反，表层文化具有表象性和具体性，如语构文化、语用文化、语意文化等的表征活动，体现了个体语言的丰富多样。无论个体表层文化的言语行为有多种多样，交际的情境表现得怎样变化多端，从相应的社会背景深层文化内部结构中都可以寻求到对应的理论支撑。因此，深层文化是表层文化的内在依据，它为交际言语行为提供基本的准则和规范，深层文化通过具有丰富表现形式的表层文化展现其内涵。在英语教学背景下的文化导入内容包含以下方面：

（一）语构文化导入

语构文化主要涵盖语言中的字、词、句、语段以及篇章结构。这些元素均深刻反映了特定语言背后所承载的民族文化特性。鉴于不同国家、地区、民族和种族的心理状态与思维模式的多样性，英语教学应高度关注中英文在这些方面的差异，以确保有效且准确的语言传达。文化载体的语言，其语构要素字、词、句、语段、篇章的构成也有着民族性格的印记，语构要素微观上的差别进而造就了宏观上语言结构模式的差异。因此，英语国家的文化心理和思维模式与我国的不同反映到实际教学，就需要充分注意外语与母语之间的这些差异。

（二）语义文化导入

语言的语构各单位要素所具有的内部意义以及其所代表的民族文化背景及民族文化意义即语义文化。词语是所有语言体系中最基本的单元，以它为例进行分析，语义是词语最重要的概念，其中语义与交际有关的外延不仅有内涵、语法、上下文语境规则等，更多它还暗含着文化背景及伴随意思，这部分对于初学语言者而言，许多"只可意会不可言传"的概念理解起来是非常困难的。特定地区环境下的民族思维方式和思维习惯形成了"文化伴随意义"，进一步从文化中派生出了其意义。经过第一语言习得会在人们心中形成自我认同并扎根，学习者在进行第二语言习得时容易始终处于第一语言的思维定式里，这种"惯性"深刻影响着学习者，严重干扰着他们的第二语言习得。如果学习者遇到某个只存在于第二语言文化中的语言对象，而学习者对该对象又缺乏认知，那么他就会本能地寻找母语中所存在的形象去与该对象进行对比认知，所造成的结果就有可能出现理解错误和交流失败。由此可见，在英语教学实践中必须加强语义文化的输入。

（三）语用文化导入

语用文化是一种民族文化规约，涉及语言本身及语言外因素在综合应用过程中的行为准则。其外延涵盖了语言运用中应遵循的文化规范，而内涵则体现了不同民族文化背景下语言使用的差异性及其潜在观念上的分歧。这种文化规约，对于语言的有效交流具有重要意义。语言使用本身受制于语言外的影响因素很多，这些影响因素带来了语言表达方式上的随机性和形式上的多变性，这些因素及关联因子造成了语用文化在语言教学中的困境。在英语教学实践活动中经常会出现两类多见的语用错误：第一类是语言本身上发生的语用错误，第二类是语用文化上发生的错误，此类错误是在不熟悉文化背景的差异性或不具备敏感性而导致谈话双方在语言运用上出现的错误，也称之为社交语用失当。

（四）语体文化导入

语体是语言内容不同的表达方式和语言变体形式，如果在语言学习过程中学生无法掌握语体转换时的交际场合和对象变换的判断依据，交流过程中就可能遇到问题。交际按照方式一般可以被简单分为非语言交际和语言交际两种。非语言交际又称为副语言文化交际，交际方式主要依赖社交礼仪、交际中的方法和态度，多通过日常行为习惯以及眼神、手势等身体语言等方式方法传递表达信息，该方式在交际过程中不直接使用语言，而是采用约定俗成的规范常识、不成文的行为样式等方式表现出来。非语言交际在人类交际中处于无与伦比的角色，语体文化的缺失会引发当事者在语言理解上发生误解，非语言行为不能准确无误地加以理解，正常的交际势必无法顺利开展。

（五）行为文化导入

行为文化作为语言特征或民族文化在语言行为和非语言行为上的具体体现，通过对其所展现的特点进行深入分析，可进一步细分为日常行为文化、行为习俗文化以及礼仪文化等具体类别。日常行为文化主要涵盖居住、交友、通信、交通、饮食、宴请、聚会、庆祝等日常活动范畴表现出的行为规则等；行为习俗文化则主要涵盖在嫁娶、分娩、餐饮、住宿、文娱等场合涉及的传统习惯等。行为文化的展现形式非常之多，日常交际中和主要的交际过程都能捕捉到行为文化的元素。交际双方的民族文化背景必然影响和制约着各自的语言或非语言交际行为，结果导致交际双方行为脱离特定规范。

英语教学中文化导入的内容大体包括以上五个方面，它们之间并不是孤立存在的，而是相互渗透和相互联系，这五种类型的文化只是深层次文化的具体表现形式。而要准确把握和区分这五种类型的文化的内容与交叉关系，就要掌握相应的语言知识，提高文化素养。在具体操作中不能面面俱到，应有所侧重，如基础教学阶段可将语构、语义文化移入作为重点，而提高教学阶段可侧重语用、语体、行为文化的移入。

第二节 高校英语文化导入的策略现状与原因

一、高校英语文化导入的策略现状

随着全球经济一体化的不断发展，国际交流和合作愈来愈频繁，我们将遇到更广泛的多元化文化背景下的沟通内容，这需要我们的高等教育能培养出更多不仅有着扎实的语言功底，又熟知外国文化习俗和交际礼仪，从而能进行流利的文化交流，能参与处理国际事务的国际化实用人才。这就对我们的人才培养理念提出了挑战，英语教育必须转变教学观念，从原来只注重语言教学的传统观念转变到使文化教学与语言教学有机结合。

"英语文化导入与英语教学之间有着密切联系，借助英语文化作为背景，开展英语教学，不仅能够丰富学生知识储备，提高学生的文化底蕴，同时还能够拓展学生思维"[①]。教师和学生是英语教学活动的两大主体，在实际的英语教学中，可能存在以下现象：部分学生英语学习文化意识薄弱，英语教师在课堂上也很少有文化导入方面的内容，在教学方面也缺乏文化意识，这些都受传统的英语教学的教学理念制约。传统教学理念认为学生学习英语知识要以语言知识的讲解为主，这就导致了教学过程中仍然采取的是传统的应试教育模式，虽然意识到了文化导入在外语教学中的重要性，但是在实际的英语教学活动中用在文化导入的环节是少之又少，久而久之就造成了教师和学生这两大教学主体的文化意识薄弱。

英语教师的知识结构、对文化导入教学的态度、自身所具备的综合素质对文化导入的效果产生着至关重要的作用。教师对英语教学中的文化导入的重视程度，直接影响着有关文化教学的实践。在课堂教学中，教师应想方设法地将文化教学融入英语语言知识的教学中去，使两者有机结合，在教授学生语言技能的同时，还应该时常鼓励学生去了解其背后的文化背景知识，教师在英语教学课堂中增加与其内容相关的文化素材和氛围有助于学生全面深刻了解英语文化，并探求中国文化的英语表达方式，提高交际能力。

高校英语文化导入可以从以下方面着手，首先，需要正视文化差异的存在。只有先接受文化间的差异，求同存异，消除不屑与自卑，以公正客观的态度对待不同的文化，才能真正理解外国文化。其次，需要使学生适应文化的多元化。在全球一体化的背景下，人们在交际过程中难免会碰到语言理解

---

① 左健. 高校英语文化导入教学及措施［J］. 数字化用户，2018，24（19）：163.

与表达障碍以及文化冲突等,这势必会给进一步的交流带来影响。所以,提高文化适应能力是文化交流顺利进行的前提保障。最后,需要落实文化导入才能保证文化的双向交流和互动。停留在书本的听、说、读、写等语言表达能力并不能确保多元化背景下的顺利沟通,对英语的文化习俗、世界观、价值观以及思考问题的方式了解,对中国传统文化的英语表达和输出在文化交流中起着至关重要的作用。

在全球一体化的时代背景下,不管是科技还是经贸,人们的交流都越来越频繁。在交际过程中,人们要做到的不仅仅是语言之间的互译,而是既要保证语法规则的正确性也要保证尊重对方文化规则。因而,不同文化背景的人之间的交流,重中之重是确保语言表达的合文化背景性。英语教学必须对目标重新定位,在语言教学基础上把文化的导入工作作为英语教学过程中的重中之重。因为英语教学的传统语言教学理论已完全不能满足新时代背景下对英语教育的需求。英语教学只有认清当前全球一体化的形势,意识到新世界对人才的新需求,进而摒弃传统的只注重语言知识体系的教学模式,采用新的有利于文化导入的教学内容及方法,才能输送出符合新时代要求的人才。

二、高校英语文化导入的原因分析

(一)文化导入是英语课程属性的内在要求

英语教学文化导入的作用先是帮助学生在英语交流过程中正确理解语言字面含义,更重要的作用是让学生具备语言差异意识,理解目的语文化的社会与心理情况,拉近距离并诱导学生对目的语学习的积极性。英语教学不仅要考虑学生英语的语言语法基础方面,更要求关注语言应用能力的培养,英语语言能力的培养就是致力于培养学生在职场活动中处理日常业务的英语语言应用能力,即在生产、管理、服务等活动中进行业务往来的听、说、读、写四种语言技能的全面体现。语言表达是为了完成沟通交流任务,语言应用能力的培养就是语言交际能力的培养。在具体的跨语言交际场合中,对交谈内容的正确理解和恰当的语义表达需要综合考虑交际双方的讨论主题、场景以及跨语言文化背景等因素。学习者的语言交际能力与学习者对习得语言的文化背景知识熟悉程度是正相关的。

语言表达的适当、得体是交际能力的核心体现，语言的运用要符合特定的语言文化背景。英语作为英语国家和民族文化的媒介，反映着英语的文化特质和风俗习惯，文化知识的学习是语言学习的基础内容，了解和熟悉语言国家的文化背景知识是有必要的。如果不具备这方面知识，而单纯地理解语言信息和使用语言工具，容易发生理解错误和用语错误的现象。语言习得和文化背景知识习得是同步的，语言习得的过程同样也是该语言文化背景知识习得的过程。

（二）文化导入是英语教学改革目标与需要

英语教学仍然以课堂教学为主，教学内容的侧重点仍是纯语言知识的学习，大多侧重于词汇、语法、翻译与阅读的教学。这种传统教学方式虽然加强了语言基础知识的学习，却忽视了语言学习的合理性和实战性。这种教学方法下，学生对语言背后相关的文化背景概念一知半解甚至完全不懂，在实际语言交流应用中必然遇到理解障碍和语用错误甚至文化冲突。英语教师在课堂中讲解英语基础语言知识的同时必须增加文化知识要素的导入，让学生掌握学习内容的语用环境。也只有将文化意识和文化要素导入语言学习中，这样才能发挥语言的工具性。因为英语语言知识的学习与文化知识学习是相辅相成的关系，二者是统一的互相促进的。若能将英语文化知识与英语语言知识结合在一起学习，学生在学习语言知识的过程中既增加了学习的趣味性，也加深了对知识文化的理解；同时又加强了掌握语言知识的能力。所以，将文化知识导入语言学习是文化与语言同一性的要求，也是今后英语教育改革的目标和需要。

第三节　高校英语教学中文化导入的方法与实现途径

一、高校英语文化导入的具体方法

第一，讲解法。英语教师应当巧妙地融入教材所涵盖的内容，适时地阐释与之相关的背景知识。此举不仅能够有效激发学生对于英语学习的热情，更有助于通过对背景知识的深入掌握，进一步增强学生的课文理解能力和记忆力。

第二，比较法。由于中国和英语国家的文化有很多的差异，所以英语教师要注意在英语教学中由这些"差异点"导入文化，自然地让学生参与到教学中，让学生主动地进行思考、资料搜集，在这种比较中更容易意识到中国和英语各种文化现象背后所蕴含的故事和意义，从而使学生更好地理解英语文化的整个体系，更能找到英语学习的自主方法，也更容易在心理上主动进行英语的学习。这是进行英语文化教学的一个很重要的方式。例如，汉语和英语会采取不同的称谓、针对赞扬和恭维中英不同的做法和表达方式等内容，学生会感到英语学习的融会贯通性，更利于知识的掌握。

第三，讨论法。英语教师可根据不同议题将学生划分为若干学习小组，引导学生开展小组讨论，以形成共识。随后，学生应依据讨论中强调的关键词汇，自主阐述对议题的见解与看法，并总结小组的讨论成果。学生参与到英语的教学实践中来，不光勇气得到锻炼，口语交际能力也进一步得到提升。这种方法培养了学生根据英语思维进行思考的习惯，对学生英语的学习是极其有利的。同时，也培养了学生的团队合作精神，利于学生踏入工作岗位后较快适应工作要求。

第四，多媒体技术的应用。由于我国不是英语的本土环境，学生又不太容易接触到外国人进行实际的交流，英语教师在教学中可以借助多媒体技术来营造学生英语学习的氛围，看一些电影片段，听一些原版的英语声音，读一些英语文学名作，使学生通过这些融入英语的实际应用中来，身临其境地感受英语语言及其文化的魅力。教师及专家在多媒体教室进行定期的文化讲座，举办一些英语竞赛项目，不仅有利于学生与教师在教学上进行互动，同时，也增加了学生实际使用英语的场景，不断交流学习活动利于学生良好语感的培养，同时也刺激了学生对英语文化的敏感度和辨析能力；不仅有利于学生英语应用能力的培养，还能有效促进学生英语文化功底和英语整体文化素养的提升。

二、高校英语文化导入的实现途径

(一) 英语课内融入

文化可通过后天努力而习得，面对纷繁复杂的文化现象，有两种主要的获取方式：直接经验与间接经验。通过直接经验，例如，出国留学并在英语国家生活，能够深入了解英语文化的独特魅力和现象。而通过间接经验，例如观看电影、利用网络资源、阅读书籍以及课堂学习等，同样可以获取丰富的文化知识。对于大多数人而言，课堂是一个至关重要的学习文化途径。英语教师在授课过程中，可以依据教材内容，适时地引入相关的文化知识，以助力学生的文化学习。

第一，课前导入。课前的几分钟，英语教师可以进行导入。例如，遇到巴黎圣母院的时候，教师可以让学生开始思考自己关于巴黎圣母院的认识。这样的话，教师先把问题抛给学生，引起学生的思考，让大家说出自己知道的巴黎圣母院的知识，让学生分组讨论，最后学生以辩证的形式进行中国和英语文化的比较。通过课前导入，使学生对英语课有较强的渴求感，对英语文化有更浓厚的兴趣和期盼性，可以主动参与到英语的课堂学习中来，提高了他们的积极性。

第二，专门讲解。在英语课堂上，教师可以结合所学教材内容对课文中有关的文化知识灵活地进行讲解和注释。通过讲解，让学生发现其实在生活中处处都可以发现英语文化的影子，建议学生利用课余时间、课余场合进行英语及其文化的学习，更好地融入这个开放的大文化环境中来。

第三，实物展示和比较。教师可在英语文化教学时可采用实物展示的途径，更利于学生真实地感触到英语文化在日常生活中的应用。教师可以拿一个真实的英语名片或一封英语的来信，在课堂上展示给学生。这样就让学生看到了实物，让学生更加信服教师的讲解，更容易记住名片和书信的各种格式和注意事项。并且在实物演示过程中，对中国和英语文化差异进行对比，使学生更容易注意到中国和英语文化的差异，利于在今后实际使用中的正确性。

第四，演练实践。英语学习中，演练实践占据着举足轻重的地位。学生应紧密跟随教师的指导，投身于实际的操作与实践中。以名片格式的教学为例，教师在详细阐释其构成后，可布置相应的课后作业，要求学生结合个人想象，自主构思公司背景与职位设定，进而动手制作英文名片。这一过程不仅有助于巩固理论知识，更能提升学生的实际应用能力。学生比较喜欢这种方式，他们真正参与到英语的学习中来，并利用自己的想象力进行名片的创作。我们可以进行评比，学生对此有很强的满足感，促进了那些英语不好的学生英语的学习。另外，我们可以讲解英文简历的写法和常见的求职面试用语，要求学生掌握，考评的标准就是我们要求学生拿着自制的简历并且在学生间进行模拟面试，不光让他们掌握了英文简历的写法和求职面试用语，同时也锻炼了他们的自信心，知道自己存在的不足，利于在今后求职中经验的积累。

（二）英语课外完善

由于文化是丰富多彩的，只通过课堂的时间进行英语的学习，时间毕竟有限。因此，教师要指导学生多方法、多途径地进行英语文化的学习。可以建议他们课外大量阅读英语名著，了解英语的文化概况，注重英语文化知识材料的积累，不断地拓宽学生英语学习的视野。另外，教师还可以组织学生观看英语原版电影，并且利用外籍教师的优势，举办英语文化的讲座等，这些都丰富了英语文化教学的途径，有效延伸和补充了课堂文化教学的内容。学生可以根据具体的语言情景去理解中国和英语文化的差异并把握住英语文化的内涵。

第四节　中华水文化融入高校英语教学的实践

水是生存之本、文明之源。世界四大古代文明均诞生于河流谷地。两河流域（两河为幼发拉底河和底格里斯河）、尼罗河流域、印度河流域、黄河流域分别孕育了美索不达米亚文明、古埃及文明、古印度文明和中华文明。这是因为这些地方气候适宜、地势平缓、水源充足、土壤肥沃，适合农作物的灌溉以及人类的生产生活，因此逐渐形成诸多特色鲜明的文化，并最终沉淀为绚烂辉煌的文明。中华水文化悠久璀璨、内容丰富、形式多元，包括与水相关的风俗习惯、民谣传说、谚语典故、诗词歌赋、书法绘画、音乐舞蹈、曲艺戏剧、建筑理念等众多内容。

在高等英语教学中应当坚定文化自信,为了激发学生的学习热情并深化对本民族文化的认识,同时提升他们的综合素养,可以通过将中华水文化融入教学内容。学生通过用英语介绍和宣传中华水文化,不仅能够提升他们的文化传播能力,也能够让外国友人领略到中华优秀传统文化的魅力,从而增强我国的文化软实力和竞争力,进一步提升中国在国际舞台上的影响力。鉴于英语作为全球使用最广泛的语言之一,也是推广中华水文化至海外的重要工具之一,因此有必要将中华水文化融入高校英语教学活动中。下面主要探讨在英语单元主题讲解中融入中华水文化。

例如,在进行单元主题为 Culture matters 教学时,导入部分可以引导学生们就"the Chinese water traditional festivals(中国水传统节日)"这一主题进行头脑风暴①和小组讨论。在学生有了初步了解后,可以向他们讲述中华水文化中丰富多彩、独具特色的与水有关的传统节日,例如,汉族的元宵节、抢银水(流行于四川、陕西等地区)、龙抬头、上巳节、放水节(流行于四川省都江堰市)、端午节、七夕节等,以及湘西苗族的抢头水,傣族、阿昌族、德昂族、布朗族、佤族等民族的泼水节,水族的敬霞节、祭龙潭和洗澡节,壮族的汲新水,藏族的谢水节和沐浴节,白族的春水节,黔东南苗族的龙船节,傈僳族的澡堂会,朝鲜族的洗头节等。

又如,在进行单元 Culture matters 最后一个篇章听力练习中,涉及与烹饪相关的话题时,教师可以向学生讲述中国美食与水之间紧密的关系。中国的饮食文化具有"遇水而兴,随水流动"的特点。首先,中国广泛的流域孕育了多样化的菜系。鲁菜(黄河流域)、川菜(长江流域)、粤菜(珠江流域)、江苏菜(淮河流域和长江流域)、闽菜(东南沿海诸河流域)、浙江菜(东南沿海诸河流域)、湘菜(长江流域)、徽菜(长江流域)等八大菜系分别源自不同的地域。其次,饮食文化受水域环境影响而变化。例如,天津菜

---

① 当一群人围绕一个特定的兴趣领域产生新观点的时候,这种情境就叫作头脑风暴。

和杭州菜在食材和烹饪方法上相似,乾隆南巡后将江南美食带回京城,这是通过京杭大运河的交流所促成的。上海新地方菜"川扬帮"中的川菜和扬州菜(属于江苏菜,又称淮扬菜)原本是两种各具特色、差异较大的菜系,但由于长江流域上下游的交流而融合在一起。此外,中国拥有多种烹饪方式,其中与水相关的方式很多,包括熘、烹、烧、炖、蒸、汆、煮、烩、炝、拔丝、蜜汁、煨等。

再如,在进行单元主题为 Living green 的教学中,教师可以先向学生提问"How will you live green in your daily lives?"(日常生活中如何实现绿色生活?)以及"How to save water?"(如何节约水?)在他们形成基本观点后,可以讲述历史治水名人大禹、孙叔敖、西门豹、李冰、王景、马臻、姜师度、苏轼、郭守敬、潘季驯、林则徐、李仪祉和他们治水的事迹,以及中国古代著名水利工程郑国渠、灵渠、邗沟、鸿沟、白起渠等,向他们展示勤劳勇敢的古代人民是如何通过自己的智慧和创新解决水患、造福百姓的。然后可以引入一些有关节水的重要讲话精神。带领学生积极参与节约型社会的建设,保护资源和环境,最终实现人与自然和谐共生。

总而言之,中华民族在水相关活动的社会实践中孕育了丰富而深厚的水文化。尽管世界各地对待水的方式各有不同,但普遍认可水的价值以及它在人类生活中的重要性。语言是传播文化的关键工具之一,中华水文化可为高校英语教学提供一个良好的平台。将中华水文化融入高校英语教学中,有助于学生深入了解水与中华文化之间的紧密联系,以及中华水文化的内涵和特色。通过这种方式,学生可以汲取中国智慧,树立文化自信,传播正能量,并扩大中华优秀传统文化在国际舞台上的影响力。

第五节　中华饮食文化融入高校英语教学策略

中华饮食文化作为中国优秀传统文化的重要组成部分,是我国的一块瑰宝,将其融入高校英语教学中,有利于帮助大学生更好地认识和理解中华饮食文化的内涵,树立文化自信,在以后的文化交流中更好地输出中华饮食文化。

一、中华饮食文化融入高校英语教学的必要性

第一，输出中华饮食文化。语言作为文化的载体，承担着文化传播的重要责任，英语作为国际交流的主要语言，在文化传播中发挥着不可替代的作用。中华饮食文化博大精深，但其在对外传播中却因为饮食观念、语言文化等方面不同存在各种各样的困难。将饮食文化融入高校英语教学中，不仅能拓宽饮食文化的传播途径，借助英语教师及大学生充分发挥英语作为语言的文化传播作用，帮助不会英文的餐饮从业者将中华饮食文化传播出去，还能准确、全面地表达饮食文化的内容，改变饮食文化相关的英语翻译乱象，从而使中国饮食文化在国外树立良好的口碑。

第三，促进学生的综合发展。中华饮食文化融入。高校英语教学中，一方面，通过增加大量关于饮食文化的文章、句子及单词，丰富高校英语的教学内容，拓宽学生的知识面，锻炼他们的英语综合运用能力；另一方面，饮食文化作为中华民族的优秀文化，蕴含着丰富的人文知识和历史文化内涵，如尊老爱幼、团团圆圆、家国情怀等，将其融入高校英语教学，可以丰富高校英语课堂的思政元素，有利于发挥英语课程对大学生的德育作用，增强大学生对中华文化的认同感，树立文化自信，提高大学生的道德品质和人格修养，促进大学生综合发展。

二、中华饮食文化融入高校英语教学的重点

第一，重视饮食文化在英语教学中的应用。中华饮食文化作为一种传统，不仅是一种生活习俗，更是一种包含着丰富文化内涵的载体。在当今社会，高等教育的目标不仅在于传授知识，更重要的是培养学生的思想道德素质和综合能力。中国传统饮食文化正是一座宝库，蕴含着丰富的道德教育和人文精神。将这一宝库融入英语教学中，不仅可以增加学生的文化底蕴，更能够激发学生的学习兴趣，提高他们的综合素质。高校应该加强对饮食文化融入教学的政策支持和资源投入，为教师提供更多的培训和指导，帮助他们

更好地将饮食文化融入课堂教学中。同时，英语教师也应该深入了解中华饮食文化的精髓和特点，积极探索如何将其与英语教学内容相结合，设计出富有特色和深度的教学活动和课程。具体而言，可以通过编写相关的教材和课程，设计饮食文化主题的英语听说读写综合训练，组织学生参观中华饮食文化展览或实地体验中华美食等方式，将中华饮食文化融入英语教学的各个环节中去。通过这些实践活动，学生不仅能够学到英语知识，更能够了解和感受到中国传统文化的博大精深，提高他们的文化自信心和综合素质。

第二，丰富英语教材中的饮食文化内容。目前多数英语教材中英美文化比重较大，中国传统文化内容较少，涉及的饮食文化内容偏向西餐文化，缺少中华传统饮食文化的内容。为了改变这一现状，高校要优化和创新英语教材内容，丰富英语教材中的饮食文化内容，可以从以下方面入手：首先，从课文、课后题及教辅资料入手，增加教材中中华饮食文化的内容比例；其次，将中国特色菜名及其背后的文化内涵翻译成英文时，使用多种翻译方式，并且提供多种译法，这能在一定程度上对各种菜名等英文翻译进行规范和统一；最后，教材内容要注意中西方饮食文化的对比，分析中西方饮食文化的差异性，利用对比突出中华饮食文化的独特性。在选取或编写教材时，要充分考虑学生的学习能力，可以邀请中华文化方面、英语知识方面、教育方面的专家学者参与，保证饮食文化内容选择的科学性、英语表述的正确性以及教材编排与大学生学习能力的适配性，促进饮食文化内容与英语知识有机融合。

第三，创新教学方式，采取多元化教学。传统的高校英语教学以教师讲授英语知识为主，学生上课的积极性和课堂参与度不高，学生在毕业时英语综合实践能力较差，难以适应社会发展的需要。将饮食文化融入高校英语教学，需要英语教师创新教学方式，采取多元化的教学方式。一是案例对比教学，中西方饮食文化有差异，英语教师可以通过具体的案例对中西方饮食文化进行对比，如中国的筷子与西方刀叉的对比，在差异中突出中西方饮食文化的特色与不同，增加学生对两种饮食文化的理解和记忆。二是情景模拟教学，英语教师通过多媒体设备或者角色扮演创设简单的饮食文化教学情境，如餐厅，让学生扮演服务员或顾客进行英文对话交流，英语教师对他们的英语表达进行点评。这种教学方式能够让学生充分参与到课程教学活动中，提高学生学习英语的积极性，锻炼学生的英语口语表达能力。三是网络信息技术教学，英语教师可以在课堂上播放《舌尖上的中国》等纪录片，丰富英语教学资源；也可以利用多媒体设备将英语教学内容视听化，规范学生的英文表达口音和语调；还可以录制英语教学视频或开展英语线上教学，增加学生与教师、学生与学生之间的交流渠道。四是第二课堂教学，以参观或实习的形式，让学生置身于与中华饮食文化有关的英语交流环境中，加深其对饮食文化的理解，提高饮食文化内容的英语表达能力。

第四，提高英语教师的专业知识素养。为了促进饮食文化与英语教学的深度融合，英语教师作为教学活动的主导者，必须增强自身的专业素养，深入挖掘饮食文化的内涵，积极提升英语教学能力，以适应新的教学内容。学校可建立教学团队，使优秀教师分享融合饮食文化与英语教学的经验和方法，促进教师之间相互学习和监督，通过合作与竞争不断提升英语教学能力和教学质量。高校也应积极组织各类教师培训活动，持续提升英语教师的教学水平和知识储备，同时推动英语教师进行创新教育，培养其创新意识和创新能力，以推动教学方法和内容的创新。高校还可引进高水平的英语教师人才，提升英语教师队伍的整体实力。

三、中华饮食文化融入高校英语教学的方法

第一，增加与饮食文化相关的英语词汇和句子。当前高校英语教材中关于饮食文化的内容相对匮乏，而且部分英语教师的教学重点通常偏向于西方文化，这导致学生在学习英语单词和句子时缺乏与自己母语文化的联系，因此他们的英语表达能力有所欠缺。英语教师需要引入更多与中华饮食文化相关的词汇和句子。例如，可以将与中国传统菜肴、食材、烹饪方法等相关的词汇加入教材中，让学生在学习英语的同时也了解中国的饮食文化。这样学生将更容易地将新学到的词汇和句子与他们熟悉的文化联系起来，从而提高他们的学习兴趣和学习效率。

第二，鼓励学生在不同场合用英语进行交流。在日常生活中，英语教师可以积极引导学生在各种场合运用英语进行沟通。例如，在菜市场、超市以及杂货店购买食材时，学生可以通过英语与商家交流，询问商品信息、价格以及购买需求，从而提升他们在实际生活中运用英语的能力。在用餐时，鼓励学生用英语描述不同餐点的特色、食物的口感，以及他们的饮食习惯。通过这种方式，学生不仅可以提高英语口语表达能力，还能增进彼此之间的交流和理解。同时，学生也可以通过用英语向餐厅服务员或者厨师提出特殊要求或者询问菜品的制作方法，从而锻炼他们在实际情境下运用英语解决问题的能力。在烹饪课或实践活动中，教师可以要求学生用英语表达自己的想法和观点，介绍食材的特点、烹饪方法以及菜品的口感等相关内容。这不仅可以帮助学生巩固所学的英语知识，还能增加他们对中华饮食文化的了解和认识。

第三，多进行饮食文化相关内容的英语翻译。英语翻译是高校英语教学的主要内容，也是进行语言文化交流的重要途径。随着国际化发展，越来越多的中国文化与知识需要翻译成英文让外国人了解和认识，也有许多西方的文化知识需要翻译成中文让人们了解和熟知。但是因为语言和文化的差异，英语翻译要注意的问题十分多，翻译人员要在最大限度保留原意的情况下，尽可能减少因文化差异引起的翻译错误。在高校英语教学过程中，英语教师要鼓励学生对饮食文化相关的用语、单词等进行翻译，对翻译过程中出现的各种错误译文及一词多译现象进行统一和规范。由于中文餐饮文化尤其是菜名及原材料等词汇与英文并不对等，存在语汇缺失的问题，学生在翻译时就要注意选择合适的翻译方法，从而锻炼学生的英语句子构成及表达能力，提高学生对各种翻译方式的熟悉度和应用能力。

综上所述，中华饮食文化历史悠久、内容丰富，是中华优秀传统文化中的亮丽瑰宝，将其融入高校英语教学，不仅符合高校培养高素质人才的教学目标，也能丰富教学内容，加深大学生对中华饮食文化的认识和了解，帮助学生树立文化自信和正确价值观，从而培养具有丰富知识储备、英语综合运用能力较高的高素质英语人才。

第五章　文化视域下的高校英语词汇与语法教学研究

第一节　高校英语词汇教学的内容与原则

一、高校英语词汇教学的主要内容

"词汇作为语言的最小意义单位在人际交流中起到至关重要的作用，而人类思维活动和思想交流首先是依靠词汇来进行的"[①]。"高校英语词汇教学是英语教学中不可或缺的环节"[②]，主要包括以下方面的内容：

（一）英语词汇教学中词的结构

1. 词汇教学中词素

在语言学中，词语通常被视为表达意义的基础单元。由于词语具有独立的意义表达功能，人们可以通过查阅词典或词表来识别和理解其含义。因此，普遍观点认为，通过记忆和掌握这些词语，可以显著提高英语学习的效率和效果。事实上，语言中还有表示意义的更小的单位，例如，"自发""自觉""自费""自行车""自动化"等词语中的"自"大多表示"自己，自行的"；另外一些词语，如"自流""大自然""自然规律"，则表示"天然，非人为的"；而"自由职业"又有所不同，它由"自由"和"职业"组成，表

[①] 李红梅，张鸢，马秋凤. 高校英语词汇教学与习得研究［M］. 武汉：武汉大学出版社，2016：42.

[②] 程航. 高校文化视角下的英语词汇教学［J］. 飞天，2012（8）：177.

示一些知识分子凭个人知识从事的职业。这都说明还有更小的意义单位，这些单位被称为词素。词素有以下特征：

（1）一个词素是一个和意义有关联的最小单位。例如，下面的几个词都有＜car＞的拼音：

car（车）　　　cardigan（羊毛衫）　　cargo（货物）　　scare（害怕）
care（小心）　　carrot（鹦鹉）　　　　caramel（焦糖）　discard（抛弃）
carpet（地毯）　caress（抚爱）　　　　vicar（牧师）　　placard（布告）

以上词是否共享一个词素，要看这些词的＜car＞的形式有没有一些共通的意义。car 的意义是"车"，它和 care（小心、关心）无任何共同之处。carpet 好像有些联系，但是它本身就是一个不能分割的词素。其实，除了 discard、placard 以外，其他的都是词素。discard 和 placard 不是一个词素，但它们共享的词素是-ard。

（2）词素是一些可以循环使用的单位。词素的一个特点是它可以反复使用构成很多词。如词素 care 可以构成 uncaring（不关心）、careful（小心）、careless（粗心大意）、carefree（无忧无虑）、caregiver（护理工）等。如果不知道 cardigan（羊毛衫）和 caramel（焦糖）的意思，而又以为它们是由词素 car 组成的，可以看去掉这个词素后剩下来的那一部分能否用在别的词里。-digan 和-amel 并不符合我们第一个特征，它们没有独立的意义，也不能反复使用。

（3）不能把词素和音节混为一谈。词素作为语言的基本单位，其音节数量可变，通常为一至两个，偶尔可达三或四个。需要注意的是，音节与词汇意义并无直接关联，它仅仅是发音的基本单位。在编纂词典时，连字号（-）常被用来标示一行末尾可将词汇分割的位置，同时也是划分音节的辅助工具。音节作为发音的最小独立单位，对词汇的划分具有重要意义。然而，词素的数量与音节数量并不总是相等，词素的长度也可能少于一个音节。但一般而言，词素至少包含一个音节，并能独立发音。

2. 词汇教学中词根

（1）自由词根词素。每一个词起码要有一个词根，词根处于词的派生过程的中心，它们表示基本意义，以此为基础而派生出的词则表示另外意思。像 chair（椅子）、green（绿色）、father（父亲）、cardigan（羊毛衫）、America（美洲）、Mississippi（密西西比）都是词根，而这些词根刚好又是自由形式，即独立词语，叫作自由词根词素。

（2）黏附词根词素。在更多的场合里，词根不是独立的；它们是黏附在别的词素上面的，因此称为黏附词根词素，像 segment（片段）中的 seg（剪开）、genetics（遗传学）中的 gen（拿，装载）和 brevity（简明）中的 brev（短）。

很多英语黏附词根源自古典语言，主要于文艺复兴时期借自拉丁语、希腊语，或通过法语间接引入。然而，亦存在特例：部分借入的黏附词根逐渐演化为自由词根。例如，词素－graph 原本来自希腊语，表示 written（写成），所以派生出 autograph（亲笔签名）、photograph（照片）、ideograph（表意文字）、phonograph（唱机）这样的词，最后 graph 自己也成为自由词根，有了独立的意思——"图形"。同样，词素－phone 表示"声音"，派生出 gramophone（留声机）、microphone（话筒）、Anglophone（说盎格鲁语的人），最后它也成为自由词素，表示"音素"。graph 和 phone 都是出现在 19 世纪英国，它们在这以前都是借用的黏附词素。

3. 词汇教学中词缀

所有不属于词根的词素，都是词缀。词缀和词根的不同之处有以下方面：一是它们本身并不能构成词语，它们必须加在词干上面；二是在很多场合里它们的意义并不像词根的意义那么清楚和固定，有一些词缀几乎毫无意义；三是和词根的数量（在任何语言里都是成千上万的）相比，词缀的数量相对少一点，顶多只有几百个。对英语而言，所有能产性最高的词缀不是放在词干的后面（叫作后缀），就是放在它的前面（叫作前缀），下面是几个意义比较清楚的前缀：

co＋occur（occur together）［一起发生］

mid＋night（middle of the night）［中夜］

re＋turn（turn back）［归还］

下面是几个意义比较清楚的后缀：

act＋ion（state of acting）［动作］

act＋or（person who acts）［行动者，演员］

act＋ive（pertaining to being in action）［积极］

然而，大部分的词缀并非像所列的那么清楚。

词缀具备双重功能：其一，参与新词的构建，此类词缀被称作派生性词缀。在构词过程中，词根发挥着核心作用，而词缀则犹如卫星，以不同距离环绕核心运转，这一构词模式与太阳系中各天体间的运行关系颇为相似。词缀的另一种功能是参与屈折变化，而与新词建造无关。这可以叫作屈折变化词缀。和古英语、拉丁语、希腊语相比，高校英语词汇的屈折变化词缀数量不多，基本上是句法的一部分，它们表示的是语法意义。所以我们可把屈折变化词缀看成是句子结构和组织的一些标记，它们并不参与新词的派生。不过这也有些例外，屈折变化词缀有时可以滋生出新的意义，例如，custom（习俗）、new（新的）后面加了－s，就成为customs（海关）、news（新闻）。同样，现在和过去分词，既可以表示屈折变化，如 They were building the new dorm（他们正在建造新宿舍）、They painted the wall（他们粉刷墙壁），也可以像派生性词汇那样产生新的词类：The building on the corner（在拐角处的建筑物）、the painted wall（粉刷好的墙）。

（二）英语词汇教学中词的特征

1. 词汇教学中词的形式特征

每一个词都有读音形式与书写形式。词的读音有原型音与变型音之分。原型音通常指我们所说的标准音。有些词会因为词性的不同而有不同的读音。例如，contract 一词既可以做名词也可以做动词，做名词与做动词时的读音不同。还有的词是同形异义词，这类词形相同，但由于意义不同而发音不同。词不但发音形式有变化，少量词的拼写形式也会有变化，例如，behaviour 可以拼写成 behavior，urbanize 可以拼写成 urbanise。

2. 词汇教学中词的形态特征

词汇的内在结构各具特色，虽然所有词汇均由字母构成，但部分词汇作为整体无法拆分为更小的意义单元，而另一部分词汇则能够进一步分解为具有特定含义的子单元。例如，instruct 一词不可以被分解成任何更小的意义单位。但是 instructs 可以分解成 instruct 与－s 两个有意义的部分，instructor 也可以分成 instruct 与－or 两个有意义的部分。这就是前面提到过的词有屈折变化形式与派生变化形式。词的屈折变化给词添加一些特定的后缀，使词可以表示"时间、人称、数"或"更加、比较"等概念。例如，动词加上－s 表示"现在、他（她、它）、一个做某事"；加上－ed 表示"过去做某事"，或者与 have 一起，表示"一段时间里做某事"；加上－ing 与 be 一起表示"正在做某事"。名词加上－s 则表示"不止一个"。形容词或副词加上－er，表示"更、更加、比较"的意思。

例 1：He enjoyed and still enjoys reading classic works.

他过去喜爱，现在依然喜爱阅读经典作品。

例 2. The professor is answering the questions that the students have asked.

那位教授现在正在回答学生们提出的一些问题。

例 3：More and more people in the cities want to lead a slower and easier life.

越来越多的城里人希望过一种比较慢悠和比较轻松的生活。

例 1 中的 enjoy 一词有两个形态变化，第一个加了－ed，表示"过去喜爱"，第二个加了－s，则表示"现在喜爱"。例 2 中 be 的形态是 is，表示"现在"；answer 一词加了－ing，与 is 一起表示"现在正在回答"。例 2 中的 question 与 student 都加了－s，表示"不止一个"，所以 questions 译成"一些问题"，students 译成"学生们"。例 3 中的 slow 与 easy 加了－er，表示"比较慢悠"与"比较轻松"的意思。

词的派生变化则是给词添加一些特定的前缀或者后缀，生成具有"人、事物、行为、状态"等概念的词。此外，派生变化还会改变一些词的语法属性。

3. 词汇教学中词的语义特征

词语均承载特定意义，其内涵丰富且多样。词语的意义可以指向现实世界中的具体人物、物品、行为或事件,亦可以代表我们思维中的抽象概念。一个词语可能对应多个人物、多个事物、多个行为或多个概念。因此,一词可以有多个意义。例如,school一词有"学校、学院、上学、求学、学会、学派、流派、教育、训练"等多个意思,甚至还有"鱼群"的意思。

词的一些意义成为约定俗成、人人皆知、长久与普遍使用的词义。在这种情况下词有其固定代表的人、物或概念,形成了人们所说的字面义。即使在没有任何语境的情况下,人们也知道词的这些意思。词的另一些意义可能是在特定的时期里、特定的情况下、特定的语境中、对特定的说话人与听话人而言才有的意义,而非人人皆知、长久与普遍使用的意义。这些词义有很强的语境依赖性,只有在特定的语境中或者与特定的人或事物联系起来才能得以确定。词的这类意义往往是人们所说的词的非字面义。

词所代表的现实世界中的人、物、行为、事件以及心理世界中的概念,被称为词的外延意义。词还有内涵意义,指词所附带的人们的态度或情感,反映人们的态度是肯定还是否定,喜欢还是厌恶,即词表现的是褒义还是贬义。例如,determined是褒义词,obstinate则是贬义词。有些词可以因人因事而异,既可以用于褒义,也可以用于贬义。例如,ambitious对有的人而言是"雄心勃勃",对另一些人而言则是"野心勃勃"。除了自身所具有的各种意义之外,词与词之间可以存在某种语义关系,例如,同义关系、反义关系与包含关系。

(1)同义关系。同义关系描述的是两个词汇间在意义上存在相同或相近的联系,其中一个词可以在特定语境下替代或解释另一个词。这种具有相同或相近意义的词汇被称作同义词。有一类同义词,它们的基本意义几乎相同,只是存在一些细微的差异,例如,hide、conceal、cache等。有些词典会把这些同义词列在一起,专门说明它们共同的含义和它们之间的细微差别。这些词即使在脱离语境的情况下,人们也会认为它们是同义词。我们可以称这类同义词为纯同义词。还有一类同义词,它们的基本意义不相同,但是在某个意义上可能相同或者相近,可以称这类词为部分同义词。对于这类词,词典不会像前一类同义词那样,将它们专门列在一起加以说明。在脱离语境的情况下，人们甚至会不把这些词作为同义词看待。但是这些词可以在特定的话语或语篇中一起出现，用于表达相同或者相近的意思，可以将这类同义词称为话语/篇章同义词。

例1：He likes to hide（conceal）his money in a book.

例2：I'm going to buy some sugar in the supermarket. Do you want me to get something for you?

例3：I went to China with a travel organization. It was a trip that included some kungfu and taichi lessons. It was an international group，so there were people from all over the world.

例1中的hide与conceal属于纯同义词，因此可以用conceal替换hide，说成He likes to conceal his money in a book。例2中的buy与get的基本意思不同，但是在句子中都表示"买"的意思，所以是篇章同义词。例3中的organization与group也属于篇章同义词，都用于指"旅行团"。

（2）反义关系。反义关系指的是两个词汇的含义完全或几乎完全相反。具有这种关系的词汇被称为反义词。反义现象是指词汇形式之间的关联，而非词汇意义之间的关联。例如，"rise"与"ascend"在意义上均表示"升"，而"fall"与"descend"则均表示"降"，它们在概念上呈现对立关系。因此，rise/fall和ascend/descend都可以说是反义词，然而，对于rise和descend、fall和ascend是不是反义词，很多人都会表示犹豫，因为从词形上看，它们不像是对立的。因此必须把词形之间的语义关系和词义之间的语义关系区分开来。根据Lyons的分析，这种词汇对立有以下不同的情况：

第一，词汇对立有可分级和不可分级的差别。可分级的反义词有程度上的差别，所以cold虽然是hot的反义词，但是not cold却不等于hot。不可分级的反义词则不同，所以male可以等于not female。但是有意思的是，英语有些表示相反的前缀，如un—和in—，如friendly和unfriendly在形态上是对立的，但是friendly在意思上是可分级的，而其对立的反义词unfriendly却是不可分级的，相当于hostile。而married和unmarried则不同，两者都是不可分级的，所以unmarried相当于single。这说明形态上相关的对立是独立于语义上的分级和不分级的关系的。

第二，互补反义词。有些反义词是互补的，它们不能分级，如 boy 和 girl、brother 和 sister，它们不是对立的，而是对照关系。

第三，换位反义词。最典型的换位反义词是 husband 和 wife，如 "X is the husband of Y" = "Y is the wife of X"，它们是互相依存的，这包括 doctor 和 patient、buy 和 sell、killed 和 was killed 等。

第四，方向性的对立。方向性的对立，指向相反的方向移动。如 come 和 go、up 和 down、left 和 right、front 和 back 等。

此外，并非所有的语义都遵循两分法原则，这意味着并非所有的词汇都存在反义词。例如，一个星期包含七天，一年包含十二个月，这些集合中的元素很难确定其反义词。

(3) 包含关系。包含关系有两种类型。一种类型是语义特征包含关系，即一个词含有另一个词所表达的语义特征。例如，sister 一词含有 female 的语义特征，brother 一词含有 male 的语义特征；kill 含有 dead 的语义特征。第二种类型是语义场或词场关系。语义场或词场指在语义上有重叠的一组词。经典的语义场例子如下：

第一，色彩词场：包括 red、yellow、blue、green、black、white、purple、orange 等表示颜色的词汇。

第二，亲属词场：包括 father、mother、brother、sister、cousin、nephew、sister-in-law 等一类的词汇。

第三，烹饪词场：包括 boil、fry、bake、broil、steam、stew、roast、barbeque 等一些做饭烧菜的词汇。

实际上，任何在语义上重叠、可以用一个统称词组合在一起的词，都可以称为语义场或词场。这样我们就有车辆词场、动物词场、植物词场等各种词场。词场的统称词与具体类别词构成上下义关系。统称词 vehicle 包含 bus、car、lorry、van 等具体类别车词；animal 包含 dog、cat、elephant、panda 等具体类别动物词。vehicle 和 animal 这些统称词称为上义词，具体类别词称为下义词。

掌握词汇之间的语义关系非常有利于听、读的正确理解，也有助于说、写表达词汇的丰富性与意义的多样性，还有助于翻译的准确性。

4. 词汇教学中词的语用特征

词语的使用受到多种因素的制约，包括交际对象、时间、场合、地域、情景、社会背景、功能需求以及文体特点等。部分词汇具有普遍适用性，可在各种场合和针对各类人群使用。然而，亦存在部分词汇仅适用于特定场合和特定人群。例如，英语的 a looking glass 属于维多利亚时代的词，mirror 属于现代的词；tap 是英国英语词，faucet 是美国英语词；decease 用于正式场合，而 kick the bucket 用于非正式场合；英国中产阶级喜欢用 home 称呼 house，用 lady 称呼 woman；Hi、Good morning 一类的词具有交际功能。

词的使用还具有频率特征。有些词的使用频率非常高，有些词的使用频率中等，有的词则属于低频词甚至是罕见词。例如，book、manual、directory、thesaurus 这几个词中，book 属于高频词，manual 与 directory 属于中频词，thesaurus 则属于低频词。

词的另一个语用特征是共现性，大多数情况下，词并非单个与孤立地使用，而是与其他词一起使用。在大量的语言使用中，不少词之间形成了一定的共现关系。有些词之间有很高的共现率，而且形成了相对固定的共现关系，构成多字词语。习语的意义是相对固定的，习语的整体意思不是组成习语的每个单词意义的叠加。学习者需把习语作为一个整体来学习和记忆。搭配是词与词之间的一种共现关系，它们经常而不是偶然一起出现。例如，little 经常和 baby、kid、kitten、while 等词一起出现，small 则经常和 amount、letters、proportion 等词一起出现。词的搭配可以是变化的，一个词可以和多个词进行搭配。词还可以同各种语法结构一起使用，形成词汇语法关系。例如，动词 think 和 know 后面经常跟 that 从句。词块为扩展化搭配，是在语料中出现的词组合。它们可以是两词组合、三词组合、四词组合或者四词以上组合。这些词组合在结构、意义上可以是完整的，也可以是不完整的。

以往很少有人将词的频率与搭配视为词的语用特征。由于频率与搭配显然不属于词的其他特征的范畴，而是属于使用的特征，所以应该将它们视为语用特征。从以往文献中关于词汇知识的论述中可以发现，频率与搭配是词汇知识的重要组成部分，将它们纳入词汇特征的描述体系中，有助于使词的理论体系与词的知识体系更完善、更系统。

5. 词汇教学中词的句法特征

人们根据词的意义与句法作用，将词分为不同的类。英语词类一般包括八类：名词、动词、形容词、副词、介词、代词、连词、限定词。名词、动词、形容词与副词又称为实词，介词、代词、连词与限定词又称为虚词。一个词可以有不同的词性，例如，train 既可以做名词表示"火车"的意思，也可以做动词表示"训练、培训"的意思。

词作为可以单独用来构成句子或话语的最小单位，它们的线性排列组合构成了有意义的句子或者话语。每一个词在句子中都会有其确定的位置与作用。例如，名词主要用于做主语与宾语，动词主要用于做谓语，形容词主要用于修饰名词，介词与名词一起构成各类短语，连词用于词与词、句与句或段与段之间的连接。在传统英语教学中，实词属于词汇教学的范畴，虚词属于语法教学的范畴。

（三）英语词汇教学中词义演变

词义随着社会变迁而不断演变，在不同的历史时期，某些词汇的含义可能截然不同。因此，在词汇教学中，教师的首要职责是确保学生能够准确理解并掌握所学单词的精确含义。而一个单词的含义在很多情况下是受语境制约的，这就要求教师在教学中要根据词汇特点和具体语境采取合适的教学手段，使学生了解词汇及其词义的演变，明白词义是随时间的变迁、社会的发展而不断变化着的。词义的演变主要表现在以下方面：

1. 词汇教学中词义的扩大

凡是词义从特定的意义扩大为普遍的意义，或者从指"种"的概念扩大为指"类"的概念，结果新义大于旧义，这种演变都叫作词义的扩大，也叫作词义的一般化。例如，lady 这个词以前仅仅指"女主人"。随着社会的发展，这个词的词义逐渐扩大了，先是指贵族太太，后来指有教养的妇女。现在，lady 可以用于指任何"女人"，是一种礼貌的用法。在提到老妇人的时候，几乎总是说 old lady 或 elderly lady。在对一群女士说话的时候也总是说 ladies，而不用 women，如 Good evening, ladies and gentlemen。现在 Lady 几乎已经成为 woman（女人）的同义词，例如，saleslady（女售货员）、cleaning lady（清扫女工）、ladies'room（公共女厕所），等等；甚至可以用作定语，如 a lady novelist（女小说家）、lady traffic wardens（女交警）、lady guests（女客人）。一般而言，词义的扩大可以分为以下类型：

（1）从特指到泛指。例如，arrive 最初的词义是"登陆"，逐步演变为泛指"到达"，又如 bird（幼鸟→鸟）、journal（日报→一切期刊）、barn（储存大麦的地方→谷仓）、cookbook（烹调书→详尽的说明书）、picture（彩色图片→图片）等。

（2）从具体到抽象。例如，bend（上弓弦→弯曲）、pain（罚款→惩罚→痛苦）、arrive（靠岸→到达）等。

（3）从术语到一般词语。随着科学知识的普及，很多科学术语进入日常生活，它们的词义也得到扩大。例如，近年来"精神分析"在西方盛行，一些心理学术语进入日常生活，词义也有所扩大，如 complex 在心理学上专指"情结""复合"，现在用来指任何的变态心理。

（4）从专有名词到普通名词。例如，newton（牛顿）、ampere（安培）、farad（法拉）、joule（焦耳）、pascal（帕斯卡）、watt（瓦特）、ohm（欧姆）、volt（伏特）等原来都是科学家的名字，现已成为各种物理学单位。

2. 词汇教学中词义的缩小

词义的缩小，也可称为词义的特殊化，指词义由原本的普通含义转变为特定的含义，进而其指代对象由宽泛的"类"概念转变为更为精确的"种"概念。以"deer"一词为例，这个词过去的意思是"野生动物"，涵盖自鹿类至鼠类等多样动物。例如，莎士比亚在《李尔王》一剧中写道：Rats and mice and such small deer have been Tom's food for seven long days. 现在 deer 这个词的词义已经缩小到只指一种动物（鹿），而原来的意义则分别由拉丁词 animal 和法语词 beast 所取代。一般而言，词义的缩小也可以分为以下类型：

（1）从泛指到特指。一个指有类似之处的不同事物的词，随时都可以用来专指其中的一种事物。如果这种用法在语言中通用起来，这个词就算获得了新的特指的词义。例如，在"He got life"（他被判处无期徒刑）这个句子中，life用来特指life sentence（无期徒刑）。meat（食用肉类）一词原指各种食物，在sweetmeat（甜食）、green meat（蔬菜）和to be meat and drink to somebody（对某人是无上的乐趣）等词或短语中还有其痕迹，而现在这个词的意义只是freshmeat（肉食）。

（2）从抽象到具体。例如，room一词从前的意义是"空间""地方"，这些是它的抽象的普遍意义，这个意义现在还保留着。如：There is still room for improvement.（还有改进的余地。）而在指具体东西的时候，词义就缩小了，现在常指具体的有限空间"房间"，例如，This is my room.（这是我的房间。）又如，probe从"调查，检验"这样的词义引申出"宇宙探测器"这一缩小了的具体意义；side的原意是"旁边，侧面"，在应用到人体部分的时候，就获得了"肋部"这一具体意义。

（3）从普通名词到专有名词。从普通名词变为专有名词的现象也有所见。例如，city一词原指城市，但the City常专指伦敦的商业区，等于the City of London。又如，prophet（预言者，先知）写成the Prophet时，伊斯兰教徒都知道是指（伊斯兰教祖）穆罕默德；peninsula（半岛）写成the Peninsula时，在历史上指的是伊比亚半岛；cape（海角）写成theCape时，指的是好望角。

（4）从一般词语到术语。许多科学术语都来自一般词语，例如：memory的含义是"记忆"，而在计算机里就成了"存储器"；recovery的含义是"恢复"，而在宇航技术中却成了个术语，表示"（航天器的）回收"；pack的原义是"包裹"，而在摄影技术中成了"软片暗包"，在医学中成了"包裹疗法"；形容词soft一般是"柔软的"的意思，而在语音学中成了"浊音的"，在化学中成了"（酸、碱）易极化的"，在经济学中成了"（市场）疲软的"。

（5）外来语的词义缩小。许多外来语（借词）一进入英语词汇，往往在指物范围方面有缩小的现象。例如，拉丁词 liquor 的意义是"液体"，但是在英语中经常用来指"烈酒"，这个拉丁词的法语的变体 liqueur 在英语中的词义更缩小为一种"甜酒"。又如，法语词 garage 的原义是"任何储藏东西的地方"，现在缩小为"存放汽车的地方（车库）"；进入英语的拉丁词 capsule 原义为"小盒"，现在英语里常见的两个词义是"胶囊"和"宇宙密闭舱"，很少有人能想到它的原意了。

3. 词汇教学中词义的升格

词义的升格是词义变化之一种表现，以 knight 为例，其原始含义为"男孩、男仆"，经过词义缩小的过程现已演变为"骑士、爵士"，这就是词义升格之体现。类似的例子还有 Marshal 一词，原意为"喂马的人"，现亦升格为"元帅、最高指挥官"；minister 原意为"仆人"，现升格为"部长"；executive 原意为"执行者"，现升格为"行政长官"；pastor 原意为"牧羊人"，现升格为"牧师"，等等。另一种升格则是通过意义的延伸而达到的，如 cool 原意为"清凉、冷静"，现升格为"很吸引人，很时髦"；dexterity 原意为"惯用右手"，现升格为"敏捷"；mellifluous 原意为"充满蜜糖的"现升格为"甜美、流畅"；meticulous 原意为"胆小，谨慎"，现升格为"细心、准确"；sensitive 原意为"善于使用感觉的"，现升格为"观察敏锐的、反应快的"，等等。

4. 词汇教学中词义的降格

词义变化的一种显著结果是词义的降格。以单词"hussy"为例，其原始含义为"家庭主妇"，然而随着时间的推移，其意义经历了缩小和转变的过程，现在更多地被用来描述"轻佻的女子"。这种词义由宽泛到狭窄的变化，即为词义的降格。同样的例子还有 animosity 原意为"勇敢"，现降格为"厌恶"；artificial 原意为"人工的"，现降格为"伪造的"；censure 原意为"判断，估计"，现降格为"谴责，严厉的批评"。另一种降格则是通过意义的延伸而达到的，如 brutal 原意为"动物的、非人类的"，现降格为"野蛮的"；chaos 原意为"鸿沟，裂缝"，现降格为"混乱"；propaganda 原意为"传播"，现降格为"贬义的宣传"；officious 原意为"恪尽职守"，现降格为

"多管闲事",等等。

还有另外一种情况,就是原来的意义不一定降格,而是由于使用频繁而被磨损,像 very(原意为"真实")、awful(原意为"充满敬畏")、terrible(原意为"可引起恐惧"),这可以说是语义漂白。这包括 thing、do、nice、okay 这些词,一个词的漂白程度越高,它在下位量表中就越靠右。thing 原来是指一种议会的市政厅会议,现在可以用来指"事物""议案"和任何一种"生意"。do 原来指"放,置,引起",所以 I did him (to) cry 的意思是"我引起他叫喊"。nice 来自拉丁语 ne+sci,意思是"无知",一直到 13 世纪,它只有"愚蠢"的意思。到 15 世纪,它的意义发展为"害羞",到了 16 世纪,又变为"精致的,爱挑剔的,准确的"意思。一直到 18 世纪,才有"可爱的"意思,最后演变为一个松散的、有肯定意必的形容词。至于 okay 的来源,更是众说纷纭。这个过程也可以说是去词汇化的过程。

(四) 英语词汇教学中词汇场合

英语词汇的应用场景涵盖搭配、习语、短语、语域和风格等多个方面,各个词汇都有其特定的使用场合。以 "hot" 一词为例,在书面语中常用以描述温度高,然而,在口语中,其含义则可能发生显著变化。因此,在使用英语词汇时,需根据具体语境和场合进行精确选择,以确保准确传达所需意义。如 "That is a hot guy." 句中的 hot 是形容一个人身材或是长相很吸引人。

(五) 英语词汇教学中词汇种类

1. 词汇教学中的名词

(1) 名词的定义。名词是表示人、事物、地方、现象及其他抽象概念名称的词。名词可分为专有名词和普通名词。普通名词又可分为个体名词:teacher、集体名词:people、物质名词:water 和抽象名词:happiness,其中前两者属可数名词,后两者一般为不可数名词。

(2) 名词的句法功能。名词在句中可以作主语、表语、宾语、宾语补足语、定语、状语、同位语和呼语等。例如:

Lawyers charge such high fees, but they never seem to be short of clients.

（主语）

I've never seen the man, much less have I spoken to him. （宾语）

The US is definitely a telephone country. （表语）

We chose him leader of our group. （宾语补足语）

Mr. Madison was the company manager. （定语）

The concert will last three hours. （状语）

Mary, my best friend, came to see me yesterday. （同位语）

Ladies and gentlemen, please keep quiet. （呼语）

（3）名词的性。英语虽然不像欧洲其他语言在语法上有"性"的区分，但是英语中的一部分名词随着词义的不同有阴、阳之分，表示男性或雄性动物的名词属于阳性，表示女性或雌性动物的名词属于阴性。例如：

actor（演员） actress（女演员）

host（男主人） hostess（女主人）

heir（继承人） heiress（女继承人）

2. 词汇教学中的动词

动词是用于表达动作和状态的词汇，具有时态、语态和语气等多种形态变化。根据其含义，动词可划分为实义动词（包括及物动词和不及物动词）、连系动词、助动词和情态动词四大类别。其中，实义动词和连系动词存在四种基本形式，即原形、过去式、过去分词和现在分词。

3. 词汇教学中的形容词

形容词是用于修饰名词（或不定代词）的词语，表示人或事物的性质、特征、状态或属性。

（1）形容词的句法功能。形容词在句中可以充当定语、表语和宾语补足语。

第一，作定语。形容词作定语，修饰名词。例如，He is a good student. （定语）但是还有需要特别注意的地方：①形容词修饰由 some、any、every、no 等构成的复合代词时，须后置。例如，I have something interesting to tell you. ②某些表语形容词充当定语时必须后置。例如，He is the greatest man-

157

alive.

第二，作表语。形容词用作表语，与系动词"be"相连，以描述主语的状态或特征。然而，需要注意的是，并非所有形容词都可以作为（前置）宾语使用。特别是那些主要用来描述健康状况的形容词，例如"ill"和"well"，它们通常只可作为表语使用，而不能作为宾语。以字母 a 形头的状态形容词，例如，afraid、alike、awake、alone、alive、asleep 等；其他：sure、unable、worth、drank。修饰这类形容词一般不用 very，而用 much 或其他副词（ill 和 well 除外）。例如，much afraid、fast/sound asleep、wide awake、well worth（doing）等。

第三，作宾语补足语。形容词在句中用作宾补，是用在复合宾语及物动词的宾语后。例如，The news made everyone happy. I think the text very interesting.

（2）形容词的形式。形容词有三种形式，一是形容词本身，称为原级；二是比较级，表示"比较……"；三是最高级，表示"最……"。例如，good→better→best, long→longer→longest, happy→happier→happiest, beautiful→more beautiful→most beautiful.

4. 词汇教学中的副词

副词是表示行为或状态的词

（1）副词的分类。

时间副词，例如：now、usually、often、always。

地点副词，例如：here、there、out、everywhere。

方式副词，例如：hard、well、fast、slowly。

程度副词，例如：very、much、still、almost、nearly。

疑问副词，例如：how、when、why、where。

关系副词，例如：when、where。

连接副词，例如：whether、if。

（2）副词在句中的位置。

第一，时间副词和地点副词的位置一般在句尾。如果这两种副词同时出现在句子中，则把地点副词放在时间副词前面，也可把时间副词放在句首。例如：

Yesterday they went boating in Zhongshan Park.

They went boating in Zhongshan Park yesterday.

但表示不确定时间的副词通常放在行为动词之前，情态动词、助动词和 to be 之后。这些副词有 always，seldom，often，never，rarely 等。例如：

We should always work hard.

We are never late for school.

第二，方式副词在修饰不及物动词时，应置于被修饰词之后；在修饰及物动词时，应放在被修饰的动词之前或宾语之后。若宾语较长，亦可将副词置于动词与宾语之间。例如：

Hespeaks English very well.

Mr. Wang wrote carefully some letters to his friends.

第三，程度副词一般放在被修饰之前（enough 例外）。例如：

You are old enough to do this.

Einstein played the violin fairly well.

第四，副词修饰名词时，一般放在该名词之后；修饰介词短语时，放在该介词前；副词修饰全句时，一般放在句首。例如：

The person there is looking for you.

There's the house, right in front of you.

第五，疑问副词、连接副词、关系副词以及修饰整个句子的副词，通常放在句子或从句的前面。例如：

When do you study everyday?

Can you tell me how you did it?

First, let me ask you some questions.

How much does this bike cost?

The students were reading when the teacher came into the classroom.

（3）副词的句法功能。副词是修饰动词、形容词、副词的词，有时还可以修饰介词（短语）、连词、可数名词或全句。例如：

She often goes to school at 6：50.（她经常 6：50 去学校。）（修饰动词）

This is a very interesting story.（这是一个很有趣的故事。）（修饰形容词）

Can you explain that thing more clearly?（你能把那件事解释得更清楚些吗?）（修饰副词）

He finished his work just before his boss came back.（他正好在老板回来前完成他的工作。）（修饰连词）

第一，作状语。例如：

They usually do that job by themselves.（通常他们自己做那项工作。）

Obviously, she knew nothing about him.（显然，她对他一无所知。）

At class, he talked very loudly.（在班级里，他高声与人谈论。）

He is much clever than Xiaoming.（他比小明聪明得多。）

第二，作定语。例如：

The meeting today is very important.（今天的会议很重要。）

The house around were badly damaged.（周围的房子都受到严重的破坏。）

Write your name, telephone number and address in the form below please.（请在下方的表格中写上你的名字、电话号码和地址。）

第三，作表语。例如：

We will be back in an hour.（我们将在一个小时后回来。）

His son has been away from home for five years.（他儿子已离家五年了。）

第四，作宾语补足语。例如：

We will pick him up at the airport tomorrow.（明天我们将去机场接他。）

Put your capon when you are out.（出门的时候戴上帽子。）

（4）副词的形式。副词和形容词一样，也有三种形式。一是副词本身，称为原级；二是比较级，表示"比较……"；三是最高级，表示"最……"。例如：fast→faster→fastest, hard→harder→hardest, badly→worse→worst, quickly→more quickly→most quickly.

5.词汇教学中的代词

(1)代词的分类。代词可分为人称代词、物主代词、反身代词(包括相互代词)、指示代词、疑问代词、连接代词、关系代词和不定代词。下面主要探讨反身代词(包括相互代词)、指示代词、疑问代词、连接代词、关系代词和不定代词

第一,反身代词:(单数)myself、yourself、himself、herself、itself;(复数)ourselves、yourselves、themselves.

第二,相互代词:one another、each other.

第三,指示代词:this、that、these、those.

第四,疑问代词:who、whom、whose、what、which.

第五,连接代词:who、whom、whose、what、which.

第六,关系代词:who、whom、whose、that、which.

第七,不定代词:somebody、anybody、everybody、nobody、someone、anyone、everyone、no one、something、anything、everything、nothing、all、another、any、both、each、either、few、little、many、much、neither、none、other、some.

(2)代词的句法功能。代词用来代替名词,在句中可充当主语、宾语、表语、同位语和呼语。例如:

He suddenly became conscious that he was the only man in the bus.(主语)

The bag is not mine.(表语)

This caused me to miss the early train.(宾语)

You both are right.(同位语)

Be quiet,everybody.(呼语)

6.词汇教学中的冠词

冠词是一种虚词,没有词义,没有数和格的变化,不能单独使用,只能帮助名词或起名词作用的其他词类说明其意义。冠词的类型有两种:不定冠词 a、an 和定冠词 the。

（1）不定冠词的用法。

A plane is a machine that can fly.

A steel worker makes steel.

A square has four sides.

（2）定冠词的用法。

第一，特指某个或某些人或事物，或指谈话双方都知道的人或事物，或复述上文提到过的人或事物。例如：

Wei Fang, take the chair to the classroom.

How do you like the film?

There was a chair by the window. On the chair set a young woman with a baby in her arm.

第二，指世界上独一无二的事物。例如：

The earth is bigger than the moon, but smaller than the sun.

We have friends allover the world.

第三，用在序数词和形容词及副词的最高级之前。例如：

Miss Yang teaches the first class.

Of all the stars the sun is the nearest to the earth.

第四，和某些形容词连用，表示某一类人。例如：The rich, the poor, the wounded, the dead.

第五，用在某些专有名词前。①在姓氏的复数形式前，指一家人。例如：The Greens are sitting at the table. ②在含有普通名词的专有名词前。例如：the People's Republic of China、the Great Wall。③在江河、山脉、海洋、湖泊、群岛的名称前。例如：the Red Sea、the Salt Lake.

第六，在许多习惯用语中。例如：in the morning、on the left、in the end、at the back of.

（3）零冠词即不用冠词的情况。

第一，专有名词、物质名词、抽象名词、人名、地名等名词前，一般不加冠词。①当一个抽象名词或物质名词被限定时，它前面要用定冠词 the。

例如：The milk in the bottle has gone bad. ②抽象名词或物质名词前或后加上表示其特殊性质或类别的修饰词，指概念的"一种""一类""一次"等时，可用不定冠词，但不能用定冠词。例如：Physics is a science.

第二，可数名词前有物主代词、指示代词、不定代词、名词所有格等限制时，不再加冠词。例如：This book is mine, your book is over there.

第三，季节、月份、星期、节日、假日、一日三餐名称前一般不加冠词。例如：March、MayDay、Sunday、National Day、Children's Day、Women's Day. 如果季节、月份、三餐等被一个限定性定语修饰，就要加冠词。例如：Zhao Hai left Shanghai in the winter of 1995.

第四，称呼语及表示头衔、职务的名词作宾语、补足语及同位语时，一般不加冠词。例如：Premier Zhou、Professor Liu.

第五，学科名称、球类、棋类名词前不加冠词。例如：

English is taught in most middle schools.

The old are playing chess under the tree.

第六，表示泛指的复数名词前不用冠词。例如：Eats don't like cold weather.

第七，在与 by 连用的交通工具（或交通方式）名称前不加冠词。例如：by car, by bus, by bike, by train, by air, by sea, by boat, 但 take a bus, come in a boat, on the train/bus 需加冠词。

第八，表示语言的名词前一般不用冠词。例如：Chinese（中文）、English（英文）、French（法文），但是在这些词之后加上 language 一词时，要用定冠词，例如：the Chinese language、the English language.

第九，在 turn（作"变成"解）后作表语的名词前不用冠词。例如：He was a medical student before he turned writer.

第十，在一个"普通名词（或形容词最高级）＋as"的让步状语从句中，前面不用冠词。例如：

Child as he was, he had to make a living.

Shortest as (though) he is, he runs fastest in our class.

第十一，在某种独立结构中不用冠词。例如：He entered the forest, gun in hand.

第十二，某些固定词组中不用冠词。①介词词组：to（at, from）school、in (to) class、in (to, at, from) university (college)、to (in, into, from) church、to (in, into, out of) prison (hospital, bed)、atnight (noon, midnight)、to (at) sea、in (on) time.②成对使用的词组：husband and wife、young and old、hand in hand、sun and moon、bread and butter、knife and fork.

7. 词汇教学中的介词

用来表明名词或代词（或相当于名词的其他词类、短语或从句）与其他句子成分的关系的词，叫介词。

（1）介词的分类。介词可按照词意分为三类：一是表示时间的介词。如：on（upon）、in、at、after、before、by、during、towards、since、till、until、for、over 等。二是表示地点的介词。如：in、at、on、under、over、near、down、from、onto、out of、beside、between、among、into、off、inside、behind、beyond、through、outside、within 等。三是介词短语。如：be interested in、instead of、due to、inspite of、be good at、be satisfied with、according to、because of、owe to 等。

（2）介词的句法功能。介词在句中不能单独充当任一成分，只有构成介词短语后才能充当任一成分。介词短语可以在句中作状语、表语、定语和宾语补足语。例如：

Cook it for an hour.（状语）

"It's for you," he said.（表语）

He seemed to have the key to the exercises.（定语）

He was among the first to do the job.（宾语补足语）

8. 词汇教学中的连词

用来连接词、短语、从句与句子的词，叫作连词。

（1）连词的分类。连词可以分为两类，即并列连词和从属连词。

第一，并列连词。

but、however、yet（表转折关系）

for、so、therefore、hence（表因果关系）

and、or、either…or、neither…nor、not only…but also、as well as（表并列关系）

第二，从属连词。when、while、as、before、after、until（表时间）

if、unless、supposing（表条件）

in order that、so that（表目的）

so…that、such…that、so（表结果）

because、as、since（表原因）

although、though、even though、while（表让步）

as、as if、as though、like（表方式）

where、wherever（表地点）

than、as（表比较）

（2）连词的句法功能。连词是一种虚词，在句中不能充当一个句子成分，但在句中起连接的作用，连接词与词或句与句。例如：

When he came back, he found something wrong in his house.

He was so fat that he could not climb up that hill.

Mary, as well as Rose, is a good student in that school.

She likes not only music but also sport.

We didn't stop until he came.

9. 词汇教学中的数词

表示数目多少或顺序多少的词叫作数词。

（1）数词的分类。数词可以分为基数词和序数词。

第一，基数词。

基数词 1~12：one, two, three, four, five, six, seven, eight, nine, ten, eleven, twelve.

基数词 13~19 都是以－teen 结尾：thirteen, fourteen, fifteen, sixteen,

seventeen、eighteen、nineteen.

基数词 20、30、40 等都是以－ty 结尾：twenty、thirty、forty、fifty、sixty、seventy、eighty、ninety.

基数词 21～99 是由"几十"和"几"合起来构成，中间加连字号。例如：twenty－one、thirty－two、fifty－five.

汉语中有"百、千、万、亿"等单位，而英语中有 hundred、thousand、million 等，但没有表示万和亿的专门单词，要用十进位的方法推算出来。

第二，序数词。序数词第一、第二和第三为 first、second 和 third，其他序数词的构成是在基数词后加－th。例如：fourth、sixth、seventeenth.

（2）数词的用法。

第一，编号既可以用序数词，也可以用基数词。例如：the tenth lesson/Lesson Ten 第十课、有的编号习惯上常用基数词。例如：Room 321（321号房间），这和汉语中有时不用"第几"而用基数词表示序数的用法相同。如："三楼""一百二十二号"等。

第二，年、月、日中，年用基数词，日用序数词。例如：1985 年 5 月 1 日，写作 May1，1985，读作 May（the）first，nineteen eighty－five. 英语年份的读法为一般先读前两位数，再读后两位数。

10. 词汇教学中的感叹词

感叹词是用来表示说话时表达喜、怒、哀、乐等情绪的词。它不构成后面句子的一个语法成分，却在意义上与它有关联，后面的句子一般说明这种情绪的性质或原因。常用的感叹词：ah、oh、gosh、well、what、why、wow、hurrah、good lord、damn、blast 等。感叹词是用来表示说话时的情感或情绪的，在句中也不能充当一个成分，但在意思上与后面的句子有关联。例如：Wow，it's wonderful！

（六）英语词汇教学中词汇用法

词汇用法就是各类词的不同用法，如名词的可数和不可数，动词的及物和不及物，及物动词的扩展模式，应接怎样的宾语，不定式还是动名词，能否接从句，能否接复合宾语等。例如，只能接动名词而不能接不定式的词：

allow、permit、consider、suggest 等。

二、高校英语词汇教学的基本原则

（一）英语词汇教学的一般原则

英语作为一门基础学科，有其自身的规律性和特殊性，为有效组织词汇教学活动，英语词汇教学的一般原则如下：

1. 英语词汇教学的系统性原则

语言要靠长期系统地学习，语言是个庞大的系统，词汇与语言其他组成部分之间、词汇内部各组成部分之间存在着广泛的必然的联系。英语词汇教学就要从全局性考虑。因此，每个教学环节和教学内容都要按教学的整体来考虑，根据认知规律，从易到难，逐层加深。

2. 英语词汇教学的数量与质量统一原则

英语词汇量极其丰富，是一个日积月累、长期发展的结果。对词汇的掌握也应是一个渐进的过程，拼写、语义、用法都要按层次，逐步提高，这个提高过程也是词汇教和学在质的方面的发展过程。学生在自然推进的过程中，逐步加深对词汇各个细节方面的认识，尤其是对词的各种意义联系和用法搭配的掌握。词汇学习是一个质与量并举的系统。词汇学习中量的因素包含学生所能达到的词汇量，质的因素包括对词义的正确阐释和使用。二者是一个有机联系的整体，没有词义的正确阐释和使用，词汇的存储和提取就毫无意义，词汇的存储和提取归根到底又是为了语言意义的表达和人际交流。词汇的数量与质量是相辅相成、相互促进的两个方面。对一个词的认知越全面，越有助于学到更多的词，越会将词汇的搭配使用得更加广泛，词汇之间的联系性、系统性认识得到加强，词语的巩固和使用的熟练程度就会提高。

3. 英语词汇教学的词汇知识原则

学习词汇就是学习有关词汇的知识，因为学生不大可能对语音规律、构词法、组合、衔接等系统地自学，教师就应该把这方面的知识传授给他们，以减少他们学习词汇的困难。例如，向学生介绍词的派生、词类转换、词类构成的复合法、缩略法等词汇知识显然有助于学生掌握一定的构词规律。当学生掌握了一定的词汇学知识后，他们在对词汇的识别、发音、理解、记忆和使用方面自然会有很大的提高，从而扩大词汇量。

4. 英语词汇教学的语用原则

尽管英语词汇教学的涉及面非常广，但核心问题仍然是如何让学生高效快捷地掌握一定的词汇量并能把它们运用于交际。因此，在词汇教学的过程中，要尽量多创造各种各样的语用环境，鼓励学生通过读、听、说、写、译各种方式，全面提高自己的词汇运用能力。针对不同的学生，按照不同的要求，把词汇和语境、功能结合起来。尤其要注意词汇知识与具体情景的结合，利用生活情景、模拟交际情景等，帮助学生理解和记忆词汇的意义，掌握其恰当的用法。

（二）英语课堂词汇教学的原则

英语词汇教学有着丰富的内涵，完全掌握一个词，应包括掌握它的意义、拼写、读音、搭配、语法形式、文体、联想以及它的词频。然而并非每一个词都需要教师在课堂上讲解。为了有效促进学生的词汇学习，提高课堂词汇教学效果，教师必须树立正确的词汇教学观，通过精心策划、巧妙地设计教学活动，提高学生的词汇学习能力，使他们形成良好的词汇学习习惯，从而夯实英语基础，达到在尽量少的时间里得到尽量大的学习实效的目的。英语课堂词汇教学的原则如下：

1. 英语课堂词汇教学的兴趣原则

学习英语先要培养对英语的兴趣并努力发展这一兴趣。如果学生对英语没有兴趣，就不会有持续的干劲和动力，英语学习将很难坚持下去。反之，一旦学生对英语有了兴趣并努力地发展这一兴趣，那么，他就会带着强烈的欲望去读英语，听英语，说英语，写英语，就会主动地找人去练英语，找一切机会提高自己的英语水平。不知不觉中学生的英语水平就会提高，不知不觉中学生也就把英语学会。所以，"兴趣"对学好英语有举足轻重的作用。因此，教师应该有意识、有步骤地去培养和发展学生对英语的兴趣，通过多种多样的教学活动，引发学生的好奇心，培养学生学习词汇和运用词汇的兴趣，从而扩大学生的词汇量。

2. 英语课堂词汇教学的直观性原则

在英语教材中，特别是针对基础教育的部分，绝大多数词汇均为活用词汇。这些词汇大多为常见且常用的，或者与可直接观察的事物存在直接联系，包括但不限于名词、动词、形容词以及人称代词。例如，表示事物外在特征的 big、small、tall、short、thin、fat 等；表示周围事物的 window、door 等；表示颜色的 blue、green 等；表示常见动作的 walk、sit、standup 等；表示人称的 I、you、he、she、their、our 等；表示人对事物评价的 good、excellent 等；表示人的感觉的 cold、bot、cool 等。这些教材多是生动活泼的口语，有很多形象直观的插图。所以，在词汇教学中可设计各种各样的语言环境，把枯燥的词汇用直观的形式展现出来。这种直观的教学形式可以使学生置身具体的环境之中，激发学生的英语学习兴趣和积极性，并有助于学生理解所学词汇的含义，从而促使学生将英语与客观事物联系起来。

在英语词汇教学中，教师可以借助多种手段将词汇教学直观化：一是实物直观，即教师注意利用教室的环境就地取材，或提前准备物品直观呈现语言项目；二是形象直观，主要指教师运用模型、图片、卡片、简笔画、电教设备等模拟实物的形象来呈现语言项目；三是言语、动作直观，即教师运用听、说、唱、做、演、画等方式，通过生动的语言、良好的表情、形象化的动作吸引学生注意力，使学生较快地理解单词，识记语言项目。以上直观教具的运用，可以使教师充分调动学生多种感官，使他们在看得见、听得到、摸得着的教学过程中习得英语词汇，发展思维，培养能力，刺激记忆。

3. 英语课堂词汇教学的情境性原则

传统的词汇教学通常是先教词的读音、拼写，再解释词的构成及其语法范畴，然后罗列词的各种意义和用法，最后进行造句练习。这种将单词的读音、拼写、语法、意义、用法和运用相互孤立的教学很容易使学生感到枯燥无味，不仅不利于学生理解和掌握所学的词汇，而且很容易使他们对英语学习失去兴趣和积极性。在实际的语言交际中，人们表达思想一般都是以句子为单位的，而词只是句子的组成部分。因此，词汇的教学不应该是孤立的，而要与句子、语段结合起来，还要设置情境，借助情境来进行词汇教学。只有将词汇教学融入一定的情境中,学生才会更好地理解语言材料中的词义,掌握词的用法。此外,词的许多语音特征、变化规律以及不同意义的展示也只有在句型情境中才能综合地体现出来。在情境中教单词,不但可以帮助学生理解词义,加强记忆,而且有助于学生把所学词汇在交际中恰当地使用。因此,教师要根据教材内容,想尽办法创设语言环境,使学生置身于一定的语言情境之中,从而使学生能够处在较为真实的情境中进行多种语言练习。

4. 英语课堂词汇教学的联系原则

人的记忆中,词汇并非孤立存在,而是经过分类整理后储存。尽管英语词汇数量庞大,达数百万之多,但其核心词汇数量相对较少,且其中大部分为多义词。这些词汇的不同意义之间,通常存在着内在联系,进而形成一个以相关性为基础的概念群体。而且有些词汇由于语义上的联系,形成了记忆中的词汇链,只要记起其中的一个,就会联想到其他词,所以,教师应指导学生如何将新词汇的学习及概念的获取联系起来,把语言意义和组词联系起来,同与之相关的旧词相联系,指导学生掌握一词多义之间的相关性,把握英语词汇意义的构成规律,从而更好地掌握英语词汇的意义以达到温故而知新的目的。

5. 英语课堂词汇教学的关键词及积极词汇原则

一篇文章的关键词构成语篇的精髓,抓住了关键词,不仅有助于理解文章,而且在表达上也能言简意赅。当关键词出现时,教师应详细讲解,让学生掌握这些关键词。此外,教师要求学生对积极词汇和消极词汇的掌握应有侧重。积极词汇指能熟练应用于口头、笔头的英语词汇。消极词汇指仅限于认识水平的词,即能听懂或读懂的词汇。在课堂上,我们不可能要求学生掌握所有的生词,因为这些词并不处在同一个语用价值和交际功能层次。有一些词汇处于交际功能的底层,却起着重要的交际作用。教师则应根据其在交际中的价值,区别对待。一般而言,两者应保持适当的比例,尽可能促进消极词汇向积极词汇转化,但转化的途径是不同的。主要的一种转化是在英语课中,由教师通过大量的练习指导学生自觉地实现的。还有一种转化是靠教师引导学生在英语课后在大量阅读的基础上自然地、无意识地实现的。

6. 英语课堂词汇教学的数量有度原则

词汇的学习有一个自然选择的过程和适者生存的规律。词汇的掌握也有从量的积累到质的飞跃的运动过程。在英语课堂教学实践中，词汇量的真正提高并非是数量的简单增加。然而，英语词汇教学实践中，一些教师常常抛开课文单独讲解词汇，而且一堂课讲解的新词较多，这种教学方法割裂了词汇与课文的紧密关系，使得很多同学只知认词，不知辨词，不能正确指出它们在语言表达、使用场合方面的不同。这种课堂教学使得有的同学背单词只讲数量而忽略了质量，如有的学生一天可以强记 50 个单词，但是对于单词词义的理解只停留在词典所提供的汉语意思上，而对所背的单词在上下文语境中的确切含义以及单词的感情色彩、使用场合、介词搭配等一概不问。这样容易导致学生无法正确做题，并且在写作文的时候经常词义混淆，词不达意。因而，教师在课堂教授新词汇时，在数量上应予以适当的控制。

7. 英语课堂词汇教学的循序渐进原则

英语学习的进展是逐步且有条理的，同样，英语词汇的积累也是一个渐进的过程，无法一蹴而就。鉴于英语词汇的总量极为庞大，涵盖简单至复杂的不同层次，词汇教学必须遵循有序、系统的原则，避免无章可循、无序混乱的教学方式。教师在讲解词的意义和用法时，应遵循由少到多、由易到难、由浅到深的原则。当所学词汇初次出现时，其范围不可超出所学材料；随着教材中新词义和新用法的出现，逐步扩大范围，加深认识。在词汇学习起始阶段，要由旧到新，即在学习新的意义和用法前复习已学的意义和用法；不能超越学生的英语水平，即不能提前讲授学生尚未接触到的词义和用法。

8. 英语课堂词汇教学的集中与分散相结合原则

在英语词汇教学中，结合集中教学与分散教学是一种极为有效、必要和可行的策略。通过集中教学，我们能够使词汇学习更具系统性，更有效地发挥学生的智力优势。同时，随着学习强度的增加，学生的记忆力将得到锻炼，从而迅速提升其非智力因素的修养。这一举措不仅符合教育规律，而且能够全面提升学生的英语词汇掌握能力。但是集中教学法并不适用于任何情况的教学，长期使用也会使学生感到厌倦。所以将集中教学和分散教学相结合是最好的办法。集中教学的特点主要体现在以下方面：

（1）词汇选择。在词汇选择上，集中教学不仅包括教科书后词汇表上的词，而且还有一些常用词。前者能够扫清课内教学的障碍，后者可以为课外阅读创造条件，二者相互结合，不仅有助于学生扩大词汇量，而且可以培养学生养成课外阅读、课外自主学习的习惯。

（2）方法程序。集中教学的方法程序包括：一是思想动员。向学生说明集中识词记词的可能性、任务、方法、困难与利弊等，同时也要求学生做单词卡片，每词一卡。二是系统介绍记忆与遗忘的规律。介绍记忆成批词的循环记忆法和记忆单个词的分析结构、联想、对比等方法，介绍减少遗忘的方法。三是先示范100个词，小结经验，然后才正式开始集中识词。每天一节课教100个词，每周识500个词，复习一次，集中学习1200个词。

（3）优势特点。集中教学的优势特点包括：一是突破词汇难关，为其他方面的教学做好铺垫；二是在短期内让学生树立学好英语的心理优势，每节课学习100个词，以后碰到几十个词的材料也就不感到恐惧，消除学生对英语的一种恐惧心理；三是有效培养学生的记忆能力，学会科学记忆的方法，对将来一生都有用。

在完成集中教学后，为确保学生能够深入理解、全面掌握并灵活运用所学单词，必须安排分散巩固的环节。这里的分散指的是将原本集中成组的词汇分散至词组、句子和文章中，通过听、说、读、写等多元化训练，将知识转化为实际技能，使词汇记忆由短暂向长期转变。这一步骤对于提高学生的学习效果至关重要。分散实质上是将大量集中知识学习转化为大量集中技能的训练。当然，从形式上讲，分散是把词汇教学由集中于词汇课分散到其他课和环节上去。集中教学可以使词汇教学具有系统性，而分散记忆可以减轻学生的记忆负担，两者结合可以提高词汇教学的效果。

9. 英语课堂词汇教学的实践性原则

英语课堂词汇教学的实践性原则强调的是精讲多练，以学生为中心，从而改变教师满堂灌的现象。要精讲活练，不要一味地机械性死练，切忌出现教师一个人讲的情况，自始至终都要调动学生的参与热情。词汇教学和词汇练习还应突出交际。通过交际实践活动，培养学生的自学能力，使学生学会利用上下文，利用新旧概念、构词法和工具书等进行自学。要求学生进行充分的阅读，提高阅读能力。因为语感和语言的运用能力紧密相关，语感的培养是英语学习的关键，而大量地听、说、读、写则可逐渐培养语感。培养学生养成良好的学习习惯，提高自身素质。

第二节　文化视域下的高校英语词汇教学

在文化视域下进行高校英语词汇教学可以帮助学生更全面地理解和运用英语词汇，同时培养他们的语言交际能力。文化视域下的高校英语词汇教学需要注意以下方面：

第一，文化背景介绍。在高校英语词汇教学中，英语教师要引入词汇的文化背景，包括在不同文化背景下的含义、用法以及常见搭配等方面，来帮助学生更好地理解词汇。教师可以通过举例或者讲解词汇在不同文化中的使用情况，引导学生认识到词汇的多义性和丰富性。例如，英语教师可以讲述英文单词"tea"在英国文化中代表下午茶的概念，而在中国文化中则更多指的是茶水。通过这样的讲述，学生可以理解到同一个词汇在不同文化中的使用场景和意义有所不同。通过文化背景介绍，学生不仅可以拓展词汇的应用场景，还能够增进对文化多样性的认识和理解。

第二，文化交际实践。在高校英语词汇教学中，通过各种活动，如角色扮演、情景模拟等，学生可以在真实的交际环境中运用所学词汇，从而增强他们的语言交际能力。这样的活动不仅可以帮助学生将词汇应用到实际生活中，还能够更好地理解词汇的用法和含义。例如，通过角色扮演，学生可以扮演不同的角色，模拟各种真实场景，如购物、旅行、商务会议等，从而在实践中学习词汇的使用。这种实践性的学习方法不仅提高了学生的学习兴趣，还促进了他们的语言交际技能的发展。

第三，文化阅读材料。在高校英语词汇教学中，选择包含丰富文化元素的阅读材料对学生的词汇学习至关重要。这些材料不仅仅是为了帮助学生扩展词汇量,更是为了让他们通过阅读理解不同文化背景下词汇的使用方式和含义。通过阅读文化相关的材料,学生能够深入了解词汇背后的文化内涵,从而更加全面地掌握词汇的应用场景和意义。通过文化阅读,学生可以感知不同文化对词汇理解和运用的差异。英语教师可以引导学生分析文化差异对词汇理解的影响,并展开相关讨论。通过讨论,学生能够深入思考词汇与文化之间的关系,进而更好地理解词汇的多样性和灵活运用。例如,通过比较英美文化中对于"家庭""友谊"等概念的词汇使用,学生可以发现不同文化背景下对这些概念的理解和表达方式的差异,从而增进对不同文化的理解和尊重。

第四,文化主题教学。在高校英语词汇教学中,英语教师可以以文化主题为线索,将词汇教学与文化学习相结合,让学生通过学习与文化相关的词汇来了解和探讨不同文化。例如,可以选择"节日""传统食物""民间故事"等主题,以此为基础进行词汇教学。通过这些主题,学生不仅可以学习到与之相关的词汇,还能够了解不同文化的特点和传统。在学习"节日"主题时,学生可以学习到各种节日的名称、庆祝方式以及相关活动的词汇,从而了解到不同文化背景下的节庆习俗和文化传统。而通过学习"传统食物"和"民间故事"等主题,学生则可以了解到不同文化背景下的饮食习惯和民间文化传承。这种以文化主题为核心的词汇教学方法,不仅可以帮助学生扩展词汇量,还能够促进文化交流和理解。

第三节 高校英语语法教学的内容与要素

一、高校英语语法教学的主要内容

(一)语法教学中的词法与句法

初级阶段的语法教学包括两大部分:词法和句法。词法可进一步分为构词法和词类。构词法具体涉及词缀、词的转化、派生、合成等。词类包括静态词和动态词。句法主要有三个部分：句子成分、句子分类、标点符号。其中，句子成分涉及主语、谓语、宾语、定语、状语、表语、同位语、独立成分等。对于句子的分类，按照句子的目的可以分为陈述句、疑问句、祈使句和感叹句；按照句子的结构可以分为简单句、复合句和并列句。此外，与句子有关的还包括主句、从句、省略句等。标点符号也是句法中的重要组成部分。

（二）语法教学中的章法

随着社会经济的发展，英语教学的内容在不断丰富，语法教学的内容也更加深化，除了包含词法、句法外，还包含章法。章法是语法教学在高级阶段的主要内容。学习者对于词法和句法进行一段时间的学习之后，已经打下坚实的语法基础，此时再进行章法的学习就比较容易。章法的教学内容主要涉及句子之间的逻辑关系、篇章的结构逻辑等。例如，表示比较对照的词语，如 by contrast，by comparison，unlike；表示顺序的词语，如 first，second，then，finally 等都属于章法的范畴。

（三）语法教学中的句法关系

第一，替代关系。所谓替代关系，指的是在同一个语法位置上，有些词或词组可以相互替换。例如：The girl smiles. 上例中的 girl 可以替换为 boy，woman，man 等。另外，替代关系并不仅仅指词与词的替换，还可以用特定集合的由多个词构成的词组来进行替代。

第二，同现关系。同现关系指在不同组分的句子中，某些词语能够要求或允许与另一组词语同时出现，共同构成句子的特定部分。例如，在名词短语中，可以前置形容词或限定词，后续则可连接动词短语等。同现关系在一定程度上体现了词语的组合关系，同时也涉及词语的聚合关系。

（四）语法教学中的语法层级

第一，短语。短语通常是由一个或多个词构成的单一成分结构。短语在结构等级中位于小句和词之间。短语往往围绕一个中心词展开。中心词是在短语中起语法作用，同时受其他词所修饰的词。根据中心词词性的不同，英语短语可以分为名词短语、动词短语、副词短语等。

第二，句子。在传统意义上，句子是语言中可表达思想的最小语言单位。传统分法从结构上对句子进行二分，将句子分为简单句与非简单句；根据句子的功能，句子可分为陈述句与祈使句。

二、高校英语语法教学的根本要素

（一）语法教学中的概念要素

在英语语法教学过程中，教师先应该着重介绍基础的语法概念，包括但不限于名词、代词、动词、形容词、副词、介词和连词等。通过这些基本概念的阐释，学生能够建立起对语法体系的初步认识，并逐步理解它们在句子结构中的作用和相互关系。名词作为句子的主语或宾语，代词则用来替代名词以避免重复，动词表达了动作或状态，形容词描述名词的特征，副词则修饰动词、形容词或其他副词，介词用来表示名词与其他词之间的关系，连词则连接各种句子成分。通过深入理解这些概念，学生能够更加清晰地把握句子结构的构成，为后续学习打下坚实的基础。这种基础知识不仅对于学生的语法学习至关重要，也为他们日后的英语应用提供了可靠的基石。因此，高校英语语法教学中对基本概念的阐释和理解显得尤为重要和必要。

（二）语法教学中的规则要素

除了基本概念外，学生需要深入学习各种语法规则。这些规则涵盖了语言的各个方面，包括但不限于时态、语态、句型结构、主谓一致、名词单复数、代词的使用，以及形容词和副词的比较级和最高级等。通过对这些语法规则的学习，学生能够逐步掌握语言表达的准确性和规范性。时态是语法中一个重要的概念，它指示了动作发生的时间。了解不同时态的用法，可以帮助学生准确描述过去、现在和未来的事件。语态则涉及动作的主动或被动表达方式，对于写作和阅读理解都至关重要。此外，句型结构和主谓一致性是构建正确句子的关键，学生需要学会根据语法规则构造通顺、连贯的句子。名词单复数和代词的使用也是语法教学中不可或缺的部分。掌握名词的单复数形式以及代词在句子中的替代作用，有助于避免语言表达中的重复，使语言更加简洁明了。形容词和副词的比较级和最高级则是语法规则中的另一个重点，它们用来描述名词和动词的程度或比较关系，对于丰富语言表达、突显重点具有重要作用。

（三）语法教学中的分析要素

学生需要掌握如何分析句子结构，以便理解句子中各个成分的作用和相互关系。学生需要能够识别句子的基本要素，包括主语、谓语和宾语。主语通常是句子中的主要主题或执行者，谓语则描述主语的动作或状态，而宾语则是动作的接受者或影响者。除了主要的句子成分外，学生还需要学会识别和分析其他成分，如定语和状语。定语用来修饰名词或代词，通常用来提供额外的信息或限定名词的范围。状语则用来修饰动词、形容词或副词，表示时间、地点、方式、原因等信息，从而丰富句子的含义和表达。此外，学生还需要理解这些成分之间的关系。例如，定语通常位于被修饰词的前面或后面，而状语则可以在句子中的不同位置出现。通过深入分析句子结构，学生能够更好地理解句子的含义和逻辑关系，从而提高对英语语言的理解和运用能力。

（四）语法教学中的练习要素

语法练习是巩固语法知识的重要步骤。通过反复练习，学生能够加深对语法规则的理解，并提高运用这些规则的准确性和熟练度。教师在设计语法练习时可以采用多种形式，以满足不同学生的学习需求和学习风格。其中，填空题是一种常见的练习形式。通过填空题，学生需要根据所学的语法知识来选择合适的单词或词组，填入句子中相应的空格中。这种练习形式能够帮助学生加强对语法规则的记忆和应用能力，同时培养他们对句子结构的敏感度。改错题也是一种常用的语法练习形式。在改错题中，教师会故意在句子中加入一些错误，例如错误的时态、语态、代词使用等，学生需要发现并纠正这些错误，从而加深对语法规则的理解和应用。另外，句子转换练习也是一种有效的语法练习方式。在这种练习中，学生需要根据所给的句子，按照规定的要求进行转换，例如改变句子的时态、语态，或者改变句子的句型结构等。通过这种练习，学生不仅可以加强对语法规则的掌握，还能够提高句子表达的灵活性和多样性。

（五）语法教学中的应用要素

语法应用是培养学生语言能力的重要环节。学生不仅需要理解和掌握语法知识，还需要能够将其运用到实际的语言表达中。这包括写作、口语交流等各种语言活动。写作是学生在语法应用中最为常见和重要的形式之一。通过写作，学生可以将所学的语法知识运用到实际的句子和段落中，从而提高语言表达的准确性和流畅度。教师可以设计各种写作任务，如作文、翻译、摘抄等，帮助学生巩固和应用所学的语法知识。除了写作，口语交流也是语法应用的重要形式之一。在口语交流中，学生需要能够灵活运用所学的语法知识，构建连贯、流畅的口语表达。教师可以设计各种口语练习，如角色扮演、小组讨论、口语演讲等，让学生有机会在实际交流中运用所学的语法知识，并及时纠正和改进。除了写作和口语交流，还可以通过阅读和听力等方式进行语法应用。通过阅读不同类型和难度的文本，学生可以加深对语法知识的理解，并学会将其应用到阅读理解和写作中。通过听力练习，学生可以提高听力理解能力，并学会从听力材料中捕捉和理解语法结构。

第四节　文化视域下的高校英语语法教学

文化视域下的高校英语语法教学是一个涉及语言学、文化学和教育学的复杂领域。在传统的英语语法教学中，重点通常放在语法结构的掌握和应用上，而文化视域下的语法教学则更注重语法知识与文化背景的结合，文化视域下的高校英语语法教学需要注意以下方面：

第一，文化意识。在高校英语语法教学中，英语教师应当着重培养学生的文化意识。通过引导学生思考语法结构与文化之间的联系，英语教师可以促进学生对不同文化间差异的理解。例如，英语教师可以探讨不同文化中对于礼貌用语和表达方式的不同习惯：西方文化中通常注重直接表达观点，而东方文化则更加注重委婉和含蓄。这些差异不仅仅影响了人们的交流方式，也深刻影响了语法结构的运用。在英语语法教学中，可以通过分析具体的语言现象，如礼貌用语的运用、表达方式的选择等，引导学生深入思考语法背后所蕴含的文化因素。

第二，语境化教学。语境化教学是一种强调语法知识在实际交流中应用的方法，通过设计真实情境下的交际任务，教师可以促使学生在实践中学习语法规则。这种方法包括模拟对话、角色扮演等活动。在模拟对话中，学生可以扮演不同的角色，从而更好地理解语法规则在实际交流中的运用方式。例如，他们可以扮演旅游者和导游之间的对话，通过这样的活动，他们不仅可以学习到关于时间、地点和动作的语法规则，还可以了解到文化差异对语言表达的影响。而角色扮演活动则可以让学生充分沉浸在特定场景中，如商务会议或者社交场合，从而更好地体会到语法在不同场景中的灵活运用。

第三，文化素材融入。在高校英语语法教学中，首先，教师可以通过传授语法知识的同时，向学生介绍英语国家的文化背景，让他们更好地理解语言现象背后的文化因素。其次，教学内容可以结合丰富多彩的文化素材，如文学作品、电影、音乐等，来呈现语法规则在实际语境中的运用。学生可以通过分析歌曲、影视剧等媒体中的语言表达方式，深入了解英语国家的文化内涵，从而更加自然地掌握语言规则。特别是在文化素材融入的过程中，教师可以选择一些充满文化内涵的歌曲进行讲解。通过分析歌词中的语法结构，学生不仅能够理解语言规则的运用，还可以发现其中所蕴含的文化观念和价值取向。

第四，比较文化学习。除了文学作品、电影和音乐等文化素材的应用之外，比较不同文化间的语法特点也是一种有效的高校英语语法教学方法。通过这种比较，学生能够更深入地理解语法规则背后的文化差异。比较文化学习的过程可以涉及不同国家或地区的语法结构、语法使用习惯以及语法在日常交流中的应用方式。例如，对比英美英语中的动词时态使用规则，学生可以发现在不同文化背景下，对时间概念的表达方式可能存在差异，反映不同文化对时间的认知和价值观的差异。通过这样的比较，学生们不仅能够更好地理解语法规则，还能够领悟语言与文化之间的紧密联系，培养出更为敏感和开放的文化视野。

第六章 文化视域下的高校英语听力与口语教学研究

第一节 高校英语听力教学的目标与内容

一、高校英语听力教学的目标层次

"提升高校大学生听力能力是高校英语教学中的重要目标之一"[1]，所以，高校英语教学目标是培养学生的英语应用能力，增强学生交际意识和交际能力，同时发展自主学习能力，提高综合文化素养，使他们在学习、生活、社会交往和未来工作中能够有效地使用英语，满足国家、社会、学校和个人发展需要。

高校英语教学目标分为基础、提高、发展三个等级。在这一三级目标体系中，基础目标旨在满足非英语专业学生的英语学习基本需求；提高目标则针对那些入学时英语基础较好且对英语有较高需求的学生；而发展目标是根据学校人才培养计划的特殊需求以及部分学有余力学生的多元化需求来设定的。高校英语教学与高中英语教学相衔接，各高校可以根据自身实际情况，自主确定起始层次，并自主选择相应的教学目标。分级目标的设置增加了课程设置的灵活性和开放性，有利于实施能够满足学校、院系以及学生个性化需求的高校英语教学。

---

[1] 靳昭华，王立军. 输出驱动理论在高校听力教学中的应用[J]. 中国市场，2015（28）：2.

第一,高校英语听力的基础目标:能听懂就日常话题展开的简单英语交谈;能基本听懂语速较慢的音、视频材料和题材熟悉的讲座,掌握中心大意,抓住要点;能听懂用英语讲授的相应级别的英语课程;能听懂与工作岗位相关的常用指令、产品或操作说明等;能运用基本的听力技巧。

第二,高校英语听力的提高目标:能听懂一般日常英语谈话和公告;能基本听懂题材熟悉、篇幅较长、语速中等的英语广播、电视节目和其他音视频材料,掌握中心大意,抓住要点和相关细节;能基本听懂用英语讲授的专业课程或与未来工作岗位、工作任务、产品等相关的口头介绍;能较好地运用听力技巧。

第三,高校英语听力的发展目标:能够理解英语广播电视节目以及主题广泛、内容熟悉、语速适中的对话,把握主要内容,捕捉关键点和重要信息;基本能够理解用英语讲授的专业课程、英语讲座以及与工作相关的演讲和会谈;并能恰当地运用听力技巧。

二、高校英语听力教学的内容分类

(一)高校英语听力知识教学

听力知识是培养学生英语听力技能并促进其提升的根本,它主要包括语音知识、语用知识、策略知识和文化知识等。语音知识在听力教学中占据着核心地位。在实际交流中,句子通过发音、重读、语调等的变化可以传达不同的语用含义,反映出交流者多样的交际意图和情感。因此,在听力教学中,教师应帮助学生掌握英语的发音规则、重读模式、连读技巧、意群划分和语调变化等语音方面的知识,这将有助于提升学生对语音的识别能力和反应速度。在教学实践中,教师应设计包括听音、意群理解、重读等在内的训练活动,内容应涵盖从词汇、句子到段落、文章的各个层面,以便学生熟悉英语的表达习惯和节奏,适应英语的语流特点,为提高听力理解能力打下坚实的基础。此类训练还能在潜移默化中培养学生的英语思维能力,进而促进第二语言习得的能力提升。

此外,语用知识的学习有助于学生深入理解话语的内涵,增强对话语含义的理解；策略知识的学习则使学生能够根据不同的听力材料和任务选择合适的听力策略，提高听力的效率和针对性；而文化知识的学习对于学生未来进行英语交流至关重要，有助于在不同文化背景下实现顺畅的交际。

（二）高校英语听力技能教学

高校英语听力技能的教学能够有效提高学生英语听力的科学性与针对性。对于技能和技巧的合理运用，能够为文化视域下交际水平的提高奠定基础。

（1）听力技能。听力技能主要包括以下内容：

第一，辨音能力。听力中的辨音能力教学，指使学生了解音位的辨别、语调的辨别、重弱的辨别、意群的辨别、音质的辨别等。这种辨音能力的训练不仅能够提高英语听力进行的有效度，对学生理解能力的提高也大有裨益。

第二，交际信息辨别能力。包括识别新信息指示语、例证指示语、话题终止指示语和语轮转换指示语，以提高听力的针对性和理解效率。

第三，大意理解能力。关注于把握谈话或独白的主题和意图，为整体理解话语内容打下基础。

第四，细节理解能力。细节理解能力指获取听力内容中具体信息的能力。在英语学习和考试过程中，对细节的理解能力能够帮助学生提升做题的准确度。

第五，选择注意力。选择注意力指根据听力的目的和重点选择听力中的信息焦点。针对不同的听力材料进行注意力的选择训练十分重要，有助于学生把握话题的中心。

第六，记笔记。记笔记技能指根据听力要求选择适当的笔记记录方式。掌握良好的记笔记技能，可以提高英语听力记忆效果。

听力水平的提高需要教师循序渐进地进行针对性教学工作，不同的学生有着不同的学习习惯和学习特点，教师需要因材施教，进行特色教学。

（2）听力技巧。听力技巧主要包括猜词义、听关键词、过渡连接词、预测、推断等。掌握正确的听力技巧，可以事半功倍并有效提高听力理解能力。例如，在与他人交际时或听语音材料时，学生可以根据上下文或者借助说话者的表情、手势等猜测出生词的含义，促使交际顺利进行。因此，训练听力技巧的各种听力活动是听力教学的必要内容。

（三）高校英语听力理解教学

高校英语听力知识的学习与听力技能的教授旨在服务于英语听力理解。由于语言的使用目的、交际者的不同等因素，同一话语可能带有多种语用含义。因此，正确理解话语，尤其是在英语听力教学中，成为一个重点同时也是难点。在听力理解的教学过程中，教师应引导学生不仅仅理解话语的字面意义，更要掌握如何捕捉和理解话语的隐含意义，从而提升他们的英语综合语用能力。具体而言，高校英语听力理解主要包括以下阶段：

第一，辨认。辨认主要包括语音辨认、信息辨认、符号辨认等方面。辨认有不同等级，最初级的辨认是语音辨认，最高级的辨认是说话者意图的辨认。教师可以通过正误辨认、匹配、勾画等具体方式，训练和检验学生的辨别能力。

第二，分析。分析要求学生能够将听到的内容转化到图、表中。这个阶段要求学生可以在语流中辨别出短语或句型，以此对日常生活中的谈话内容有大致理解。

第三，重组。重组是英语听力理解过程中的一个重要环节，它要求学生在听完一段材料后，能够运用自己的语言能力，将所吸收的信息重新组织并以口头或书面的形式表达出来，这个过程不仅考验了学生对听力材料的理解程度，而且锻炼了他们的语言组织能力和表达技巧。通过重组，学生能够更深刻地消化和吸收新信息，同时也能够检验和巩固自己的语言知识。在这个阶段，学生需要运用到诸如概括、归纳、解释和评价等多种思维技能，这对于提升他们的批判性思维和创造性思维能力具有积极作用。教师在指导学生进行重组练习时，应鼓励他们发挥创造性，不仅仅局限于原文的字面意义，而是能够结合自己的理解和观点，进行有效的信息转换和表达。

第四，评价与应用。评价与应用是听力理解的最后两个阶段，要求学生在辨认、分析、重组三个阶段，即获得、理解、转述信息基础上，运用个人语言对所获得的信息进行评价和应用。在实际教学中，可以通过讨论、辩论、问题解决等活动进行。

第二节 文化视域下的高校英语听力教学探究

一、文化差异对高校英语听力教学的影响

（一）语言语用失误

语言语用失误是指学习者将本族语对某一语言表达方式的语用意义套用在外语上所造成的失误。在高校听力教学中，语用失误可能会带来不良的后果。语用失误意味着说话人所表达的真实意义不是听话人所感知的话语意义并引起说话人和听话人之间的误解，进而导致交际的中断。一般而言，语言语用失误可能是由于以下原因造成的。

1. 不恰当的母语迁移

在学习英语的过程中，学生有时会不自觉地将母语的表达习惯带入英语学习，这种现象被称为母语迁移。然而，当这种迁移对英语学习产生负面影响时，称之为不恰当的母语迁移或负迁移。母语迁移可能在文化、语法结构和逻辑方式等

方面发生。由于中英文在这些方面存在显著差异，不恰当的母语迁移可能导致学生使用不自然或不恰当的英语表达方式。例如，在中文中，直接询问对方"你想买什么？"是一种常见的交流方式。但在英语中，这种直接的提问就不太恰当。因此，英语中更常见的表达方式是"What can I do for you?"，这种方式更为委婉，也更符合英语国家的文化习惯。这种差异反映了中英文在交际方式上的不同，因此，为了避免不恰当的母语迁移，学生需要了解并适应目标语言的文化和交流习惯。

2. 不了解汉英文化差异

在进行英语和汉语之间的交流时，需要注意文化差异对沟通的影响。这些差异不仅体现在语言表达上，还深深植根于各自的文化习俗、思维方式和

社会心理预期中。理解和适应这些差异对于促进有效沟通至关重要，否则可能会导致尴尬的局面或误解的产生。

（1）语言本身就是文化的一部分，不同的语言表达习惯反映了不同的文化特征。例如，在英语中，直接回答问题并提供解释是一种常见的交流方式，这体现了西方文化中对直接性和明确性的偏好。而在汉语中，有时为了保持和谐的社交关系，人们可能会采取更为委婉或含蓄的表达方式。

（2）习俗和礼节也是文化差异的重要体现。在一些文化中，直接的眼神交流和明确的语言表达被视为礼貌和尊重的表现，而在其他文化中，则可能被视为冒犯或过于直接。因此，了解并尊重对方的习俗和礼节对于建立良好的沟通关系非常重要。

（3）思维方式的差异也会影响交流。西方文化往往强调个人主义和独立思考，而东方文化则更倾向于集体主义与和谐共处。这种差异可能导致在解决问题和决策时采用不同的方法和策略。

因此，为了克服这些文化差异带来的挑战，学生和教师都需要培养多元文化交际的意识和技能，这包括学习对方的语言习惯、了解不同文化背景下的礼节和习俗、认识到思维方式的差异，以及调整自己的心理预期，以更好地适应和理解对方的沟通方式。通过这些努力，可以有效地减少误解和尴尬，促进更顺畅和有效的交流。

3. 违反英语语言的习惯

对英语习惯的不熟悉可能导致学生在语言表达上的误用。例如，在请求别人让路时，中文习惯使用"对不起"，而英语中更恰当的表达是"Excuse me."，这种差异反映了两种语言在礼貌表达上的习惯差异，学生需要学习和适应这些差异，以确保在英语交流中能够得体和恰当地表达自己。

（二）社交语用失误

社交语用失误通常发生在交际双方因身份、价值观、话题熟悉程度不同而导致的语言形式选择错误。社交语用失误的原因主要包括以下方面：

第一，价值观的影响。中西方文化在价值观上存在差异。中国文化倡导谦逊、双数的吉祥，而西方文化强调个人主义、单数的吉利，这些价值观的差异可能导致在交际中使用不恰当的语言形式。

第二,民族性格的影响。民族性格是民族文化下成员共有的性格结构核心,它影响着群体的行为和观念。不同民族由于地理、社会历史、风俗等因素形成不同的性格特点。民族性格的稳定性和丰富性可能导致在交际中出现失误。

第三,态度的影响。态度是个体对特定对象的习得性倾向,由认知、情感和意动三部分组成。定式和偏见是态度的两种重要类型,它们基于社会和文化经验对特定对象产生的认知和行为倾向。定式可能导致对其他文化群体特征的过度概括,而偏见则是对特定群体的偏离事实的判断。

第四,礼仪的影响。礼仪是人际交往中的行为规范,包括仪式和礼节,旨在促进和平共处。不同文化对礼仪的看法和实践不同,可能导致交际中的失误。

第五,习俗的影响。习俗是日常生活中的行为模式,具有稳定性和延续性。习俗的约束力和感染力指引着社会行为。禁忌是习俗的重要组成部分,对不能接触的事物和不能谈及的事情设定限制。不同文化的习俗和禁忌差异可能导致交际失误。

二、文化视域下高校英语听力教学的原则

(一) 遵循充足文化输入原则

1. 将精输入与泛输入相结合

精输入和泛输入是英语听力教学中两种重要的输入方式。精输入注重对语言材料的深入理解和分析,泛输入则强调在广泛的听力材料中获取信息和知识。

精输入,即精听,要求教师对听力材料进行详细地讲解和分析。在精听过程中,教师应该重点讲解基本句型和语言结构,帮助学生理解听力材料中的关键信息。对于学生难以理解的部分,教师可以反复播放,或者提供详细的解释,确保学生能够充分理解。此外,教师应该鼓励学生在回答问题时尝试用自己的话表达,即使表达不完美,也不要因为错误而中断他们。这样可

以减少学生的焦虑情绪,鼓励他们积极参与听力活动。

泛输入,即泛听,强调的是听力材料的广度和多样性。泛听的目的是让学生在最短的时间内接触到尽可能多的英语内容,从而提高他们的语言感知能力和信息提取能力。为了实现这一目标,教师需要选择难度适中、生词量适中的听力材料,确保学生能够理解大部分内容。通过泛听,学生可以接触到各种主题和话题,了解不同文化背景下的语言表达和交际习惯。

2. 给予声、像、图、文多种信息刺激

在信息技术迅猛发展的今天,多媒体技术为英语听力教学提供了前所未有的便利。教师可以利用这些技术手段,为学生创造一个多元化的学习环境,通过声音、图像、文字等多种信息刺激,增强学生的学习体验。

(1) 学唱英文歌曲是一种寓教于乐的方式。英文歌曲不仅包含了丰富的语言知识,还蕴含了英语国家的文化元素和社会生活。通过学唱英文歌曲,学生可以在轻松愉快的氛围中提高英语听力水平,同时了解歌曲背后的文化故事和情感表达。

(2) 观看英语电影、电视剧或者纪录片,可以让学生接触到真实的语言环境和生活场景。这种方式有助于学生纠正发音,学习到更地道、自然的语言表达。同时,影视作品中的文化背景和价值观念也能让学生对英语国家的文化有更深入的理解。

(3) 利用英语听力网站和在线资源,可以让学生随时随地进行听力训练。这些网站通常提供丰富的听力材料,涵盖各种主题和难度级别,学生可以根据自己的兴趣和水平选择合适的内容。通过这种方式,学生不仅能够提高英语听力技能,还能够体验到视觉和听觉的美感,增强学习的兴趣和动力。

(二) 引导学生重视语境原则

语境在一定程度上指的是上下文,即听力材料中某个词或句子的前后关联。一个语言单位只有放置在具体的语境中,其意义才能得以真实展现。语境不仅包括文化语境,它指的是说话者或听话者所属语言社团的文化背景。在文化视域下的交际中,人们往往习惯于按照自己的文化标准来评判对方,这容易导致误解。例如，Do you know the meaning of war? 这句话在不同的上下文中可以有两种不同的意义。

第一，当老师对学生说这句话时，其意思可能是：Do you know the meaning of the word 'war'?（你们知道"war"这个词的意义吗？）

第二，当受伤的战士对倡导战争的政治家说这句话时，意思可能是：War produces death, injury, and suffering.（战争造成死亡、伤害和痛苦。）

英语教师应有意识地指导学生提高听力技能，让学生利用文化语境来理解语言的意义。实际上，学生之所以感到听力困难，主要是因为听力技能的不足。他们难以将零散的语言单位整合成有意义的整体，也难以将听到的内容与自己的经验相结合。听力理解的过程本质上是预测、调整和证实语境的过程。通过预测，学生能够确定哪些信息是有用的，进而有选择性地聆听，这样可以大大节省时间和精力。

（三）完善有关语言知识原则

学生在听力理解过程中遇到的障碍，往往并非源于对单词或句子的不理解，而是缺少与听力材料相关的背景知识，这些背景知识主要包括以下三个方面：

1. 关于情景的知识

情景语境包括以下两个方面：

（1）物理环境。物理环境对话题的选择有指导作用。例如，学校环境中讨论的话题通常与教育、学习相关；在医院环境中，人们的谈话内容则倾向于与健康和治疗相关的问题。物理环境也影响语言的正式程度。在正式场合如公开演讲，人们倾向于使用正式的语言风格；而在非正式场合如与朋友交谈，则更多使用非正式、日常的语言。

（2）上下文语境。上下文语境指的是在交流过程中，一个话语结构为了表达特定意义所依赖的前后文信息。即理解某个单词或句子的意义时，需要参考其在听力材料中的前后文。上下文语境对于理解单词或短语的具体含义至关重要，有助于把握语言的准确意图和深层含义。

2. 关于文化的知识

文化语境指的是交流过程中某一话语结构表达某种特定意义时所依赖的各种主客观因素。其中，客观因素包括时间、地点、场合、话题等；主观因素包括交际者的身份、地位、心理背景、文化背景、交际目的、交际方式、交际内容所涉及的对象以及各种与话语结构同时出现的非语言符号（如姿势、手势）等。具体而言，高校英语教师可从以下方面帮助学生了解英语国家的文化背景知识：

（1）风土人情。学生在学习英语国家的语言时，也应积极了解和积累有关这些国家的节日庆典和生活习惯等知识，这有助于更深入地理解语言背后的文化内涵。

西方的节日庆祝活动往往强调欢乐与人际交往。例如，在复活节期间，人们参与彩蛋滚动比赛；感恩节时有观看足球赛和游行的传统，在这些活动中，胜负或游戏结果并不是最重要的，重要的是通过这些活动加深人际关系和体验快乐。另外，还有其他一些节日也体现了西方文化中对参与感和分享快乐的重视，如圣诞节期间的互赠礼物、圣诞游行和聆听布道等习俗。

从餐饮习惯方面看，西式宴会的一个典型形式是自助餐。在这种形式的宴会中，食物被摆放出来供客人自取所需，没有固定的就餐位置，允许自由移动。这种安排促进了个人间的情感交流，体现了西方文化对个性和自我尊重的价值观念。在西式宴会中，交际是核心要素。通过与邻座和其他客人的交谈来实现社交目的，而不仅仅是吃饭本身。

（2）文化词语。所谓文化词语，是指那些蕴含着丰富社会文化意义的词汇或短语，这些词语在英语和汉语中所承载的文化含义可能大相径庭。例如，在中国文化中，龙是神圣的象征，因而被视为权力和地位的代表。然而，在英语国家，"dragon"通常代表着不好的寓意。

（3）英语习语。英语习语是英语词汇中那些结构固定、语义和语法形式完整的表达方式，它们作为独立的语言单位来传达特定的交际功能。

例1：a wolf in sheep's clothing

译文：披着羊皮的狼，指伪善的人

例2：as common as coal from Newcastle

译文：像纽卡斯尔的煤一样常见

例3：wait on someone hand and foot

译文：无微不至地侍奉某人

如果在平时的教学活动中，教师能够结合所学课文内容适时向学生讲解类似习语中包含的丰富多彩的民族文化内涵，学生在听力理解过程中遇到类似习语时就不会感觉陌生或晦涩难懂，也就能正确地把握和理解其传达的信息。

3. 关于语言应用的知识

除情景语境知识和文化语境知识外，适当掌握语用知识也非常重要，因为听者的语用知识会促进或阻碍其对听力语篇内容的理解。高校学生应了解交际过程中交际者何时说话、何时不说、特定场合下说什么、如何开始以及如何结束会话。换言之，听者应具有一定的社会语言学和语用学方面的知识，了解基本的会话规则。

（四）知识载体的多样化原则

在文化视域下，高校英语听力教学的目标不仅是提升学生的语言技能，更重要的是培养学生的文化视域下的理解和交际能力。为了实现这一目标，教学过程中需要遵循知识载体的多样化原则，确保学生在提高英语听力技能的同时，也能够深入理解和掌握英语国家的文化背景和交际习惯。

斯蒂芬·克拉申的输入假设为英语听力教学提供了重要的理论支持。根据这一假设，只有当学习者能够理解输入的语言材料时，语言习得才能有效进行。因此，在听力教学中，教师需要提供充足、高质量的语言输入，并且这些输入应该略高于学生的当前水平，即达到 i+1 的要求。这样的输入不仅能够帮助学生逐步提高英语听力水平，还能够激发学生的学习兴趣和动力。

为了满足克拉申的"可理解语言输入"的要求，教师可以利用多媒体技术，提供多样化的知识载体，这些载体包括但不限于以下方面：

第一，音频材料。音频材料是听力教学中最基本的知识载体。通过播放英语歌曲、电影原声、播客、新闻报道等不同类型的音频，教师可以为学生提供丰富的听力练习机会。这些音频材料不仅包含了丰富的语言知识，还蕴含了英语国家的文化元素和社会生活。通过听这些音频材料，学生可以在提高英语听力水平的同时，了解和学习英语国家的文化和交际习惯。

第二，视频材料。视频材料能够提供更为直观和生动的语言输入。通过观看英语电影、电视剧、纪录片、访谈节目等，学生不仅能够提高英语听力技能，还能够直观地了解英语国家的日常生活、社会习俗和价值观念。此外，视频中的视觉信息也有助于学生更好地理解语言内容，提高语言输入的可理解性。

第三，网络资源。随着互联网技术的发展，网络上出现了大量优质的英语学习资源。教师可以引导学生利用这些资源进行自主学习。例如，学生可以通过在线英语听力网站、英语学习论坛、大规模在线开放课程（MOOCs）等平台，接触到各种主题和难度级别的听力材料。这些网络资源不仅丰富了学生的学习内容，还为学生提供了与世界各地英语学习者交流的机会，拓宽了他们的国际视野。

第四，实物和图片，实物和图片作为直观的知识载体，可以帮助学生更好地理解和记忆新词汇和表达方式。在听力教学中，教师可以利用实物和图片来演示和解释新词汇，或者通过图片来引导学生进行听力练习。这种方式不仅能够提高学生的听力理解能力，还能够增强学生的语言记忆。

第五，互动式教学软件和游戏：互动式教学软件和游戏能够为学生提供更加生动和有趣的学习体验。通过使用这些软件和游戏，学生可以在模拟的英语环境中进行听力练习，提高他们的语言技能和文化理解能力。同时，这些软件和游戏通常具有即时反馈和个性化学习路径的功能，能够根据学生的学习情况调整难度和内容，更好地满足学生的个性化学习需求。

综上所述，在文化视域下，高校英语听力教学应该充分利用多媒体技术，提供多样化的知识载体，以满足克拉申的"可理解语言输入"的要求。通过这种方式，学生不仅能够提高英语听力水平，还能够深入理解和掌握英语国家的文化背景和交际习惯，为未来的国际合作奠定坚实的基础。

三、文化视域下高校英语听力教学的策略

（一）融合文化元素与听力材料

在文化视域下，高校英语听力教学应当将文化元素与听力材料紧密结合，这意味着教师在选择听力文本时，应优先考虑那些能够反映英语国家文化特色、社会习俗、历史背景和价值观念的材料。例如，通过选取不同国家和地区的英语演讲、访谈节目、电影片段等，学生能够在听力练习中直接接触到多元文化的内容，从而增强对英语文化的理解。

1. 进行文化主题讨论

在文化视域下的高校英语听力课程中，进行文化主题讨论是一种有效的教学策略。通过设定与听力材料相关的文化议题，教师可以引导学生在听力练习前后进行深入的讨论和交流。这样的讨论环节不仅能够激发学生的学习兴趣，还能够帮助他们更好地理解听力材料中的文化内涵和背景知识。例如，在探讨节日庆典的主题时，教师可以让学生分享各自文化中的传统节日及其庆祝方式，然后引入英语国家的节日文化，如圣诞节、感恩节等。学生可以通过比较和讨论，了解不同文化中节日的共同点和差异，从而加深对节日文化的理解。在讨论艺术与文学主题时，教师可以选择一些英语国家的著名文学作品或艺术作品作为听力材料，让学生在听完相关介绍后，讨论作品中的主题、风格和文化意义，这不仅能够提高学生的听力理解能力，还能够培养他们的文学鉴赏能力和不同文化分析能力。通过这些文化主题讨论，学生不仅能够提高英语听力技能，还能够培养交际的意识和能力，为将来在多元文化背景下的沟通和交流奠定基础。

2. 注重文化差异分析

在文化视域下的高校英语听力教学中，注重文化差异分析是至关重要的。教师可以通过具体的听力实例，指导学生识别和分析中西方文化在语言表达、非言语行为、社交礼仪等方面的差异。例如，可以讨论在英语中如何通过委婉的语气来提出建议或批评，而中文中可能更倾向于直接表达。同时，教师可以引导学生探讨在不同文化背景下，如何恰当使用礼貌用语和敬

语，以及这些用语在交际中的作用和意义。

通过这样的分析，学生不仅能够提高对听力材料的理解深度，还能够培养他们的文化敏感性和适应性，从而在实际的交际中更加得心应手，这种教学方法有助于学生在全球化日益加深的今天，更好地理解和尊重不同文化，有效地进行交流沟通。

3. 展开文化背景研究

在文化视域下的高校英语听力教学中，展开文化背景研究是一种有效提升学生听力理解能力的方法。教师可以指导学生针对听力材料中涉及的文化背景进行深入研究，这包括但不限于历史事件、社会习俗、艺术传统等方面。学生可以通过多种途径来获取信息，如阅读相关书籍、学术文章、新闻报道，或者观看纪录片、电影、访谈节目等，以获得更全面、深入的背景知识。

通过这种研究活动，学生不仅能够更准确地把握听力材料中的信息点，还能够增强对英语国家文化特点的认识和理解。例如，在分析一个关于美国独立日的听力材料时，学生可以通过研究美国的历史和文化，更好地理解这个节日对美国人的意义以及相关的庆祝活动，这样的研究有助于学生建立起更为丰富和立体的文化认知框架，从而在听力练习中更加游刃有余，有效地提高他们的交际能力。

（二）强化听力策略与文化适应

在文化视域下，高校英语听力教学还应注重听力策略的教授和文化适应能力的培养。教师应引导学生掌握有效的听力策略，并学会在不同文化背景下灵活运用这些策略。

1. 重视听力技巧训练

在文化视域下，高校英语听力教学不仅要提升学生的语言技能，还要加强他们的文化适应能力。为此，强化听力策略与文化适应的结合显得尤为重要。教师需要重视并教授学生一系列有效的听力技巧，这些技巧能够帮助学生在面对不同文化背景下的听力材料时，更加高效地捕捉关键信息并进行理解。

（1）预测技巧的培养可以帮助学生在听力前对即将听到的内容做出合理

的假设和预测。这可以通过对听力材料的标题、图片、导言等进行分析来实现，从而为理解全文内容奠定基础。

（2）关键词抓取技巧的教授能够让学生在听力过程中识别和记住那些承载主要信息和观点的词汇，这对于把握听力材料的核心内容至关重要。

（3）信息归纳技巧的培养能够锻炼学生从听力材料中提取主要观点和细节信息的能力，进而能够整合这些信息，形成对材料的全面理解。

通过这些听力技巧的训练，学生能够在不同文化背景下的听力材料中迅速识别和适应文化差异，提高他们的听力理解效率和准确性。此外，这些技巧还能够增强学生的自信心，使他们在交际中更加自如和得体。

2. 强化文化适应指导

在文化视域下的高校英语听力教学中，强化文化适应指导是提高学生交际能力的关键环节。教师应引导学生在听力学习过程中，敏锐地识别并适应不同文化背景下的语言表达习惯和交际规则。

（1）针对直接与间接表达的差异，教师可以通过对比分析中西方在表达意见、请求和拒绝时的语言风格，帮助学生理解在不同文化情境中如何恰当地使用直接或间接的表达方式。例如，西方文化中可能更倾向于直接表达个人意见，而东方文化可能更倾向于使用委婉或含蓄的表达。

（2）个人空间的概念在不同文化中有着不同的理解和实践。教师可以通过讨论和模拟练习，让学生了解在英语国家中，人们在社交互动中对于个人空间的期望和尊重，以及如何在听力材料中识别和理解与个人空间相关的交际暗示。

（3）教师还应指导学生关注非言语交际的方面，如肢体语言、面部表情、语调变化等，这些都是文化视域下交际中不可忽视的元素。通过这些文化适应指导，学生能够在听力学习中更加敏感地捕捉文化细节，提高不同文化理解的能力，从而在实际交流中更加得体和有效。

（三）利用多媒体技术丰富文化体验

文化视域下的高校英语听力教学策略之一是利用多媒体技术丰富文化体验。教师可以通过视频、音频、动画等多种技术手段，为学生提供深入的文化体验，使他们能够在听觉和视觉上获得更直观的文化感受，这种方法不仅能够提高学生的听力水平，还能够增强他们对文化的认知和理解。

第一，VR技术可以让学生身临其境地体验英语国家的风土人情。通过虚拟现实技术，学生可以参观博物馆、历史遗迹等地方，深入了解英语国家的历史、文化和传统。这种沉浸式的体验能够帮助学生更加直观地感受到不同文化背景下的生活方式和价值观，从而增强他们的文化认知能力。

第二，利用在线视频平台如YouTube和TED等，学生可以观看来自世界各地的演讲者分享他们的观点和经验。这些视频内容不仅能够提供真实的语言环境，让学生接触到地道的英语口语，还能够拓宽他们的国际视野，使他们更加了解不同文化背景下的思维方式和价值取向。通过观看这些视频，学生不仅可以提高自己的听力水平，还能够培养交际能力，为其未来的国际交流和合作打下良好的基础。

第三，利用音频资源如播客、有声书等，学生可以在日常生活中随时接触到英语语言和文化。通过听取各种英语节目和讲座，学生可以不断地提升自己的听力技能，同时也能够了解到不同文化背景下的生活方式、思维模式和价值观念。这种持续性的文化体验可以潜移默化地影响学生，使他们对英语国家的文化有着更加深入的理解和认识。

第三节 高校英语口语教学的目标与内容

一、高校英语口语教学的目标层次

第一，高校英语口语的基础目标：用英语对日常话题进行简短的交谈；对一般性事件和物体进行简单叙述或描述；经准备后能够就所熟悉的话题做简短发言；就学习或与未来工作相关的主题进行简单讨论。语言表达结构清楚，语音、语调、语法等基本符合交际规范，能够运用基本的会话技巧。

第二，高校英语口语的提高目标：能够运用英语就一般性话题进行较为流利的对话；能够清晰地表达个人的意见、情感和观点；能够陈述事实、理由，并描述事件或物品；能够就熟悉的观点、概念和理论进行阐述、解释、比较和总结。语言表达结构条理清晰，语音和语调基本准确，能够有效地运用口头表达和交流技巧。

第三，高校英语口语的发展目标：用英语较为流利、准确地就通用领域或专业领域里一些常见话题进行对话或讨论；用简练的语言概括篇幅较长、有一定语言难度的文本或讲话；在国际会议和专业交流中宣读论文并参加讨论；参与商务谈判、产品宣传等活动；能够恰当地运用口语表达和交流技巧。

二、高校英语口语教学的内容分类

（一）高校英语口语语音教学

语音作为学习英语口语的基石，对于高校英语学习者而言，掌握准确的发音和语调是至关重要的。高校英语语音训练的目标不仅包括对基本音素的正确发音，还涉及更为复杂的语音现象，如重读和弱读的区分、连读的自然运用、音节的准确划分、意群的恰当划分以及停顿的正确位置。这些语音特征的正确运用，能够确保语言的流畅性和清晰度，从而使得交流更加有效。

错误的发音或不一致的语调不仅可能导致听者理解上的困难，有时甚至会引起误解，特别是在涉及微妙情感表达或文化特定语境时。例如，一个单词的重音位置不同可能会导致词义的巨大变化，而语调的升降也可能改变句子的意图，从而影响信息的准确传达。因此，高校英语教学中应重视语音训练，帮助学生克服口音障碍，提高口语交际能力，确保他们能够在多元文化背景下进行准确、自信地交流。通过模拟真实交际场景的练习，学生能够在实际对话中灵活运用所学的语音知识，逐步提升英语口语的自然度和准确性。

（二）高校英语口语词汇教学

词汇是英语学习的基础，无论是英语听力、阅读、口语还是写作，都离不开词汇。没有足够的词汇量就没有足够的输出语料，也就不能进行信息的交流和沟通。词汇是信息的载体，如果没有足够量的词汇，就不能在脑中形成既定的预制词块，必然会影响英语的输出效率。因此，有效的词汇输入是词汇输出的条件，口语交际功能的实现离不开充足的词汇量作支撑。在口语教学中，教师应该加强学生词汇量的积累。

（三）高校英语口语语法教学

语法是单词构成句子的基本法则，要实现沟通的目的，必须要构建符合语法规则的句子。只有句子符合语法规则，才可以被听者理解。词汇是句子含义的载体，语法是句子结构的基础，两者必须有机结合才能实现口语表达的实用性和高效性。

（四）高校英语口语会话技巧教学

高校英语口语教学的最终目的是交际，学习并运用会话技巧，可以使交际顺利进行。下面分析常用的会话技巧。

第一，表达观点。例如：

It seems to me that…

I'd like to point out that…

To be quite frank/perfectly honest…

第二，获取信息。例如：

Could you tell me…

I'd like to know…

Got any idea why…

I wonder whether you could tell me…

第三，承接话题。例如：

To talk to…, I think…

On the subject of/Talking of…

That reminds me of…

第四，转换话题。例如：

Could we move on to the next item?

I think we ought to move on to the problem of…

Just to change the subject for a moment…

第五，征求意见。例如：

What is your opinion/view?

How do you see…

Have you got any comments on…

第六，拒绝答复。例如：

It is difficult to say.

It all depends.

I'd rather not say anything about that.

（五）高校英语口语文化知识教学

在高校英语教学中，口语交际的文化知识同样占据着举足轻重的地位。文化知识的重要性体现在交际的得体性上，它要求学生不仅要掌握基本的语言技能，还要了解并遵守不同文化背景下的交际准则，这包括对日常文化习俗的理解、不同文化中的礼仪规则，以及交流中的行为规范。例如，了解西方文化中的个人主义和直接表达方式，以及东方文化中的集体主义和含蓄表达，对于避免交际中的误解和冲突至关重要。因此，学生在提升语言技能的同时，也应积极学习和吸收相关的文化知识，以便在全球化的语境中进行有效且恰当的沟通。通过结合语言教学和文化教育，学生能够更全面地准备自己，以适应多元文化的世界。

第四节 新媒体视角下茶文化融入英语口语教学的实践

一、新媒体视角下茶文化融入英语口语教学的重要意义

（一）促进文化理解和交流

在新媒体视角下，茶文化融入英语口语教学具有重要的文化意义。茶文化作为中国传统文化的重要组成部分，不仅蕴含着深厚的历史和文化价值，也是中国对外文化交流的重要载体。通过将茶文化融入英语口语教学，学生不仅能够学习到与茶相关的专业词汇和表达方式，还能够深入了解茶文化的内涵和精神，从而增强对中国文化的认识和理解。此外，新媒体平台的跨地域性和开放性为学生提供了与世界各地人士交流的机会。学生可以通过参与

在线讨论、社交媒体互动等方式,与不同文化背景的人分享和讨论茶文化,这不仅能够促进不同文化理解,还能够提高学生的交际能力。通过这种文化交流,学生能够更好地传播和推广中国文化,同时也能够从他人的观点和经验中学习和成长。

(二) 丰富教学内容和方法

新媒体技术的发展为英语口语教学提供了多样化的教学内容和方法。将茶文化融入英语口语教学,可以使教学内容更加丰富多彩,提高学生的学习兴趣和参与度。新媒体平台提供了大量的茶文化相关资源,如视频、音频、图片和互动软件等,教师可以利用这些资源设计各种教学活动,如模拟茶艺表演、茶文化知识竞赛、在线茶话会等。这些活动不仅能够提高学生的英语口语能力,还能够增强他们的实践能力和创新思维。通过参与这些活动,学生可以在真实的语境中练习英语口语,同时体验和学习茶文化,这种学习方式更加生动有趣,能够有效提高学生的学习效果。

(三) 提高学生的语言实际应用能力

新媒体视角下,茶文化融入英语口语教学的另一个重要意义是提高学生的语言实际应用能力。在真实的语言环境中使用英语是提高语言能力的有效途径。通过茶文化相关的口语实践活动,学生可以在真实的语境中练习和使用英语,从而提高他们的语言流利度和准确度。例如,学生可以模拟在茶馆点单、与外国朋友讨论茶文化等情景,这些活动不仅能够锻炼学生的口语表达能力,还能够提高他们的听力理解能力和交际技巧。此外,通过参与茶文化相关的项目和活动,学生还能够学习到如何用英语进行项目管理、团队协作和公共演讲等实际应用技能,这些技能对于学生未来的学术发展和职业生涯都是非常重要的。

(四) 培养学生的自主学习能力和国际视野

新媒体视角下,茶文化融入英语口语教学还有助于培养学生的自主学习能力和国际视野。新媒体平台提供了丰富的学习资源和工具,学生可以根据自己的兴趣和需求,选择合适的学习内容和方式。通过自主搜索和学习茶文化相关的英语资料,学生可以提高自己的信息检索能力和自主学习能力。

同时，新媒体技术的全球性使得学生能够接触到来自世界各地的茶文化信息和资源。通过比较和分析不同国家和地区的茶文化，学生可以拓宽自己的国际视野，了解和尊重不同文化的差异和特点，这种学习和交流对于培养具有全球竞争力的人才具有重要意义。

二、新媒体视角下茶文化融入英语口语教学的实践策略

（一）整合多媒体资源，创造情境化学习环境

在新媒体技术的支持下，整合多媒体资源成为创造情境化学习环境的关键策略，这种教学方法通过模拟真实的茶文化场景，使学生能够在一个接近现实的语境中学习和使用英语，从而极大地提高了英语口语教学的互动性和实用性。

第一，视频资源的应用为学生提供了直观的学习体验。通过播放介绍中国茶艺、茶叶种类、茶文化历史的英语视频，学生不仅能够学习到准确的词汇和表达，还能够了解茶文化的深层含义和文化背景。视频内容的生动性和形象性能够有效吸引学生的注意力，激发他们的学习兴趣，同时也帮助他们更好地理解和记忆所学内容。

第二，音频材料的使用为学生提供了模仿和练习发音的机会。通过听取茶艺师的讲解和对话，学生可以学习到地道的语音和语调，提高自己的发音准确性和口语流利度。此外，音频材料还可以用于听力练习，帮助学生提高听力理解能力和注意力集中能力。

第三，图像资源的利用可以增强学生的视觉认知和描述能力。通过展示各种茶叶、茶具和茶文化的图片，教师可以引导学生进行详细的描述和讨论，从而加深他们对茶文化特点和细节的理解。图像资源的使用不仅丰富了教学内容，还能够帮助学生扩展词汇量，提高语言表达的多样性和准确性。

第四，互动软件的应用为学生提供了模拟实际对话和角色扮演的机会。通过使用互动软件，学生可以在模拟的茶馆环境中与他人进行交流，练习点单、询问茶叶信息、讨论茶文化等口语技能。这种模拟实践不仅提高了学生的口语能力，还培养了他们的交际技巧和应变能力。"学校和教师要建立好

线上与线下相结合的教学模式的具体细节，对学生的监督与学生的自我监督也要做好结合，要让学生提高自我管控能力"①。

（二）开展线上线下结合的互动式教学活动

在新媒体视角下，开展线上线下结合的互动式教学活动是茶文化融入英语口语教学的重要实践策略，这种教学模式不仅能够提供更加丰富多样的学习体验，还能够促进学生的全面发展。

1. 开展线上活动

在线上活动的开展中，教师的引导和平台的利用起到了至关重要的作用。通过社交媒体和论坛等平台，教师可以设计并创建专门的茶文化专题讨论区，这些讨论区可以成为学生交流思想、分享知识的虚拟空间。在这样的环境中，学生被鼓励以英语发表自己对茶文化的看法、体验和理解，这样的实践不仅锻炼了他们的英语表达能力，还增强了他们的批判性思维和创造性思考。

通过定期举办的"茶文化话题讨论"，学生能够围绕一个具体的茶文化主题，如茶叶的种类、茶艺的历史、茶与中国文化的关系等，进行深入的英语讨论。这种讨论活动不仅有助于学生扩展词汇量，还能够帮助他们更好地理解茶文化的多样性和复杂性。

此外，教师可以通过学习管理系统发布茶文化知识竞赛，这样的竞赛活动要求学生以小组的形式合作，共同研究问题并提出解决方案。这种团队合作的过程不仅促进了学生之间的交流与协作，还提高了他们运用英语解决问题的能力。竞赛形式的引入，增加了学习的趣味性和挑战性，激发了学生的竞争意识和团队精神，使他们在轻松愉快的氛围中提升英语口语和文化知识水平。通过这样的线上互动式教学活动，学生的英语口语能力得到了有效的提升，同时也为他们将来在多元文化背景下的沟通和交流奠定坚实的基础。

2. 进行线下活动

线下活动的开展为学生提供了一个直接接触和深入了解茶文化的宝贵机

---

① 何彬. 线上线下相结合的高校英语混合式教学模式探究［J］. 英语广场，2022（6）：102.

会。通过实地参观本地的茶馆、茶叶市场或茶文化博物馆，学生不仅能够亲身感受到茶文化的独特魅力，还能够在真实的社会文化环境中学习和使用英语。在这些场所中，学生可以观察茶叶的种类、色泽、形状，了解不同茶具的用途和制作工艺，观赏茶艺师精湛的茶艺表演。

在参观的过程中，教师可以引导学生用英语进行现场解说，描述他们所见所感，如茶叶的香气、茶具的精美、茶艺表演的流程等。这种现场解说的活动不仅锻炼了学生的英语口语表达能力，还提高了他们的观察力和描述力。同时，学生还可以主动与茶艺师进行英语对话，提出自己对茶文化感兴趣的问题，这样的互动交流有助于学生提高语言的实际应用能力，增强他们的交际技巧和自信心。此外，线下活动还能够激发学生对中国传统文化的兴趣和热爱，使他们在学习英语的同时，更加深入地理解和欣赏中华文明的博大精深。通过这样的实践活动，学生不仅能够提升自己的语言能力，还能够培养交际的意识和能力，为他们将来在全球化背景下的学习和工作奠定坚实的基础。

总而言之，线上线下结合的互动式教学活动还有助于培养学生的自主学习能力。在这种教学模式下，学生需要自己查找资料、组织信息、参与讨论和实践活动，这种自主探索的过程能够让学生在学习中发挥主动性，培养他们的独立思考和解决问题的能力。同时，通过线上平台的交流和合作，学生还能够学会如何有效地与他人沟通和协作，这对于他们未来的学习和工作都是非常有益的。

（三）实施项目导向学习，促进学生综合能力发展

项目导向学习是一种以学生为中心的教学方法，它鼓励学生通过参与和完成具体项目来学习知识和技能。在茶文化融入英语口语教学的实践中，教师可以设计一系列与茶文化相关的项目，如策划一场茶文化展览、制作一部关于茶文化的短片、组织一次茶艺表演等。

通过这些项目，学生不仅能够学习茶文化知识和英语口语表达，还能够在实践中培养自己的研究能力、创新思维、项目管理和团队合作能力。例如，在策划茶文化展览的过程中，学生需要进行资料收集、内容策划、布展

设计等一系列工作，这些工作都需要用英语进行沟通和协作，从而有效地提高了学生的英语口语能力和实际应用能力。此外，项目导向学习还能够激发学生的学习兴趣和动力，让他们在解决实际问题的过程中体验到学习的乐趣和成就感。

（四）推动个性化学习，满足学生的不同需求

新媒体技术的发展使得个性化学习成为可能。在茶文化融入英语口语教学的实践中，教师可以根据学生的兴趣、水平和需求，提供个性化的学习资源和教学支持。例如，教师可以为不同水平的学生提供不同难度的茶文化阅读材料和口语练习题；对于对茶文化特别感兴趣的学生，教师可以提供更深入的研究资源和指导，帮助他们进行专题研究或创作；对于需要更多口语实践机会的学生，教师可以安排他们参与更多的模拟对话和角色扮演活动。

通过个性化学习，每个学生都能够在适合自己的节奏和方式中学习，从而更有效地提高英语口语能力。同时，个性化学习还有助于培养学生的自主学习能力和批判性思维能力，为他们未来的学习和生活打下坚实的基础。

第七章 文化视域下的高校英语阅读与写作教学研究

第一节 高校英语阅读教学的目标与内容

一、高校英语阅读教学的目标层次

第一,高校英语阅读的基础目标:能够基本理解主题熟悉、语言难度适中的英语报刊文章及其他英语材料;能够使用词典辅助阅读英语教材以及未来工作与生活中可能遇到的常见应用文和基础专业资料,把握文章的中心大意,厘清相关细节;能够根据不同的阅读目的和材料的难易程度,适当调整阅读速度与策略;并能运用基础阅读技巧。

第二,高校英语阅读的提高目标:能基本读懂公开发表的英语报刊上一般性题材的文章;能阅读与所学专业相关的综述性文献,或与未来工作相关的说明书、操作手册等材料,理解中心大意、关键信息、文章的篇章结构和隐含意义等;能较好地运用快速阅读技巧阅读篇幅较长、难度中等的材料;能较好地运用常用的阅读策略。

第三,高校英语阅读的发展目标:能够阅读并理解具有一定难度的文章,包括主旨大意和细节信息;能够较为顺畅地阅读公开发行的英语报刊文章,以及与自己专业领域相关的英语文献和资料,较好地把握其中的逻辑结构和深层含义;能够对不同阅读材料进行综合分析,形成个人的见解和理解;并能恰当地应用各种阅读技巧。

二、高校英语阅读教学的内容分类

无论哪种教学，教学内容都必须以教学目的为出发点。英语阅读教学目的在于培养学生的阅读能力，使学生能够通过阅读英语材料获取所需信息。基于这一目的，高校英语阅读教学应包括十个方面的内容：①辨认语言符号，猜测陌生词语的意思和用法；②理解概念及文章的隐含意义；③理解句子言语的交际意义及句子之间的关系，通过衔接词理解文章各部分之间的意义关系；④辨认语篇指示词语，确定文章语篇的主要观点或主要信息；⑤从支撑细节中理解主题；⑥总结文章的主要信息；⑦培养基本的推理技巧；⑧培养跳读技巧；⑨培养览读技巧；⑩将信息图表化。

第二节 文化意识培养下的高校英语阅读教学

一、文化意识对高校英语阅读教学的影响

第一，提升文化理解力。文化意识在高校英语阅读教学中扮演着至关重要的角色，它不仅涉及对文本内容的理解，还包括对文本背后深层文化价值观和历史背景的把握。具备良好文化意识的学生能够更深入地理解英语材料中的隐含意义，识别并解读作者的文化假设和观点。通过强化文化意识，学生能够在阅读过程中建立起连接不同文化的桥梁，将英语文本与自己的文化背景相联系，从而更全面地理解材料。例如，在阅读关于西方节日的英语文章时，学生可以探索这些节日与中国传统节日的异同，这样的比较不仅有助于加深对文本的理解，还能够促进对不同文化的尊重和欣赏。

第二，增强批判性思维。文化意识的培养有助于学生发展批判性思维能力。在英语阅读教学中，学生不仅需要接受信息，更需要学会分析、评价和反思这些信息。具备文化意识的学生能够识别文本中的文化偏见和刻板印象，对所阅读的内容进行批判性的分析。通过讨论和反思文本中的文化元素，学生可以培养独立思考的习惯，形成自己的观点和见解。例如，在阅读

关于全球化影响的文章时，学生可以探讨全球化对不同文化的影响，分析全球化进程中的文化冲突和融合，从而形成对全球化复杂性的深刻理解。

第三，激发学习兴趣和动机。文化意识的培养能够激发学生的学习兴趣和动机。英语阅读材料往往蕴含丰富的文化内涵，通过将这些文化元素融入教学，可以使阅读课程变得更加生动有趣。学生在探索不同文化的同时，也在学习语言，这种结合使得学习过程更加吸引人。例如，通过阅读关于中国传统节日的英语文章，学生不仅能够学习到相关的语言表达，还能够了解到节日的历史和文化意义。这种文化与语言相结合的学习方式，能够提高学生的学习积极性，增强他们对英语阅读的兴趣和动机。

二、文化意识培养下高校英语阅读教学的注意事项

（一）立足语篇和语境

在高校英语阅读理解中，有的学生知道某个词汇的意思，但是仍然无法将上下文联系起来理解，形成一个连贯的意义。有的学生按照阅读中文的习惯去阅读英语，这同样会给英语阅读带来一些障碍。为了解决这种问题，阅读教师就要从语篇整体的角度进行教学，培养学生的全局意识，提高学生的综合阅读能力。这就要求教师做到以下三个方面：

1. 介绍逻辑连接

（1）显明性与隐含性。显明性指的是英语中逻辑关系的表达往往依赖于连接词等衔接手段，如"but""and"等，这些词在语篇中充当"语篇标记"。与此相对的是隐含性，它指的是汉语语篇中的逻辑关系不一定通过衔接词明确标示，而是可以通过上下文的分析来推断和理解。英语属于形合语言，注重形式上的衔接，逻辑关系表达具有明显的显明性；汉语则属于意合语言，侧重于意念上的衔接，因此具有较高的隐含性。

（2）浓缩性与展开性。除了逻辑连接的明晰性外，英语在语义上也展现出了高度的浓缩性。这种明晰性通常通过明确的连接词来体现，它是语言形式活动的直接反映。而浓缩性则不那么直观，它源自英语特有的思维模式和语言特征，导致英语倾向于采用各种方法来压缩信息。若将英语文本逐字逐

句地直译成中文，可能会造成理解上的偏差。与之相对，汉语更倾向于扩展性，常常利用简短的句子和逐步的论述来细致阐述事物，这有助于信息的清晰与明确传递。

（3）直线性表述与迂回性表述。直线性表述与迂回性表述体现了英汉语言逻辑关系的差异。英语倾向于直接陈述，通常在句子开头直接提出重点，然后逐步展开细节。汉语则更注重迂回性，往往先提供背景信息和相关细节，最终引出核心要点。

例如：Electricity would be of very little service if we were obliged to depend on the momentary flow.

翻译：如果我们只能依靠瞬时的电流，电就没有太大的用处。

在上述例句中，逻辑意义是一致的，都起到了"增强"的作用，但表述的顺序却截然相反。英语原句采用主从复合句结构，将重点信息置于前，次要信息置于后。而在翻译成汉语时，顺序调整为先介绍次要信息，再引出重点信息，这样的表达更贴合汉语的习惯。

2. 明确修辞手法

（1）拟声。在英汉两种语言中，拟声修辞手法非常相似，都是通过模仿事物发出的声音来使语言更加生动形象。例如：

Whee－ee－ee——模仿声音"呜呜呜"

Ta－ta－ta——模仿声音"嗒嗒嗒"

（2）拟人。英汉语言中的拟人修辞手法相同，都是将非人事物赋予人的特性，使得事物具有人的情感或行为。例如，"The wind whistled through the trees."翻译为"风呼啸着穿过树林。"，将风赋予了吹哨的人类行为。

（3）夸张。夸张修辞是通过放大或缩小事物的某些特征来强调某种效果或意义，它基于现实但又超出现实。例如，"Charlie was scared to death."翻译为"查理吓得要死"，夸大了查理的恐惧程度。

（4）反语。英汉语言中的反语修辞手法相似，都是通过说出与真实意图相反的话来表达意思，通常包含讽刺或幽默，目的是增强语言的表现力。例如，"But my father was that good in his hat that he couldn't bear to be without us."翻译为"但爸爸偏偏又不是心肠那么好，没有了我们娘儿俩就活不了"，表面上赞扬父亲，实际上却含有讽刺意味。

（5）对偶。所谓对偶，指的是字数、结构等密切相关或者呈现对比排列的词、句子等。从形式上说，对偶是一种节奏感非常强烈、音节整齐的形式。从内容上说，对偶具有较强的概括性。例如"It is easy to be wise after the event, but much safer to take care before it happens."翻译为"事后聪明容易，事前小心安全"。

3. 讲解表达方式

（1）主语与主题。英语属于一种主语突出的语言，它强调主语的运用。在英语中，除省略句外，每个句子都明确包含主语，且要求主语和谓语之间保持严格的一致性。为此，英语经常依赖于特定的语法结构以体现这种一致性。与之相比，汉语则是一种主题突出的语言，它更注重于主题的阐述。汉语的句子结构往往分为两部分：一是引出话题的部分，二是对该话题进行阐述的部分，这里并不特别强调主语与谓语间的一致性联系。

例文：The strong walls of the castle served as a good defense against the attackers.

译文：那座城堡的城墙很坚固，在敌人的进攻中起到了很好的防御作用。

在这个例子中，英语原句有明确的主语"The strong walls of the castle"，并且主语与随后的谓语成分之间存在一致关系。而汉语译文则遵循汉语的表达习惯，前半句作为话题，后半句对话题进行说明。

（2）主观性与客观性。西方人倾向于客观性思维，因此英语中常以无生命的事物或不能主动发出动作的事物作为主语，并以客观的语气呈现。中国人则更注重主观性思维，汉语中常以有生命的事物或人物作为主语，并采用主观的语气表达，这种差异导致英语中的主语和被动语态有明确的界限，经常使用被动语态；而汉语则以主体为根本，形式上更为灵活，句子的语态通常是隐含的。

（二）注重课前预习

在当今信息技术如此发达的时代背景下，学生可以利用互联网和电子设备进行课前预习,这就要求教师提前将本节课的教学目标提前公布给学生,以便学生进行有针对性的预习。例如,教学主题是中西方建筑,高校英语教师设定的教学目标可以是以下形式:①通过略读和寻读,了解中西方建筑的差异;②体会中西方建筑蕴含的文化价值,并能用一些词汇和句型介绍中西方建筑的差异;③深入思考中西建筑文化差异的根源,形成文化自信。

学生完成了课前预习之后,教师可以在上课之前检查他们课前预习的情况。以中西方建筑为例,教师可以让学生以小论文的形式介绍中西方建筑的差异。

(三)强调课后提升

在结束课堂上的探究活动后,学生通常需要通过完成家庭作业来强化在课堂上学到的知识,并有可能在此过程中获得新的洞见。以中西方建筑风格为例,老师可能已经鼓励学生在课上分享他们最喜爱的建筑作品,并用英文讨论中西方建筑的不同之处。通过比较中西文化之间的相似性和差异性,学生能够更深入地理解两种文化。由于在课堂讨论中,学生们互相交换了观点,因此在做家庭作业时,他们应该考虑这些观点进行进一步的复习。因此,家庭作业可能是关于中西方建筑的论文写作,这样的任务与课堂学习紧密相关,但又有所扩展。通过持续的思考、比较和查询资料,学生探索了不同文化背后的历史渊源,这一过程有助于提升他们的思维技能和培养文化意识。

(四)注意进度适当

阅读能力和阅读速度是两个既相互关联又有所区别的概念。需要注意的是,许多学生对这两者之间的关系存在误解,认为它们成正比关系,即阅读速度越快,阅读能力越强。然而,实际情况并非如此,二者之间并无绝对的正相关性。例如,一些学生虽然阅读速度较慢,但理解能力很强;另一些学生可能阅读速度很快,但理解能力却较弱。因此,教师应根据教学阶段和目标,综合考虑阅读效果、阅读任务、阅读方法等因素,对学生的阅读速度进行适当调整,以实现进度适宜,具体可以采取以下两种策略:

第一,在英语阅读教学的初级阶段,教师应将重点放在学生对阅读材料的理解上，因此可以适当降低阅读速度，确保学生能够充分理解内容。

第二，随着英语阅读教学的逐步深入，学生的词汇量、语法知识以及语感都会有所提升，此时教师可以对学生提出更高的阅读速度要求。此外，设定阅读训练的时间限制或增加阅读训练的难度也是提高阅读效率的有效方法。

总而言之，教师在教学中应平衡学生的阅读速度和理解程度，既不能忽视速度的提高，也要确保学生能够深刻理解阅读材料。

三、文化意识培养下高校英语阅读教学的常用策略

在当今全球化的背景下，高校英语阅读教学不仅仅是语言知识的传授，更是文化视域下交际能力的培养。文化意识，是对不同文化的认知、理解和尊重。在高校英语阅读教学中融入文化意识的培养，可以帮助学生更好地理解文本内容，提高阅读理解能力，并增强文化视域下的交流能力。

（一）改变传统课程理念，重构文化差异认知

为了在当前的高校英语阅读教学中落实文化意识的培养，教师需要改变传统的课程教学理念，不断更新自己的教学认知，为学生重构文化差异的认知体系，培养学生对文化差异的理解和对本文化的自信心。

第一，从课程理念的角度出发，高校英语阅读教师需要重新审视传统的教学模式，在不断的实践和教学中发现原有理念的不足之处。通过技术和文化等内容的融入，改变原有的教学模式。

第二，要实现教学模式的变革，高校在课程体系的建设中还需要着重关注课程理念的监督和考核，确保不同教师的英语教学课堂符合当前的教学背景。在具体课程中，将文化意识和阅读内容相结合，不断强调学生文化意识培养的重要性。同时，高校英语阅读教师还应当积极参与课程培训，在了解各种先进教学理念的基础上，提升自身的不同文化思想，树立批判性的文化意识教学维度，帮助学生深入理解不同阅读材料背后的各种民族文化差异，重构学生的文化差异认知体系，并树立"文化与文化互相平等"的意识。

（二）依靠文化素材，优化阅读教学内容选择

高校英语阅读教学的目标不仅仅是提高学生的语言技能，更重要的是培

养学生的文化意识交际能力。为此，教学内容的选择显得尤为关键。教师在挑选阅读材料时，应当超越传统，注重材料的多样性和文化内涵，以确保学生能够从多角度、多层次地理解和体验英语使用国家的文化背景和社会现实。为了实现这一目标，教师可以选择包括但不限于民间故事、历史文献、广告、电影剧本等在内的文本。这些文本类型不仅涵盖了广泛的文化主题，而且包含了丰富的社会信息和价值观念。通过这些多样化的材料，学生可以接触到不同的文化元素和社会现象，从而在阅读过程中自然而然地培养出对文化差异的敏感性和理解力。

此外，教师在设计阅读任务时，应当鼓励学生进行深入的探讨和分析。例如，通过比较分析不同国家的节日习俗，学生不仅能够认识到文化多样性的存在，还能够理解到文化差异背后的历史、地理等多方面因素。这样的比较分析活动不仅能够提高学生的批判性思维能力，还能够促进他们在文化视域下交流中的适应性和创造性。在这一过程中，教师的角色是引导者和促进者。他们应当通过提问、讨论和反馈等方式，激发学生的思考和探究欲望，帮助他们建立起多元文化的视角和理解框架。通过这样的教学实践，学生的文化意识将得到显著提升，他们的英语阅读能力和多元文化交际能力也将得到全面的发展。

（三）利用信息技术，重建教学文化资源体系

在科学技术不断发展的当下，实现"技术＋内容"的统一成为英语阅读教学未来的发展目标。"技术"可以为学生提供更加真实、更加形象的资源，"内容"可以丰富学生的知识面、学习面。在此基础上，将文化意识培养融入其中，能够很好重建学生的文化体系和文化认知。

第一，从教师层面上而言，教师不仅需要为学生提供丰富的语言知识，还需要让学生在阅读时了解到各个故事背后的背景故事和背景文化。例如，阅读有关西方信仰方面的书籍，学生就需要了解西方有关信仰的历史和文化脉络，在此基础上，才能够真正了解作者的创作目的和写作方向。同时，随着科技和信息技术在教育领域的不断应用，高校英语阅读教师如何实现课堂和信息的统一成为需要着重关注的问题。例如，教师在讲解西方文化历程

时，可以将计算机、多媒体创新融入阅读课程当中，借助互联网当中的各种视频、各种解说，让学生了解到最基础、最简洁的文化背景。在此基础上利用PPT展示、书籍疑问提出等方式，让学生充分发挥自身主动性，主动借助多媒体、信息技术查找自己想要的资料。通过各种信息资源的展示与呈现，能让学生对西方风俗、饮食等各方面的文化有更加清晰的认知。

第二，从学生层面上而言，在信息技术不断运用的背景下，学生需要充分发挥自身学习主动性，主动探索阅读材料、阅读书籍当中的各种文化信息，在各种信息技术的运用下，实现多角度、多方面看待问题。同时，将英语阅读与互联网技术相结合，还能够在一定程度上激发学生的学习兴趣和学习热情，帮助学生掌握更多有关文化知识、文化背景、文化表达等方面的内容，最终实现文化意识的不断培养和树立。除此之外，学生还可以利用课余时间寻找更加专业化、更加多元化的学习平台，在平台当中实现与其他国家学生的沟通交流，进一步在实践、运用过程中锻炼自身文化交流的能力，实现文化体系、文化内涵的转变。

（四）强调教学效果，注重文化内容的一体化

在全球化的今天，文化意识的培养在高校英语阅读教学中显得尤为重要。通过有效的教学策略，不仅可以提升学生的英语阅读能力，还能够培养他们成为具有国际视野和文化素养的高素质人才，为社会和国家的发展作出贡献。为了实现这一目标，教师需要关注课堂教学的实际效果，并采取一系列措施来强化文化内容与英语知识的一体化教学。

第一，教师应当密切关注学生在阅读课堂上的表现，针对学生的学习特点和能力水平，灵活调整教学策略和方法。通过个性化的教学，教师可以更好地满足学生的需求，激发他们的学习兴趣，使英语阅读课堂成为他们展示自我、提升自我能力的重要场所。

第二，高校和管理部门应当共同努力，为学生提供更广阔的英语学习和文化探索平台。高校可以通过组织各类英语阅读讲座、技巧分享会等活动，让学生接触到更丰富、更多元的文化知识。管理部门则可以利用官网、公众号等媒介平台，发布与文化意识培养相关的文章和资料，使学生能够接触到

第一手的学习资源，提高他们的文化敏感度和认知水平。

第三，英语教师应当不断创新教学模式，采用更加符合学生发展需求的教学理念。例如，实施"内容为主、文化为辅"的教学策略，将文化元素融入英语知识的学习中，使学生在学习语言的同时，也能够理解和体验不同的文化背景。或者采取"内容与形式并重"的教学方法，注重语言知识的系统学习和文化背景的深入探讨，帮助学生构建全面的英语知识体系和文化认知框架。

在这样的教学模式下，学生可以根据自己的特点和兴趣选择适合自己的学习路径。教师应当为学生提供充分的表达和展示自我的机会，如组织英语演讲比赛、写作工作坊、文化研究项目等，让学生在实践中提升自己的英语阅读能力和文化理解能力。最终，通过这种以文化意识培养为核心的英语阅读教学，学生不仅能够提高自己的英语水平，还能够培养出多元文化交际的能力，增强对不同文化的理解和尊重。这将有助于学生在未来的学习和工作中更好地适应国际化的环境，成为具有全球竞争力的高素质人才。

（五）借助评估改革，完善英语阅读评价方式

在当前教育背景下，对阅读教学的评价方式进行改革显得尤为重要。传统的评价体系过于依赖分数和标准化考试，这种方式往往忽视了学生的文化意识和批判性思维能力的培养。为了更全面地评价学生的综合素质，特别是文化意识水平，我们需要构建一个更为科学和多元的评价体系。

第一，教师可以设计一系列开放性问题和讨论话题，引导学生在高校英语阅读过程中主动探索和思考文化差异，这些问题可以涉及不同文化背景下的价值观、行为习惯、历史传统等方面，鼓励学生从多角度、多维度去理解和分析文本内容。通过小组讨论、课堂展示等形式，学生可以分享自己的观点和见解，教师则可以根据学生的发言内容和参与程度给予评价。

第二，为了进一步完善评价方式体系，教师还可以采用同伴评价和自我评价的方法。同伴评价可以让学生从他人的视角看待自己的学习成果，学会批判性地分析和反思；自我评价则可以帮助学生建立自主学习的意识，培养自我监控和自我调整的能力。

第三，教师应当注重评价结果的反馈和应用。评价不应该仅仅是一个单向的过程，而应该是一个促进学生不断进步和成长的动力。高校英语教师在进行阅读教学时，应当及时向学生反馈评价结果，并根据评价结果调整教学策略和内容，帮助学生找到自己的不足之处并制定改进计划。

第三节　高校英语写作教学的目标与内容

一、高校英语写作教学的目标层次

"英语写作能够客观地反映学生的思维组织能力和语言表达能力等主动性技能，也是英语听、说、读、写、译五大技能中最能体现学生语言掌握能力的重要项目"[1]。高校英语写作教学的目标层次主要包括以下方面：

第一，高校英语写作的基础目标：能用英语描述个人经历、观感、情感和发生的事件等；能写常见的应用文；能就一般性话题或提纲以短文的形式展开简短讨论、解释、说明等。语言结构基本完整，中心思想明确，用词较为恰当，语意连贯；能运用基本的写作技巧。

第二，高校英语写作的提高目标：能用英语就一般性的主题表达个人观点；能撰写所学专业论文的英文摘要和英语小论文；能描述各种图表；能用英语对未来所从事工作或岗位职能、业务、产品等进行简要的书面介绍，语言表达内容完整，观点明确，条理清楚，语句通顺；能较好地运用常用的书面表达与交流技巧。

第三，高校英语写作的发展目标：能够使用书面英语流畅地表达个人观点；能够就广泛的社会和文化主题撰写具有一定深度的说明性和议论性文章，以及就专业话题编写简短的报告或论文，确保思想表达清晰，内容充实，文章结构条理分明，逻辑性强；能够对来自不同来源的信息进行整理，撰写提纲、总结或摘要，并复述其中的论点和依据；能够根据不同的情境和

---

[1] 张海芹. 高校英语写作教学策略浅析 [J]. 佳木斯教育学院学报，2010（5）：334.

目的，以适当的格式和文体撰写商务信函、短信、备忘录等；并能恰当地运用各种写作技巧。

二、高校英语写作教学的内容分类

高校英语写作教学是一项系统而复杂的任务，其内容分类可以从多个维度进行划分。

第一，从写作技能的角度进行分类，包括基础写作技能和高级写作技能。基础写作技能涉及句子结构、段落构建、语法正确性、词汇选择等方面，这是学生开始写作前必须掌握的基础。高级写作技能则包括论证技巧、逻辑推理、批判性思维、风格和语调的把握，以及修辞手法的运用等，这些技能要求学生在写作时能够清晰、有逻辑地表达自己的观点，并能够有效地与读者沟通。

第二，从写作目的和受众的角度，高校英语写作教学的内容可以分为学术写作和实用写作。学术写作包括撰写论文、报告、文献综述等，这类写作强调格式规范、引用准确、论证严谨。实用写作则更侧重于日常生活和工作中的应用，如商务信函、会议记录、项目提案等，这类写作注重效率、清晰和适用性。

第三，从写作过程的角度，教学内容可以分为写作前、写作中和写作后三个阶段。写作前阶段包括选题、构思、资料搜集和大纲制定等，这一阶段是写作成功的关键。写作中阶段则涉及实际的文字创作，包括初稿的撰写、内容的组织和语言的润色。写作后阶段则包括自我编辑、同伴评审和教师反馈，这一阶段对于提升写作质量至关重要。

第四，高校英语写作教学还应包括学生交际能力的培养。在全球化背景下，学生需要了解不同文化背景下的写作习惯和规范，能够在多元文化的环境中进行有效沟通。这包括了解不同文化对语言使用的影响、避免文化偏见和误解，以及学会在写作中展现文化敏感性和包容性。

第五，随着信息技术的发展，数字写作也成为高校英语写作教学的新内容。数字写作不仅包括传统写作的电子化，还涉及多媒体内容的整合、网络资源的利用，以及在线协作写作等。学生需要掌握如何在数字环境中进行有效写作，包括使用各种在线工具和平台，以及如何在网络空间中维护学术诚信。

第四节 中华优秀传统文化与高校英语写作课堂的融合

中华文明历史悠久，孕育了丰富多彩的文化遗产，为世界文化多样性做出了重要贡献。在现代社会，自信的文化观念是国家发展的重要基石。教育是培养人才和传承文化的关键途径，尤其是高等教育，对于培养具有全面素质的人才具有重要作用。在高等教育中，各学科的教学模式应当注重文化元素的融入，这不仅能够丰富教学内容，还能够拓宽学生的知识视野。例如，在语言教育领域，英语教学不仅要注重语言技能的培养，还应当强调文化教育的重要性。

近年来，随着教育理念的不断更新，高校英语写作课程的教学目标也在不断拓展。从单纯的语言知识和技能传授，转变为更加注重学生的全面发展，强调价值观的培养和跨学科思维的引导，这种转变有助于培养具有正确世界观、积极人生观和健康价值观的新时代人才。在这样的教学理念下，英语写作课程不仅要提高学生的语言运用能力，还要引导学生深入理解中华文化，认识到语言在文化传承和传播中的重要作用。通过这样的教学实践，可以激发学生对中华文化的兴趣和热爱，鼓励他们成为中华文化的传播者和创新者，为推动中华文化的繁荣发展作出贡献。

一、精选写作主题，突出中华优秀传统文化教育

高校英语写作课程主要教授英语短文的各类体裁及写作手法，课程学习中需要进行各类主题写作的训练。写作课堂要融入中华文化元素，需要对教学内容进行合理的拓展，根据教学内容，精心选择各单元的写作主题，详细制定既能锻炼学生英文写作技巧，也能巩固他们中华优秀传统文化知识的教学目标。为达到这个目的，首先，教师要确定各单元具体的中华文化学习目标，以中华优秀传统文化的内涵为基础，传承与宣扬天人合一的自然观、家国同构的社会观、仁爱共济的道德观和自强不息的精神观等。其次，以文化教学目标为导向，对写作阅读文本进行合理的选择与拓展。现今，大部分的高校英语写作教材都采用以读促写的编写模式，旨在促使学生阅读相关主题的多篇文献后，有感而发，迸发一吐为快的写作热情。在融入中华文化元素的内容时，不一定选用专门介绍中华文化的文章，可在共时维度下，对比中外的自然观、道德观、社会观或精神观；也可采用历时维度的方式，以时间为线，串联中外某种思想观念、社会形态或制度风俗等的演变和发展方式。这样，学生在阅读精选文章并获得拓展知识后，再运用所学的写作手法，表达自己对相关主题的认识与思考，最终完成单元教学目标。

二、掌握英文语篇写作技巧，恰当表达思想观点

向世界传播中华文化，需要用目标语言，主要是英语来表述。而英语的语篇组织和汉语有较大的区别，语篇组织能力是有效表达思想的关键，也是英语写作课程的主要学习目标。"语篇能力是语言使用者按照衔接和连贯规则将词语连接在一起形成文本的能力，以及传达和解释语境意义的能力"[1]。汉语是以意统形的语言，句与句之间的衔接往往可以通过语境意会。而英语对句子及段落之间的逻辑要求严密，需要大量的衔接与连贯手法来构建语篇意义。因此，熟练掌握语篇写作技巧，对有效传播中华文化有极大的帮助。汉语写作习惯有曲线思维的倾向，即绕弯，避开主题，从大到小，先整体后局部，由远及近，把自己的观点和内容保留到最后，或含而不露，顾大局、求笼统、以螺旋式扩展的语篇结构为主。英语短文的篇章结构是典型的直截了当。文章中心句，段落主题句，支撑句，结论句，以直线性逻辑思维方式依次展开。文章伊始，先清楚地点明主题，然后以分论点的形式围绕主论点进行解释说明或举例论证，最后重申主题，总结要点。

除此之外，衔接与连贯也是英汉两种语言的主要区别。汉语重视语义和

---

[1] 范娟. 中华优秀传统文化元素融入大学英语写作课堂的教学实践研究[J]. 高教学刊，2024，10（S1）：108.

逻辑上的连贯，句与句之间，不常用衔接词，可以依靠层次和内容之间的自然衔接来传递思想观点。英语注重形式上的衔接，其衔接手段主要有五大类，即照应、省略、替代、连词和词汇衔接。句子之间多用各类手段连接，语法形式是典型的显性连接。如汉语句子"他不老实，我不信任他"。而英语句子为"I can't trust him, because he is not honest."连词 because 在英语中不可缺少，而在汉语里可有可无。

高校学生在学习英文写作时，大都已具备了相当的母语，即汉语写作能力，母语的负迁移影响，会让他们的英文写作缺乏篇章结构、衔接与连贯等方面的准确性与得体性。因此，在教学过程中，为了能准确有效地描述中华文化细节，教师需详细介绍英文语篇的写作技巧，让学生充分了解英语文章的逻辑表达习惯及英文句子之间的衔接形式。

三、比较思维方式，掌握中华文化英语表达逻辑

思维方式是指人们看待事物的方式、方法和角度。世界各国的人们既有人类共有的思维规律，也有在不同文化氛围下形成的、看待事物的独特态度和方法。思维方式与语言紧密相关，它是语言生成和发展的深层机制，同时，语言又促进思维方式得以具体地形成和发展。

中华文化有形象思维的偏好。所谓形象思维，是在对客观事物的形象进行感受、存储的基础上，结合主观的认识和情感进行识别，并通过一定的形式、手段或工具创造、描述形象的一种思维方式。中华文化中的形象思维比较发达，例如，中国诗词中的形象类比手法非常丰富，由此可窥见一斑。而大部分英语国家的人，注重具体分析，习惯从个体、局部说起，再类推到整体、全局。在日常用语中，人们就会发现，英语的人名表达是先名后姓，时间是先时分再日月年，地名是先街名、城市名再是国家名。表达顺序都与汉语相反，这也能反映出英语国家的人们对具体、个体的重视已渗透到语言习惯中。

概括而言，中西思维有这样几个显著的差异，即综合性与逻辑性、整体性与个体性、委婉性与直接性。中国人喜综合思考，凡事从大局出发，表达

含蓄；西方人讲逻辑思维，强调个性特点，说话直截了当。为了达到互相理解的效果，中国文化的对外交流也应遵循西方人思维的逻辑进行写作。

　　了解这些思维方式的差异对于高校英语写作教学具有重要意义。教师在写作教学过程中，应当引导学生认识到这些差异，并在实际的语言运用中加以注意和适应。例如，在英语写作教学中，教师可以指导学生采用更加逻辑性强、直接表达的写作方式，以符合英语国家读者的阅读习惯。同时，教师也可以通过比较分析中西文化中的思维方式，帮助学生更深入地理解语言背后的文化含义，从而提高他们的多元文化交际能力。通过这样的教学实践，学生不仅能够提高英语写作技能，还能够增强对不同文化的理解和尊重，为未来的国际交流和合作奠定坚实的基础。

第八章 文化视域下的高校英语翻译教学研究

第一节 高校英语翻译教学的目标与内容

一、高校英语翻译教学的目标

第一，高校英语翻译的基础目标：学生应能利用词典对熟悉的题材、结构清晰、语言难度较低的文章进行英汉互译，确保译文的基本准确性，避免重大的理解和语言表达错误；同时，学生应具备有限的翻译技巧应用能力。

第二，高校英语翻译的提高目标：学生应能摘译与所学专业或未来工作岗位相关、语言难度适中的文献资料；在借助词典的情况下，能够翻译体裁较为正式、题材熟悉的文章，确保理解的正确性和译文的基本达意，语言表达需清晰；此外，学生应能运用常用的翻译技巧。

第三，高校英语翻译的发展目标：学生应能翻译较为正式的议论性或不同话题的口头或书面材料；在借助词典的情况下，能够翻译介绍中外国情或文化的文字资料，确保译文内容的准确性，避免错译、漏译，文字需通顺达意，语言表达错误较少；学生应能翻译所学专业或所从事职业的文献资料，确保对原文的准确理解，译文语言通顺，结构清晰，基本满足专业研究和业务工作的需要；最后，学生应能恰当地运用翻译技巧。

二、高校英语翻译教学的内容

第一，翻译基本理论探讨。翻译理论框架的构建是理解翻译活动本质的核心，涵盖了翻译的过程、标准、译者要求以及辞书等辅助工具的运用策略。翻译过程中，译者需要遵循一定的标准，这些标准不仅涉及语言的准确转换，还包括文化内涵和思维模式的适当传达。因此，翻译理论的学习和应用对于译者而言，是完成翻译任务的基础和关键。

第二，英汉语言对比分析。英汉语言对比是翻译理论与实践中不可或缺的一部分，其研究范围广泛，包括语言本体层面的比较，如语义学、词法学、句法学以及文体学等，同时也涉及文化和思维方式层面的深层对比。通过对比分析，译者能够更深入地理解原文信息，从而更准确、完整、恰当地传达原文内容。

第三，翻译技巧的探讨与应用。翻译技巧是翻译者在翻译过程中解决具体问题的实际操作方法。这些技巧包括但不限于：语序调整、正反翻译、增词与减词、主动与被动语态的转换，以及句子语用功能的再现等。这些技巧在翻译实践中往往是相互交织、综合运用的，译者需要根据翻译的具体情况，灵活运用各种翻译技巧，以达到最佳翻译效果。

第四，翻译理论与实践的结合。翻译理论的学习和应用是一个持续的过程，需要译者在翻译实践中不断学习和实践，以及在学习中创新和发展。翻译作为一种文化交际的活动，其理论和实践的探讨是一个相互影响、相互促进的过程。通过系统地掌握翻译理论、深入进行语言对比研究，以及灵活运用翻译技巧，译者能够更好地完成翻译任务，促进不同文化之间的交流和理解。

第二节　文化视域下的英汉文字差异与翻译

一、文化视域下的英汉文字差异

（一）词的差异

1. 构词法的差异

（1）派生法差异。派生法也称"缀合法"，主要利用词根和词缀来构成词汇。英语中的词缀可以为前缀和后缀，前缀主要用于改变词汇的含义，对于词性几乎没有影响，但这也不是绝对的，英语中有少数的前缀在构词时也会改变词性；后缀则主要用于改变词性，对词汇意义没有较大的影响。汉语虽然也有派生构词法，但其构词力不如英语那么多，汉语中对词缀的分类还没有进入成熟阶段，对于词缀的划分也莫衷一是。

汉语的前缀主要用于改变词性，与英语中的前缀有本质区别，其功能与英语中的后缀类似。汉语中前缀的含义不具体，有的前缀甚至没有具体含义，很多前缀在构词时只起到构词作用。例如，老——老婆、老虎、老大；阿——阿公、阿妈、阿婆等。汉语中的后缀数量要比前缀多，汉语中后缀的作用主要用于改变词性，这一点与英语后缀是相同的，但与英语不同的是，汉语中的后缀在构词时多构成名词，其后缀的作用没有英语后缀广泛。

（2）复合法的差异。复合法在英语中的词汇生成能力也很强，英语复合法指的是将英语中的两个或者两个以上的词构成一个新词，英语中复合词的词性一般由构成复合词的后一个词来体现。汉语中的复合词主要是将汉语中的两个或者两个以上的字按照一定的次序进行组合而形成的新词。汉语中复合词的数量相对于派生法构成的词要多很多。汉语复合词的构成一般是按照某种语法规则或者逻辑顺序而构成的，这些词汇的逻辑顺序差异受到了中英两国思维模式以及文化差异的影响。

2. 词类的差异

（1）名词差异。英语中的名词可以分为普通名词和专有名词，可数名词和不可数名词，等等。汉语名词则可以分为普通名词、专有名词、抽象名词等。英语和汉语名词最明显的一个区别就是英语中的可数名词一般都有单数和复数形式，而汉语中的名词则没有这样的概念，英语中的不可数名词的形式是固定的。

（2）动词差异。英汉动词的差异主要体现在语法含义上，英语中的动词具有很多语法含义，其语法形态的变化很丰富。英语动词具有人称、数、时态等概念。英语中的人称和数指的是英语句子中的主谓一致原则，当句子的主语为单数时，句子中的动词也应该使用其相应的单数形式，但如果句子中的主语是复数时，句子的动词要使用相应的复数形式。英语动词还具有很多种时态，英语中动词是句子的中心。动词在句中可以表示不同时态含义，一个动词可以有很多种时态。

（3）形容词差异。英汉形容词的差异主要体现在其用法上，英语中，形容词在作修饰语时，其位置一般在被修饰语的前面，也可以放到被修饰词的后面，如 a big apple, a heavy bag, something wrong 等。汉语形容词作修饰语时，一般放置在被修饰词的前面。英语中的形容词不可以作谓语，英语中的谓语只能由动词来担当。而汉语中的形容词是可以作谓语的，主要用于表示人物的性状等，例如，今天天气热。

（4）副词差异。英汉副词的差异主要体现在其作补语时，英语中副词作补语是为了对名词性词组或者介词进行补充说明。而汉语中副词作补语一般都是用来说明形容词或名词的。

3. 词义的差异

英语中虽然存在很多多义词，但是词义范围较为狭窄，一般对事物的描述比较具体。英语中含有大量的单义词。这些单义词对事物进行描述时只能表达其一方面的特点，其概括性较差，因此英语中对于事物的分类更加详细。英语中有很多外来语，这些外来语也使得英语的含义趋向精确化。随着社会的发展，一些多义词逐渐解体，多义词演变为几个不同的单义词，有些词的含义随着社会的发展不断变化，最终生成新的词。

汉语词汇的词义范围要比英语广泛很多，在汉语中趋向于用同一个词来表达不同的含义，其具体含义的分辨依赖于词汇所使用的语言环境。因此，汉语词汇比英语词汇具有更高的概括性。

（二）句子的差异

1. 形合与意合

英语是典型的形合语言，重形合的英语语言主张"造句时要保证形式完整，句子以形寓意，以法摄神，因而严密规范，采用的是焦点句法"。使句子具有形合的特点的连接手段和形式都非常丰富，如介词、连词、关系代词、关系副词、连接代词、连接副词等。

与英语不同，汉语属于典型的意合语言，句子之间的关系一般不通过连接词或者其他连接手段来实现，汉语句子的内在关系主要依靠上下文以及事件的逻辑关系来表现。

2. 重心的差异

英汉两种语言在句子表达的重心上存在明显差异。英语中习惯"开门见山"地将重要信息放到句子的开头。简单地说，英语句子一般先表态后叙事。而汉语的表达顺序与英语恰恰相反。汉语中习惯先叙述事情的具体情况，将事情发生的背景进行详细介绍，最后发表自己的观点。

3. 语序的差异

（1）定语位置差异。英语中的定语一般放在所修饰词的后面，而汉语中的定语则放在所修饰词的前面，但有时也有部分后置的现象。

（2）状语位置差异。状语包括时间状语、地点状语、方式状语和让步状语等。英汉语言中状语的位置具有明显差异。汉语中状语常放到谓语的前面，英语中状语可以前置也可以后置。英语中一般按中心语、方式、地点、时间（从小到大、从具体到概括）的顺序排列，在汉语中和英语正好相反。

4. 语态的差异

被动语态是英语和汉语在语言上的重要差异之一，在英语中被动语态的使用很频繁，一般不能或者不需要指出动作的执行者时就需要使用被动语态。汉语被动语态的表达方式与英语的被动语态有较大差异，汉语被动语态的表达多借助词汇手段来实现。这种手段一般又可分为两类：是有形式标记的被动式，如"让""给""被""受""遭""加以""为……所……"等；二是无形式标记的被动式，其主谓关系上有被动含义。

（三）语篇的差异

1. 语篇衔接手段的差异

（1）照应。照应指的是一种语法手段，在语篇中使用代词来指称文中提到的对象，这样可以使语篇更具连贯性。英语属于形合语言，因此语篇的连贯性需要借助于代词、连词等的使用来实现。而汉语中则经常使用一些指示代词和"的"字结构。英汉语言在照应手段上的差异不是很突出，但是英汉语言在照应的使用频率上具有很大差异。在英语照应中，人称代词的使用较多，而汉语中则较少使用人称代词。

（2）省略。省略是英汉语篇中重要的衔接手段，它可以使上下文之间的联系更加紧密，还能有效避免重复。而两者之间的主要差异在于省略使用的多少和其省略部分的不同，在汉语中省略的成分往往是句子的主语，而英语则需保留句子中出现的主语。

（3）替代。替代指的是利用替代形式指代句子上下文出现的词语。替代是避免重复的另一种手段，语篇中经常使用替代来使文章衔接更紧密。英语中替代的使用要多于汉语，且替代形式远远多于汉语。汉语中替代的形式较少，汉语中习惯重复一些词，因此其替代手段使用较少。且汉语替代手段较之英语来说比较单一，主要运用"的"结构。

2. 段落结构的差异

中西方不同的思维模式也会对其语篇结构模式产生影响。英美人重逻辑推理，因此其思维呈直线形发展。而中国人重感性，较为谦逊，所以其思维模式呈螺旋形发展。英语段落一般会按照一个直线发展，即先陈述段落的中心思想，而后的句子都要按照一定的逻辑性顺序自然铺排。汉语的段落结构与英语有很大的不同，汉语语篇段落的主题会在叙述中被不断深化。

3. 语篇模式的差异

常见的英语语篇展开模式有以下类别：

（1）概括—具体模式。又称作"一般—特殊模式""预览—细节模式"或"综合—例证模式"。该模式的语篇展开顺序是：概括陈述—具体陈述1—具体陈述2—具体陈述3，以此类推。

（2）问题—解决模式。该模式的语篇描述顺序为：说明情况—出现问题—作出反应—解决问题—作出评价。

（3）主张—反主张模式。该模式的语篇描述顺序为：提出主张或观点—进行澄清—说明主张或观点/提出反对主张或真实情况。

（4）匹配比较模式。这种模式多用于比较两种事物的异同。

（5）叙事模式。叙事模式就是用来叙述事件经过的模式。这种语篇模式常见于人物传记、虚拟故事、历史故事和新闻报道中。在描述事件的发生、发展过程中必然会涉及一些人、事、场合、环境等，我们将这些方面称作"5W"，即何时（when）、何地（where）、何事（what）、何人（who）以及为何（why）。该语篇模式常采用第一人称或第二人称。

与英语语篇模式相比，汉语的语篇展开模式更加多样化，但是，英汉语篇模式具有明显差异。汉语语篇的焦点和重心的位置不固定，具有流动性，有时甚至一个语篇中根本没有焦点。

二、文化视域下的英汉文字翻译

（一）词语的翻译

句子和篇章都是由词语组成的，要做好翻译，必须重视词语的翻译。"英语和汉语有着大致相同的词类，实词中都有名词、动词、形容词、副词、代词、数词，虚词中都有介词和连词"[1]。所不同的是英语中有冠词，而汉语中有量词和语气词。

1. 名词

英汉名词特点基本相同，都表示人、地方和事物的名称，但英语倾向于运用名词来表达某些在汉语中常以动词表达的概念。因此，就词类而言，英语中以名词占优势，即英语倾向多用名词。

（1）名词译作名词。

第一，英语中的名词多数都可以译作汉语中的名词。

例1：We found the hall full.

译文：我们发现礼堂坐满了。

例2：The flowers smell sweet.

译文：花散发着香味。

第二，增加范畴词。抽象名词有时候说明人和事物的性质、情况、动态、过程、结果等，有时候又是具体的人或事物，这些词若直译，不能给人

---

[1] 金朋苏. 大学英语翻译理论与实践 [M]. 武汉：华中科技大学出版社，2009：102.

具体明确的含义，因此，翻译时往往要在汉语的抽象名词后面加上范畴词"情况""作用""现象""性""方法""过程"等来表示行为、现象、属性，使抽象概念更具体些。

例3：Keep your eyes on this new development.

译文：请你注意这个新的发展情况。

抽象名词 development 译作具体的事物"发展情况"。

例4：Under his wise leadership, they accomplished the "impossibility".

译文：在他的英明领导下，他们完成了这件"不可能完成的工作"。

抽象名词 impossibility 译作"不可能完成的工作"。

（2）转译为动词。

第一，含有动作意味的抽象名词往往可以转译成动词。

例1：A careful study of the original text will give you a better translation.

译文：仔细研究原文，你会翻译得更好。

包含有动词意味的 study 译作了汉语的动词"研究"。

例2：The sight and sound of our jet planes filled me with special longing.

译文：看到我们的喷气式飞机，听见隆隆的机声，令我特别神往。

含有动词意味的 sight 和 sound 分别译作了汉语的动词"看到"和"听见"。

第二，由动词派生的抽象名词往往可转译成汉语动词。在英译汉中，常将那些由动词转化或派生而来的行为抽象名词，转译成汉语的动词，以顺应汉语多用动词的习惯。

例4：Enough time has passed since Dolly's arrival for a sober, thorough assessment of the prospects for human cloning.

译文：多利出生以来，人们用了足够多的时间，审慎而详尽地评估了人类克隆的前景问题。

arrival 译成汉语动词"出生"，名词 assessment 译成动词"评估"，读起来更顺畅，符合汉语用词习惯。

例2：In spite of all the terrible warnings and pinches of Mr. Bumble,

Oliver was looking at the repulsive face of his future master with an expression of horror and fear.

译文：尽管本伯尔先生狠狠警告过奥利弗，又在那里使劲掐他，他还是带着惊恐害怕的神情望着他未来的主人那张讨厌的脸。

句中的英语名词 warnings 和 pinches 译作汉语的动词"警告"和"掐"。

（3）名词复数的翻译。名词复数在英语中广泛使用，在汉语中若该复数概念是可以意会的，汉译时一般不必把复数译出来。但有些情况下，需要明确表达原文含义或符合汉语的习惯，则须将复数译出。这时英译汉通常采取增词法或重复法表达名词的复数。

第一，省译名词复数。由于汉语名词的复数不是通过词形变化表示的，因此，英语名词复数在汉译时通常不必译出来。英语的某些名词，总是以复数形式出现，这是因为它们表示的物体总是由两部分构成。如：glasses（眼镜），trousers（裤子），shorts（短裤），knickers（短衬裤）等。汉译时，这些词不必译为复数。

第二，增词法翻译名词复数。通常而言，汉语是通过加数量词或其他词的方式表示复数的，而英语是用名词的形态变化表示复数的。一般而言，在英语复数名词译成汉语时，根据上下文需要，可在名词前加定语"一些、各（诸）、成批（群、堆等）的"，或在名词后加复数词尾"们、群、之流"等表达。

第三，用重复法翻译名词复数。为了加强名词本身或使译文明确、通顺，不至于造成逻辑混乱，常常采用名词重译的方法。

2. 代词

代词可以代替词、词组、句子甚至一大段话。英语代词分为下列八种：人称代词、物主代词、自身代词、相互代词、指示代词、疑问代词、关系代词、不定代词。汉语代词有三种：人称代词、指示代词、疑问代词。

（1）英语代词翻译。

第一，人称代词和物主代词。

一是，省略作主语的人称代词。

首先，根据汉语习惯，前句出现一个主语，后句如仍为同一主语，主语就不必重复出现。英语中通常每句都有主语，因此人称代词作主语往往多次出现，这种多次出现的人称代词汉译时常常可以省略。

例1：I had many wonderful ideas, but I only put a few into practice.

译文：我有很多美妙的想法，但是付诸实践的只是少数。

后句中的主语是人称代词 I，由于和前句中的主语相同，因而汉译时省略了这个人称代词。

例2：He was happy and he must have finished his homework. 译文：他很高兴，一定是完成作业了。

其次，英语中，泛指人称代词作主语时，汉译时也可以省略。

例1：We live and learn.

译文：活到老，学到老。

作主语的人称代词 We 表示泛指，因而在译文中省略。

例2：—When will he arrive?

—You can never tell.

译文：—他什么时候到？

—说不准。

作主语的人称代词 you 表示泛指，翻译时可省略。

例3：The significance of a man is not in what he attained but rather in what he longs to attain.

译文：人生的意义不在于已经获取的，而在于渴望得到什么样的东西。

作从句主语的人称代词 he 表示泛指，翻译时都省略了。

二是，省略作宾语的人称代词。英语中有些作宾语的代词，不管前面是否提到过，翻译时往往可以省略。

例1：The more he tried to hide his mistakes, the more he revealed them.

译文：他越是想要掩盖他的错误，就越是容易暴露。

作宾语的代词 them 省译了。

例2：Please take off the old picture and throw it away.

译文：请把那张旧画取下扔掉。

上例中省译了作宾语的代词 it。

三是，省略物主代词。英语句子中的物主代词出现的频率相当高。一个句子往往会出现好几个物主代词，如果将每个物主代词都译出来，译文就会显得啰嗦。所以在没有其他人称的物主代词出现的情况下，在翻译时物主代词大多被省略。

例1：I put my hand into my pocket.

译文：我把手放进口袋。

例2：She listened to me with her rounded eyes.

译文：她睁大双眼，听我说话。

四是，有时为了加重语气或避免产生误会，要将代词译出。

例如：The workers and their families were starving.

译文：工人和他们的家属在挨饿。

五是，根据上下文进行翻译。英语中的代词表示泛指时，要根据上下文进行翻译，而不能进行照译。

例1：We have shortcomings as well as good points.

译文：人人都有优点，也有缺点。

We 泛指人们，译作"人人"。

例2：You can never tell.

译文：谁也无法预料。

You 泛指一个人、任何人，意思接近 one，译作"谁"。

例3：They say that we are going to have a new school.

译文：听说我们将会有一座新学校。

此句主语 They 泛指人们、大家，They say 可译为"听说，据说"。

第二，关系代词、指示代词和不定代词。

一是，关系代词。英语常用的关系代词有 who, whose, whom, which 等。关系代词所引导的定语从句如需分开译，则关系代词的译法与人称代词及物主代词的译法基本上相同。

首先，译成汉语的代词。

例 1：I was a willing worker，a fact of —which my new boss took fully advantage.

译文：我很爱干活，新老板就尽量占我这个便宜。

例 2：My cousin is a painter，who is in Japan at present.

译文：我表哥是个画家，他现在在日本。

例 3 中的 which 译成"这个"；例 24 中的 who 译成"他"。

其次，重复英语的原词（先行词）。

例 1：Rain comes from clouds，which consist of a great number of small of particles of water.

译文：雨从云中来，云中包含有无数的小水滴。

例 2：The cook turned pale，and asked the housemaid to shut the door, who asked Brittles，who asked the tinker，who pretended not to hear.

译文：厨子的脸发白了，他叫女仆去把门关上，女仆叫布里特兹去，布里特兹叫补锅匠去，而补锅匠却装作没听见。

在这两句中，由于提到的物或人不止一个，因此在译文中重复原词以避免混淆。

二是，指示代词。

首先，英语的 this（these）和 that（those）有着严格的区别，除了表示"这（些）""那（些）"之外，this（these）指较近的事物，或下文将要提及的事物；that（those）指较远的事物，或者上文已提及的事物。而汉语的"这"与"那"区别较小，一般而言，that 常可译成"这"。

例 1：There is nothing comparable in price and quality. That's why we choose it.

译文：在价格和质量上都有着无与伦比的优势，这就是我们选择它的原因。

指示代词 that 指代上文，被译为"这"。

例 2：Do you remember how we recruited，organized and trained them?

That's the basic way to set up a club.

译文：还记得我们如何招募、组织并训练他们的吗？这就是成立一个社团的基本方法。

指示代词 that 指代上文，被译为"这"。

其次，有时英语在前一句中提到两个名词，在后一句中就用 this（these）指第二个名词，用 that（those）指第一个名词。翻译时，汉语常重复原词，而不用"这"与"那"。

例1：I'm going either today or tomorrow; the latter is more Likely.

译文：我或者今天走，或者明天走，明天的可能性大一些。

例2：My father was Irish, my mother—a Highlander. The former died when I was seven years old.

译文：我父亲是爱尔兰人，母亲是苏格兰高地人。我七岁时父亲就死了。

三是，不定代词。

首先，some 和 others 常一起用于英语复合句中，汉语译作"有的……，有的……""或……，或……"。

例1：Some walked to the station, others took a bus.

译文：有的步行去车站，有的乘公共汽车去。

例2：Some of our classmates come from Eastern China, some from Southwestern China, some from North China, and others from the North-east of China.

译文：我的同学或来自华东，或来自西南，或来自华北，或来自东北。

其次，one... another... a third... 用于复合句中，是表示许多并列的事物，汉语译成"一（个）……，一（个）……，一（个）……"或其他表示并列的句型。

例如：Tomorrow morning we have three classes: one is reading; another is oral English, and a third is translation.

译文：明天上午有三堂课，一是阅读，一是口语，一是翻译。

（2）汉语代词翻译。汉语的代词分为人称代词、指示代词和疑问代词三类。

第一，人称代词。汉语常见的人称代词基本形式为：我、你、她、他、它。在它们的后面增加"们"字，可构成它们的复数表达形式。"自己"是一个复称代词，如果句子的主语是人称代词或指人的名词，后边又需要复称主语的，便用"自己"。汉语中，还有"咱、咱们、我们"，表示听话人在内的所有人。汉语使用代词比较少，如果句子能读明白，一般就不加代词，以使句子简洁；有时为了避免重复名词，也使用代词，因此，翻译人称代词时要根据具体情况进行翻译。

一是，增补人称代词。英语通常每句中都要有主语，因此，翻译时要补充人称代词，以符合英语语法习惯。

例1：漏电会引起火灾，必须好好注意。

译文：Leakage will cause a fire, you must take good care.

例2：如果有时间就来串门。

译文：If you are free, please drop in.

以上两例都是无主语句，但翻译成英语时译成了复合句，要增加主语you，使句子完整。

二是，增补物主代词。汉语的很多句子的逻辑关系明确，不需要用物主代词；但英语中涉及人的器官、所有关系、有关的事物时，都要用物主代词。因此，英译时应该增补物主代词，使关系清楚。

例1：他们在做化学试验。

译文：They are doing their chemical experiments.

增补了物主代词their。

例2：她费了不少劲才找到回家的路。

译文：It was with some difficulty that she found the way to her own house.

增补了物主代词her。

例3：他耸耸肩，摇摇头，两眼看天，一句话说不出。

译文：He shrugged his shoulders, shook his head, cast up his eyes, but said nothing.

句中增补了三个物主代词 his。

三是，增补反身代词。汉语的一些句子的反身代词是隐含的，英译时应该补上，尤其是一些作宾语或同位语的反身代词。

例1：为什么我们扇扇子会感到凉快？

译文：Why do we feel cooler when we fan ourselves?

译文中的反身代词 ourselves 在从句中作宾语。增补了反身代词会使句意更完整，即把汉语隐含的内容翻译出来了。

例2：她由于工作落后而感到惭愧。

She was ashamed of herself for being behind in her work.

herself 在译文中充当介词 of 的宾语。

例3：昆虫到冬天就蛰伏起来了。

Insects hide themselves in winter.

四是，人称代词照译。汉语的一些人称代词在句中的用法同英语相似，因此，译成英语时可以照译。

例1：电子计算机为我们节省了大量时间。

译文：The electric computer saves us much time.

例2：咱们今天觉得怎么样，琼斯先生？

译文：And how are we feeling today, Mr. Jones?

例3：大家都说物价又要上涨了。

译文：They say prices are going to increase again.

第二，指示代词。汉语的指示代词基本形式是"这、那"，由此衍生出的常用指示代词有：表示处所的"这儿、那儿、这里、那里"；表示时间的"这会儿、那会儿"；表示方式的"这么（做）、那么（做）、这样（做）、那样（做）"；表示程度的"这么（高）、那么（高）"等。

一是，增补指示代词。英语中常用指示代词来代替句子中曾经出现过的名词，但汉语对出现过的名词常常省略，因此在汉译英时需要增补指示代词。首先，在英语的比较句式中，常常用指示代词来替代前面提到的事物，以避免重复。其次，汉语中表示自然现象、时间、距离、天气等情况时，多用无人称句；但英语的句子必须有主语，因此，译成英语时要增补主语，所增补的主语通常是 it。最后，有时为了英语语法的需要，翻译时要增补形式主语或形式宾语。

二是，照译指示代词。

例如：这是一座现代化的工厂。

译文：This is a modern factory.

第三，疑问代词。汉语中常见的疑问代词有：谁、哪、哪儿、哪里、怎、怎样、怎么、怎么样等。汉语和英语都把疑问代词用在疑问句中，并且都有相对应的词，所以，通常在汉译时可以照译。

例1：谁在隔壁房间打字？

译文：Who is typing next door?

例2：哪儿能买到邮票？

译文：Where can I buy some stamps?

例3：我怎样才能找到好工作？

译文：How can I find a satisfactory job?

3. 动词

英汉两种语言的最大差异之一，便是体现在动词的运用上。汉语和英语相比，汉语动词灵活多变，具有极强的表现力，这有三方面的原因：第一，汉语属综合性语言，其动词没有形态变化，一个句子中可以连用几个动词；英语一般而言一个句子只有一个动词。第二，在英语中，许多名词、介词短语、副词等具有动词的特点。第三，汉语动词除可以作句子的谓语外，还可以作句子的定语、补语、主语、宾语；而英语的动词一般而言作句子的谓语。因此，翻译时，需要注意这些特点。

（1）英语动词翻译。英语动词翻译是语言学习中的一个重要部分，它不仅涉及词汇的准确转换，还包含了语境的恰当运用。在翻译英语动词时，我们通常要考虑以下方面：

第一，词义对应：确保源语言中的动词与目标语言中的动词具有相同或相近的意思。

第二，时态和语态：英语动词有不同的时态和语态，翻译时要确保这些语法特性得到正确反映。

第三，语境适应性：动词在不同的语境下可能有不同的含义，翻译时要考虑到上下文的影响。

第四，搭配习惯：有些动词与特定的副词或介词搭配使用，翻译时要遵循目标语言的习惯用法。

（2）汉语动词翻译。汉语动词具有极强的表现力，综观其使用方法，大致可分为三类：一是动词独用；二是动词连用；三是动词叠用。

第一，动词独用的翻译。汉语动词单独使用时，在翻译中，可以照译或依据情况转译为英语中的名词、形容词、介词、副词等。

第二，动词连用的翻译。所谓动词连用，指的是在一个句子中连续使用两个或两个以上的动词，这在汉语中是极为普遍的。汉语中动词连用有"连动式"结构和"兼语式"结构。而在英语中，如果要在一个句中描述两个以上的动作，则必须对动词做一些处理，要么使用动词的非谓语形式；要么加连词使其成为并列成分；要么使动词变成其他形式，如名词、介词短语等；有时也可省略某个动词。

第三，动词叠用的翻译。叠词是汉语的一种特殊词汇现象，使用非常普遍。汉语的名词、数词、量词、形容词、副词、动词以及象声词都有重叠变化。重叠词可使语言生动活泼，更富有感染力。

（二）句式的翻译

1. 句式翻译的类别

英语文体各异，句型复杂，长句的出现频率高，逻辑性强，给译者增添了许多困难。然而，英语语言具有"形合"的特点，无论多长、多么复杂的结构，都是由一些基本的成分组成的。译者首先要找出句子的主干结构，弄清楚句子的主语、谓语和宾语，然后再分析从句和短句的功能，分析句子中是否有固定搭配、插入语等其他成分。最后，再按照汉语的特点和表达方式组织译文，这样就能保证对句子的正确理解。

（1）英汉句子的种类。英汉两种语言中的句子种类及类型有同有异，具体如下：

第一，英语句子种类及类型。句子是按语法规律构成的语言单位，用以表达一个完整的、独立的意思。句子是构成篇章的基本单位。句子的种类一般是按使用目的划分的，主要有陈述句、疑问句、祈使句和感叹句。句子的类型是按结构划分的，可大体分为简单句、并列句和复合句三种。

第二，汉语句子种类及类型。汉语的句子有单、复句之分。单句可以从不同的角度来分类。从句子所表达的内容和句子的语气来看，单句可以分为陈述句、疑问句、祈使句和感叹句四类。从句子的语法结构来看，单句又可分为完全句、省略句、无主句和独语句四类。复句是由两个或两个以上在意义上有某种联系的单句合起来构成的比较复杂的句子。构成复句的单句叫分句，这些分句必须有一定的联系，这种联系可以用语序或关联词语来表示。

复句的结构比单句复杂，意义和容量也较大。复句的类型是依据分句之间意义上的不同来划分的，一般分为联合复句和偏正复句两大类。联合复句各个分句意义上的联系是平行的，可用来表示并列关系、递进关系、承接关系、选择关系和取舍关系等。

偏正复句各个分句意义上的联系是有主次之分的，表示主要意义的分句叫作正句，表示次要意义的分句叫偏句，通常偏句在前，正句在后。偏正复句按偏句和正句之间意义上联系的不同可以分转折复句、条件复句、假设复句、因果复句、目的复句等。例如，"他的话太感动人了，可惜我不能够照样说出；国无论大小，都各有长处和短处；如果你肯让我们抄写，我们很乐意的啊；既然你这么说了，我就跟你去一趟吧；你快去吧，免得他等急了"。

（2）定语从句翻译。英语中，定语从句分为限制性从句与非限制性从句两种，在句中的位置一般是在其所修饰的先行词后面。限制性定语从句与非限制性定语从句的区别主要在于限制意义的大小。而汉语中定语作为修饰语通常在其所修饰的词前面，并且没有限制意义的大小之分，因此，限制与非限制在翻译中并不起十分重要的作用。英语中多用结构复杂的定语从句，而汉语中修饰语不宜臃肿，所以，在翻译定语从句时，一定要考虑到汉语的表达习惯。如果英语的定语从句太长，无论是限制性的还是非限制性的，都不宜译成汉语中的定语，而应用其他方法处理。英语中单个词作定语时，除少数情况外，一般都放在中心词前面；而较长的定语如词组、介词短语、从句作定语时，则一般放在中心词后面。在了解英汉两种语言差异的基础上，以下探讨适合商务句子的翻译方法：

第一，前置法翻译。前置法即在英译汉时把定语从句放到所修饰的先行词前面，可以用"的"来连接。既然定语从句的意义是作定语修饰语，那么在翻译的时候，通常把较短的定语从句译成带"的"的前置定语，放在定语从句的先行词前面。在商务翻译实践中，人们发现前置法比较适合翻译结构和意义较为简单的限制性定语从句，而一些较短的具有描述性的非限制性定语从句也可采用前置法，但不如限制性定语从句使用得普遍。

第二，后置法翻译。后置法即在英译汉时把定语从句放在所修饰的先行词后面，翻译为并列分句。英语的定语从句结构常常比较复杂，如果译成汉语时把它放在其修饰的先行词前面，会显得定语太臃肿，而无法叙述清楚。这时，可以把定语从句放在先行词后面，译成并列分句，重复或者省略关系代词所代表的含义，有时还可以完全脱离主句而独立成句。

第三，融合法翻译。融合法即把主句和定语从句融合成一个简单句，其中的定语从句译成单句中的谓语部分。由于限制性定语从句与主句关系较紧密，所以，融合法多用于翻译限制性定语从句，尤其是"there be"结构带有定语从句的句型。

第四，状译法翻译。英语的定语从句与汉语中的定语还有一个不同的地方，即英语中有些定语从句和主句关系不密切，它从语法上看是修饰定语从句的先行词的，但限制作用不强，实际上是修饰主句的谓语或全句，起状语的作用。也就是说，有些定语从句兼有状语从句的功能，在意义上与主句有状语关系，表明原因、结果、目的、让步、假设等关系。在这种情况下，需要灵活处理，在准确理解英语原文的基础上，弄清楚逻辑关系，然后把英语中的这些定语从句翻译成各种相应的分句。因此，应视情况将其翻译成相应的状语从句，从而更清晰明确地传达出原文中的逻辑关系。

由此可见，语言的表达是灵活的。英语中的定语从句应根据原文的文体风格、原文内容、上下文的内在逻辑关系灵活处理。在翻译一个句子，特别是当原作语言和译作语言在语法结构和语义结构上差异较大时，往往要经过一个分析、转换和重组的过程。理想的翻译结果是在重组的过程中，两种语言的信息能产生共同的语义结构，并达到概念等值，最终使译文的读者对译文信息的反应与原文的读者对原文信息的反应趋于一致。

（3）状语从句翻译。英语的状语从句在句中可以表示时间、地点、原因、条件、让步、方式、比较、目的和结果等意义。表示不同意义的状语从句在句中分别由不同的从属连词引导。英汉语言中状语从句位置不同。英语中状语从句一般处在宾语后的句尾，即主＋谓＋宾＋状，但有时也出现在句首，而汉语中状语的位置比较固定，汉语中状语往往位于主谓语中间，即：主＋状＋谓＋宾；或者为了表示强调，状语也常常位于主语之前。因此，人们在进行英译汉翻译时要遵循汉语的表达习惯，相应进行语序的调整，不能过分受制于原文的语序和结构。

2. 句式翻译的技巧

在了解掌握了汉译英中词（组）的翻译方法之后，就要应对句子的翻译。要将汉语句子译成通顺、地道的英语句子，译者也往往需要采用适当的句子翻译技巧和方法，以妥善处理不同类型的句子，这些技巧和方法主要包括合句法、分句法和变序法等。

（1）合句法翻译。合句法技巧主要是将汉语复句译成结构紧凑偏正英语句。汉语各句子或分句之间主要凭借语义逻辑维系，而其语法逻辑关系似乎不甚清晰，句子结构在形式上比较松散。因此把汉语句翻译成英语时，需要首先分析汉语复句的各句子或分句之间内在的逻辑关系，确定其主句和分句，再通过使用介词短语、从句等手段把它译成地道的英语句子。

例1：在保险期限内，被保险人应采取一切合理的预防措施，包括认真考虑并付诸实施本公司代表提出的合理的建议。由此产生的一切费用，均由被保险人承担。

译文：During the period of this insurance, the Insured shall at his own expense take all reasonable precautions, including paying sufficient attention to and putting into practice the reasonable recommendations of the Company.

解析：第二个汉语句子在译成英语时作为一个介词短语融入了第一句中，这种处理使英语句子的译文更加简明扼要。

例2：地处人民广场的上海大剧院以其独有的建筑风格成为上海市的标志性建筑。它的存在使人民广场成为这座城市的政治和文化中心。

译文：With its unique style, the Shanghai Grand Theatre located at the Peopled Square has become a representative building in Shanghai, whose existence renders the People's Square the city's center of politics and culture.

解析：英语译句中使用非限制性定语从句，把两个汉语句子合并为一句，使结构紧凑。

例3：他用积攒了好几年的零用钱买了一台数码摄像机。此后，他带着这台摄像机访问了全国各地的景点，拍摄了许多录像。

译文：With the pocket money (that) he had saved for quite a few years, he bought a digital video, with which he then visited various scenic spots throughout the country and shoot a lot of videos.

解析：此例中，汉语复句通过"此后"，把前、后两句作时间上的连接。译成英语时，把第一个汉语连动句式，处理成偏正关系的"with... (that)... he bought..."带定语从句的"介词短语＋主谓结构"；又把第二句汉语句译成"with which."的"非限制性定语从句"，从而把汉语结构相对较为松散的复合句，译成英语一个主句带两个定语从句和一个介词短语的句式，使结构紧凑，逻辑层次分明。这就是合句译法的妙用。

例4：人的一生有多少意义，这有什么衡量标准吗？

译文：Is there any standard to evaluate the meaning of a person's life?

解析：此例的汉语复句由两个分句松散地联合而成。翻译时只要稍加分析就不难发现，这里"衡量标准"即指"衡量人一生有多少意义"的标准。故译成英语时用合句法把第一汉语句译成动词不定式短语，做后置定语修饰"standard"，从而把两句并列关系的汉语句译成一句"偏正关系"的英语简单句，使结构紧凑，重点突出。

由此可见，译者的英语水平越高，就越有可能自如地通过介词短语、动词的非谓语形式（包括独立主格结构）、从句以及插入语等手段，把连接关系相当松散的汉语复句，译成语法逻辑关系清晰、结构层次分明的英语句式。这样既符合英语的表达习惯，又能有效表达句子的含义。

（2）分句法翻译。分句法技巧主要是将汉语长句有机拆译。汉语的句子只要意思连贯，其形式往往呈松散铺排，并无太多语法逻辑的拘泥。汉语句子可以很长，且一个复句中有时可有多个主语。与此反之，英语则是结构分明、逻辑性很强的语言。有鉴于此，译者有时会发觉难以把一个汉语长句的全部内容浓缩于一个英语句中。此时，译者需根据汉语原文的内在逻辑关系，对整个汉语长句进行划分，有机拆开，予以分译，译成两句或两句以上的英语复句。这种翻译方法就是"分句法"。

例1：东方明珠电视塔位于浦东的陆家嘴，电视塔与其东北面的杨浦大桥和西南面的南浦大桥共同构成了一幅"双龙戏珠"的画面，这整幅摄影的经典构图总在激发着人们的想象，全年吸引着数以千计的游客。

译文一：Located in Lujiazui in Pudong area, the Oriental Pearl TV tower, together with the Yangpu Bridge in the northeast and the Nanpu Bridge in the southwest, creates a picture of "twin dragons playing with pearls". The entire scene is a photographic jewel that always arouses the imagination and attracts thousands of visitors year－round. （译成二句）

译文二：The Oriental Pearl TV Tower is located in Lujiazui in Pudong area. The tower, surrounded by the Yangpu Bridge in the northeast and the Nanpu Bridge in the southwest, creates a picture of "twin dragons playing with a pearl". The entire scene is a photographic jewel that always arouses the imagination and attracts thousands of visitors year－round. （译成三句）

解析：首先分析此汉语长句的内在语义逻辑关系，可以对此句做如下划分：

东方明珠电视塔位于浦东的陆家嘴，｜电视塔与其东北面的杨浦大桥和西南面的南浦大桥共同构成了一幅"双龙戏珠"的画面，｜这整幅摄影的经典构图总在激发着人们的想象，｜全年吸引着成千上万的游客。

显然，第一个分句讲述东方明珠电视塔的地理位置；第二个分句讲述它与环境构成"双龙戏珠"的画面，所以前两句为一层意思。而第三个分句则是讲述这幅经典画面对人产生的影响力；第四分句具体说明其影响力，所以后两句为一层意思。

译成英语时可将汉语原文拆分为二至三个句子，分别翻译，条理清晰。

例2：表面上看来，管理者会不得不对一些文化群体比对另一些文化群体在守时方面更宽容一些，但是这种做法在城市文明中是站不住脚的，因为它将使人相信"这种文化的时间取向比西方的时间取向逊色"这一学术论调。

译文：On the surface, it might seem that a manager may have to be more tolerant about punctuality with some cultural groups than others. But this is unwarranted in an urban civilization. It would give credence to the academic literature that implies "the time orientation in such a culture is inferior to that in the West".

解析：分析此句汉语长句的内在逻辑关系，可以对此句做如下划分：

表面上看来，管理者会不得不对一些文化群体比对另一些文化群体在守时方面更宽容一些，｜但是这在城市文明中是站不住脚的，｜它将使人相信此种文化的时间观念比西方的时间观念逊色这一学术论调。

由此可见，第一个分句与后两个分句之间存在着转折关系，而后两个分句之间则存在着并列关系。所以，可将该汉语句子拆译成三个英语句子。

例3：近年来，我国政治体制的改革与调整已经在进行之中，其中最为重要而且成就最为显著的就是政府职能的转变。

译文：The reform and adjustment of the political system of our country has been under way these years. The most significant and the most accomplished (reform and adjustment) is the shift of governmental functions.

解析：该汉语句的前、后两个分句之间其实存在着"总、分"关系，故译成英语时，不妨将两层意思分译成两句英语句子。必须明确的是，使用"分句法"翻译的汉语句并非都是长句。有些汉语句子虽然并不长，是一个句子，但却包含了两层甚至更多层的意思，此时也有必要把汉语句子拆开，予以分译。可看更多的例子：

例4：不，村庄并没有消失，现在的村庄比以往任何时候都更有活力。

译文：No, the village is not dead. It is now more vital than ever before.

解析：该汉语句前后分句之间呈"递进"关系，也可分译。

例5：他的花园里有一个漂亮的池塘，池塘上有一座桥，桥中央有一个亭子。

译文：There is a beautiful pond in his garden. Across the pond is a bridge with a pavilion in the middle.

解析：该汉语句的前后三句之间呈"追述关系"，用动词非谓语形式不妥，故可拆开分译为两句。

（3）变序法翻译。变序法技巧主要是按汉英表达顺序不同而灵活采用。如前所述，汉语与英语的表达顺序不同。汉语中各分句的先后顺序往往是按照事件发生的时间先后、或先因后果、或先条件后结果、或先事实后结论等顺序来排列。与此反之，英语句子的排列顺序则相对要灵活得多。所以汉译英时，可按实际情况、或出于某种修辞手段之目的，有意识地改变原句中部分语法结构的语序，乃至全句和各分句之间的语序，以灵活表达原句之意，达到符合英语表述习惯之目的。"变序法"一般有下列情况：

第一，时间、地点、方式等状语的变序。汉语中往往把表示时间、地点、方式等的状语前置；而英语中状语的位置相对比较灵活，状语的位置可前可后。所以进行汉译英时，常常需要使用"变序法"。

第二，句子语态转换时的变序。"变序法"还常常涉及句子语态转换问题。众所周知，汉语中被动语态的使用频率不是很高，因为汉语常使用主动句式来表达被动含义。较之于汉语，英语中被动语态的使用频率就高得多，因为欧美人惯于使用被动句式以示客观。在科研论文写作中情况更是如此。此外，在不少情况下，汉语语法允许汉语句式为无主句。然而，译者在翻译汉语无主句时，一般可适当地补充句子主语，或可将句子译成被动句。

总而言之，由于汉语和英语在语法和表达习惯方面甚有差异，所以译者在把汉语词语译成符合英语语法和表述习惯的英语译文时，需要使用增词法、省略法、具体法、抽象法、词性转化法、视角转换法、结构调整法、归化法以及加注法等翻译技巧。在把句子和文章译成英语时，需要合理使用合句法、分句法、变序法等技巧，灵活处理句子结构，使句子表达符合欧美人的说话习惯，同时使句子逻辑清晰严密，突出主题思想。译者唯有掌握了上述技巧，凭借着良好的英语语言基础包括句法和语法的概念，再加上丰富的英语词汇量，才能自如地进行难度较高的汉译英翻译活动。

（三）语篇的翻译

句子是语法分析的理想单位，但在运用语言进行实际交往中，语言的基本单位则是语篇。语篇是由句子组建而成的，它是人们运用语言符号进行交往的意义单位，故可长可短。一部长篇小说是一个语篇，一个句子或短语，甚至一个词，都能构成语篇。因此，译者一定要把握好对语篇的翻译。

语篇是高于句子的语言层面，能够独立完成某种特定交际功能的语言单位。语篇是语言结构和翻译的最大单位。语篇可以对话（dialogue）形式出现，也可以独白（monologue）形式出现；可以是众人随意交谈，也可以是挖空心思的诗作或精心布局的小说或故事。但是，需要注意的是，语篇并不一定就是一大段话，只要是表达了一个完整的意思，那么一个词语也可以称为语篇。"基于语篇语言学的语篇翻译为翻译研究开拓了新途径，语篇翻译把语篇作为翻译的基本单位，不再仅仅拘泥于语言形式。"[①]

1. 语篇翻译的主要结构解读

语篇结构是某一特定文化中组句成篇的特定方式，是一种约定俗成的、相对稳定的语言使用习惯，是文化因素在语言运用过程中长期积淀的结果。语篇是由段落组成的，段落是由句子组成的。语篇要求内容一致、意义连贯，要求用有效的手段将句子、句群、段落连成一个有机的整体。

[①] 荣子英. 语篇翻译探析 [J]. 考试周刊，2014（62）：27.

与句子相比，篇章具有自己的特点。它不是一连串孤立句子的简单组合，而是一个语义上的整体。从语言形式上看，篇内各句、段之间存在着粘连性，如连接、替代、省略、照应；从语义逻辑上看，全篇通常有首有尾，各句段所反映的概念或命题具有连续性，而不是各不相关。每个句子都起着一定的承前启后的作用，句与句、段与段的排列一般都符合逻辑顺序。

（1）英语语篇的结构。英语语篇一般是由几个相互关联的段落组成的，每一段阐述一个要点。文章结构具有系统性、严密性的特点。一篇结构完整、脉络清晰的文章应具有三个主要的组成部分：引言段、正文和结尾段。

第一，引言段。引言段位于文章的开头，其最基本的作用是引导读者阅读文章的其余部分。引言在全篇文章中所占的比例较小，用于说明文章讨论的是哪些问题，将要谈哪些问题等。引言段一般包括两部分：概括性的阐述和主题的阐述。概括性的阐述是指引出文章的主题，简要提供有关主题的背景信息，以引起读者的注意，便于读者了解文章论题的由来，对文章的意图和意义产生兴趣。文章主题的阐述就像段落的主题句一样，阐明文章的主题。它包含了正文具体论述扩充的内容，同时也表明作者的态度、意见、观点。与段落主题句相比，主题的阐述更为宽阔，它表达整篇文章的中心思想，并可能表明整篇文章的组织构思方法。主题阐述常位于引言段的结尾处。

第二，正文。文章的正文也称主体，是文章的核心，位于引言段之后。正文一般由一个或多个段落组成，在文中占较大篇幅。作者在正文的写作中围绕引言部分所提出的主题选用相关细节和事实依据说明和解释主题并深化主题，使主题思想得到升华。主题一般由若干个次主题组成，每个段落阐述一个次主题，所以正文中段落的数目一般由次主题的数目决定。正文部分实际上就是通过对次主题的逐一论证达到对主题的论证的。正文部分的逻辑性，如正文内容的安排顺序和层序等，都是依据主题对各个次主题的统率，次主题对事实、数据、细节的统率体现出来的。

第三，结尾段。结尾段位于文章的末尾，是整篇文章不可缺少的组成部分，是要点总结。它总结归纳文章正文阐述的观点，并重申主题，与引言段首尾呼应。由于这是作者展示论点的最后机会，所以结尾段应该警策有力而又耐人寻味。

英语语篇思维模式的特点是：先总括，后细节；先抽象，后具体；先综合，后分析。作者往往直截了当地声明论点，然后逐渐地、有层次地展开阐述，非常注重组织、注重理性，主从层次井然扣接，句子组织环扣盘结。

(2) 汉语语篇的结构。汉语语篇的思维模式既包括英语语篇的思维模式，又具有自己的独到之处。总体而言，它是比较灵活的，其论点的提出取决于文章思路的安排，也就是说，可根据文章的内容、性质和论证的方式与方法等因素在最恰当的地方提出论点。根据论点在文章中的位置，汉语语篇模式可分为文首点题、文中点题和文尾点题等。

2. 语篇分析在翻译中的运用

语篇分析是美国语言学家哈里斯于 1952 年首先提出来的一个术语，后来被广泛用于社会语言学、语言哲学、语用学、符号学、语篇语言学等领域。自从翻译界将"语篇分析"这个语言学研究的成果嫁接到翻译学科，翻译界对"上下文"的认识有了一个飞跃，从感性上升到理性，从经验上升到理论。掌握了"语篇分析"理论，译者就能在跋涉译林时，既看到树木，也看到整片森林；就能将原文的词、句、段置于语篇的整体中去理解、去翻译。这样，译文的整体质量就有了很大的提高。语篇分析的基本内容包括衔接手段、连贯、影响语篇连贯的因素，其中对译者而言，最为重要的是衔接与连贯。

句子或句群不是杂乱无章地堆砌在一起构成段落与篇章，反之，它们总是依照话题之间的连贯性和话题展开的可能性有规律地从一个话题过渡到另一个话题的。篇章的存在要求其外在形式和内在逻辑，即衔接和连贯具有一致性。作为语言实体，段落与篇章在语义上必须是连贯的，而连贯性在很大程度上需要靠语内衔接来实现。连贯是首要的，衔接要为连贯服务。翻译工作者为了使译文准确、通顺，就必须处理好衔接与连贯的问题。在英译汉实践中，译者应该首先吃透原文，了解作者怎样运用衔接手段来达到连贯目的，然后根据英汉两种语言在形式与逻辑表达上的差别通权达变。

(1) 语篇的衔接。衔接是篇章语言学的重要术语,是语段、语篇的重要特征,也是语篇翻译中的一个重要环节。衔接的优劣,关系到话语题旨或信息是否被读者理解和接受。所谓语篇衔接,就是使用一定的语言手段,使一段话中各部分在语法或词汇方面有联系,使句与句之间在词法和句法上联系起来。

(2) 语篇的连贯。语篇既然是语义单位,那么能够称作"语篇"的语言实体必须在语义上是连贯的。语义连贯是构成话语的重要标志。衔接是通过词汇或语法手段使文脉贯通,而连贯是指以信息发出者和接受者双方共同了解的情景为基础,通过逻辑推理来达到语义的连贯。如果说衔接是篇章的有形网络,那么连贯则是篇章的无形网络。译者只有理解看似相互独立、实为相互照应的句内、句间或段间关系并加以充分表达,才能传达原作的题旨和功能。

语篇中句子的排列如果违反逻辑就会对句与句之间语义的连贯产生影响。有时候,说话的前提以及发话者、受话者之间的共有知识也会影响到语义的连贯。诗篇的连贯性主要取决于读者的联想和想象。

在进行英汉段落与篇章翻译时,语篇的"衔接"与"连贯"是必须考虑的两大要素。衔接是一个语义概念,它是存在于语篇中的、并使语篇得以存在的语言成分之间的语义关系。衔接是语言机制的一部分,它的作用在于运用照应、省略、替代、连接和词汇衔接等手段使各个语言成分成为整体。语篇衔接手段主要有语法衔接和词汇衔接。在语篇中,语法手段的使用可以起到联句成篇的作用。语篇衔接手段能使语篇结构紧密,逻辑清晰,更好地实现语义的连贯。

连贯是篇章体现为一个整体而不是一串不相关语句的程度。连贯对于篇章是一个有意义的整体,而非无意义堆砌的一种感觉。衔接是一种篇章特点,连贯是一个读者对于篇章方面的评价。语篇的连贯性应该经受住对语句的语义连接及语用环境的逻辑推理,所以语篇连贯不仅包括语篇内部意义的衔接,还包括语篇与语境的衔接。连贯语篇的基本标准是其意义形成一个整体,并与语境相关联。

衔接是客观的，从理论上讲能够被轻易识别；而连贯是主观的，对篇章中连贯程度的评价将因读者不同而不同。衔接的前提是思维的逻辑性、连贯性，而连贯是交际成功的重要保证。衔接是篇章的外在形式，连贯是篇章的内在逻辑联系。衔接是语篇的有形网络，是语篇表层结构形式之间的语义关系；连贯是语篇的无形网络，是语篇深层的语义或功能连接关系。

第三节 文化视域下的英汉语言差异与翻译

一、文化视域下的英汉修辞差异与翻译

不同文化背景的人们在交际过程中，往往会遇到来自不同文化的影响。修辞作为语言的一种表达手法，在英汉两种语言中有着各自的特点和差异。对于翻译工作者来说，理解和掌握这些差异，并在翻译过程中恰当处理，是实现文化交际成功的重要因素。

（一）英汉修辞差异

1. 比喻和象征

英语中的比喻和象征往往较为直接，强调形象和直观。例如，英语中的成语"as fast as lightning"直接使用了"lightning"来形容速度的迅速。而汉语中的比喻和象征则更加含蓄，往往需要通过语境来理解。例如，汉语中的成语"风驰电掣"也是用来形容速度快，但是表达方式更为间接。

2. 幽默和讽刺

英汉两种语言在幽默和讽刺的运用上也有所不同。英语中的幽默和讽刺往往较为直接，容易理解。例如，英语中的一种幽默表达方式是"I don't have an accent; you have an accent."，通过这种表达来暗示对方有口音。而汉语中的幽默和讽刺则更加含蓄，需要通过语境和语气来理解。例如，汉语中的一种讽刺表达方式是"你真厉害"，实际上可能是在暗示对方做错了事情。

（二）英汉修辞翻译

第一，直译。直译是指在翻译过程中，将源语言的修辞手法直接翻译成目标语言的修辞手法,这种翻译方法可以保留原文的风格和特点,有助于读者更好地理解原文。

第二,意译。意译是指在翻译过程中,根据目标语言的文化背景和语境,对源语言的修辞手法进行意译,这种翻译方法可以使译文更符合目标语言的表达习惯,更容易被目标语言的读者接受。

第三,文化适应。文化适应是指在翻译过程中,根据目标语言的文化背景和语境,对源语言的修辞手法进行适当的文化改编,这种翻译方法可以使译文更符合目标语言的文化特点,更容易引起目标语言读者的共鸣。

二、文化视域下的英汉典故差异与翻译

随着全球化的加速,文化交际变得越来越重要。在这个过程中,典故作为一种独特的文化现象,扮演着至关重要的角色。英汉典故差异显著,给文化交际带来了诸多挑战。

（一）英汉典故差异

1. 典故来源的不同

英语典故来源于西方的历史、神话、文学等众多领域。例如,希腊神话、罗马神话等都是英语典故的重要来源。而汉语典故则主要来源于中国悠久的历史、文学、哲学、民间传说等,如儒家、道家、佛家经典故事等。

2. 典故内容的差异

英汉典故在内容上也存在很大差异。英语典故往往具有较强的个性色彩,强调个人的奋斗、英雄主义等。如美国独立战争时期的典故"波士顿倾茶事件",反映了美国人民的抗争精神。而汉语典故则更注重集体利益、人际关系等,如"孔融让梨"讲述的是孔融年幼时懂得谦让的故事,体现了中华民族的传统美德。

3. 典故表达方式的差异

英汉典故在表达方式上也各有特点。英语典故较为简洁、明快,善于运用象征、暗示等手法。如"白色大象"一词,表面意为"无用的东西",实则暗示某物价值连城。汉语典故则较为生动、形象,注重寓言、比喻等修辞

手法。如"狼外婆",形象地描述了狡猾的人。

(二)英汉典故翻译

1. 保留原典

在翻译过程中,为保留原文的文化色彩,可以选择保留原典。例如,将英语典故中的"Judas Kiss"翻译为"犹大之吻",保留了典故的原有意义。同样,将汉语典故中的"孔融让梨"翻译为"Kong Rong giving away his pears",也能让外国读者了解这一典故的文化内涵。

2. 意译

当原典在目标语文化中缺乏对应概念时,可以选择意译。如将英语典故"Pandora's Box"翻译为"潘多拉的盒子",把原典中的寓意传达给读者。再如,将汉语典故"愚公移山"翻译为"The Foolish Old Man Moving Mountains",传达了愚公坚韧不拔的精神。

3. 文化注释

在翻译过程中,为帮助读者理解典故背后的文化内涵,可以采用文化注释的方法。如在翻译"孔融让梨"时,附上关于儒家文化、孝道等的简要介绍,使读者更好地把握这一典故的文化背景。

4. 创译

在某些情况下,为使典故更符合目标读者的审美习惯,可以采用创译的方法。如将汉语典故"孟母三迁"翻译为"Mencius' Mother Moves Three Times",同时对典故中的人物、情节进行适当调整,使其更具吸引力。

三、文化视域下的英汉习语差异与翻译

习语是语言中具有独特结构和意义的固定短语,反映了民族文化、历史传统和价值观念。由于中英文化背景、历史传统和价值观念的差异,英汉习语在内容、形式和语义上存在很大的差异。在人与人的交际中,正确理解和翻译习语对于沟通的效果具有重要意义。

(一)英汉习语差异

1. 内容差异

英汉习语的内容差异主要体现在文化背景、历史传统和价值观念上。例如,英语习语"kick the bucket"表示"死亡",而汉语习语"百年之后"也有相同的意思。又如,英语习语"a bull in a china shop"意为"笨拙的人",而汉语习语"狗咬狗"则表示"自相残杀"。

2. 形式差异

英汉习语在形式上也有所差异。英语习语往往具有较强的形象性,如"rain cats and dogs"(倾盆大雨);而汉语习语则偏重意境,如"雾里看花"。此外,英语习语中大量使用动物、植物等自然元素,而汉语习语则更多地运用人体器官、颜色等。

3. 语义差异

英汉习语的语义差异主要体现在词义引申和感情色彩上。例如,英语习语"hit the sack"表示"去睡觉",而汉语习语"倒床就睡"也有相同的意思。但前者较为口语化,后者则更具书面语色彩。又如,英语习语"over the moon"(非常高兴)和汉语习语"欣喜若狂"在意义上相近,但表达的感情色彩有所不同。

(二)英汉习语翻译

1. 直译法

直译法是指在保持原文形象、结构和意义的基础上进行翻译,这种方法适用于那些在两种文化中具有共同认知的习语,如"kick the bucket"翻译为"百年之后"。

2. 意译法

意译法是指在传达原意的基础上,根据目标语言的文化特点进行翻译这种方法适用于那些在两种文化中具有不同认知的习语,如"a bull in a china shop"翻译为"狗咬狗"。

3. 借译法

借译法是指将源语言的习语引入目标语言,保留原语言的形式和意义。

这种方法适用于那些在目标语言中没有对应习语的情况。如"hit the sack"翻译为"倒床就睡"。

4. 创译法

创译法是指在原文基础上，结合目标语言的文化特点进行创新翻译。这种方法适用于那些在两种文化中都具有独特意义的习语。如将"over the moon"翻译为"欣喜若狂"。

第四节　茶文化视域下的高校英语翻译教学创新

茶作为蕴含人生意境和东方特有情趣的饮品，在生活品质提升和价值塑造等方面，都具备极强的催化功能。"茶文化视域下，高校对英语翻译教学进行创新的进程中，应将独特的中华精神审美导向和人生哲学价值的文化体系科学的渗透到人才培养的各个时期和不同环境中"[①]。茶文化是对历代普通劳动者智慧的凝集和总结，展现了我国与众不同的文明特征，更是对体验文化、精神文化和交际文化的高度融合。因此，高校有必要将茶文化融入英语翻译教学中，秉承文化融入理念，对交往符号和语言转化进行新的解读和理解，使学生从英语词汇、语法、句法中探索更加本质的交际行为和动机。高校需将英语语言、茶文化作为提升学生翻译能力的工具，深挖语言和文化背后的先进思想和伟大文明，助力学生成为有深刻思想和极强专业技能的人才，以此展现英语翻译教学创新的价值和意义。

一、茶文化视域下高校英语翻译教学创新的可行性

（一）全面提升学生文化意识与能力

在高校英语教学创新的过程中，以茶文化为镜鉴，致力于学生文化意识和能力的全面增强，显得尤为重要。茶文化与高校英语翻译教学的融合，不应仅仅停留在表面知识的简单混合，而应深入体现新教学形式的深刻性与多

---

① 刘娟. 茶文化视域下高校英语翻译教学创新思路［J］. 福建茶叶，2021，43（7）：141.

维性，引导学生对不同历史时期和不同国家的文化形成正确的认识和理解。

（二）精确定位茶文化与高校英语翻译教学的融合点

在茶文化的视野下，高校英语翻译教学的创新与改革需精准探寻并确立融合基准点，使原本看似不相关的内容得以深度整合。从英语教学理论层面看，英语翻译教学侧重于传授翻译技能和技巧，促进学生对英语词汇和语法的深入学习。然而，从语言运用的维度考量，英语翻译教学更应强调提升学生的语言表达和转换能力，并培养他们具备良好的文化意识。因此，将茶文化融入高校英语翻译教学中具有必要性，应将中西方文化差异性的对比作为融合的关键点，在课程内容上实现创新和融合。

（三）高校英语翻译教学应充分体现人文关怀

茶文化蕴含儒家思想和哲学思想，注重启发人们对人类生存价值和存在意义的深入思考。因此，高校教师需从茶文化中汲取新的教育启示，形成新的人才培养视角，有针对性地创新高校英语翻译教学。教育工作者在发挥技术要素驱动作用以及先进文化体系影响的同时，应切实展现英语翻译教学的人文教育功能，帮助学生正确、客观地定位人生价值，并认识到学习英语知识和翻译技能的根本意义。在传授英语理论知识的过程中，教育工作者需从社会发展和人才需求的宏观视角出发，创新教学方法和模式，真正体现儒家思想的价值，培养出具备仁爱品质和正确价值观的英语翻译人才。

二、茶文化视域下高校英语翻译教学创新的具体思路

第一，以网络媒介为桥梁，深化茶文化与英语翻译教学的融合。在互联网时代，教师应善用现代信息技术，对传统英语翻译教学模式进行创新与改进。具体而言，可借助网络媒介，进一步强化茶文化与英语翻译教学的联系。根据教学大纲和教材知识，教师可有针对性地制作与茶文化相关的视频课件，并将其作为辅助教学资料融入英语翻译教学中。在正式教学前，教师引导学生通过网络平台观看这些视频课件，并要求学生总结知识要点、难点及疑问，形成书面中英双语报告。这样，教师既能了解学生在英语知识运用和翻译能力方面的表现，又能根据学生的反馈及时调整教学策略。此外，教

师可将抽象的茶文化内涵融入具体的茶故事中,使学生在观看视频课件的同时,深入学习茶文化词汇,如功夫茶翻译成英语是"Kungfu Tea",红茶的英语翻译是"Black tea"而非"red tea",皮茶翻译成英语时需进行外观诠释,即"Hyson skin"。利用趣味的网络教学,使学生对茶文化和英语翻译进行更加深入的了解。

第二,以学生职业生涯规划为指引,灵活调整和优化英语翻译教学设计。作为我国传统文化的重要组成部分,茶文化应科学地应用于英语翻译教学中。在创新教学模式的过程中,高校应以学生的职业生涯规划为导向,灵活调整英语翻译教学设计,以充分体现茶文化蕴含的哲学思想。教育工作者应具备长远的眼光,根据学生未来可能从事的职业和领域,设计层次分明、多样化的教学方案,以满足不同学生的需求。例如,对于有意向从事旅游翻译的学生,教师应围绕不同地区的茶种植流程、采茶工序、茶产业与旅游产业的融合等知识内容,制定个性化的英语翻译教学指导方案。以此类推,根据学生的职业发展需求,科学合理地设计英语翻译教学模式和计划,并有效地融入茶文化元素。

第三,以茶元素词汇为纽带,实现传统文化与英语翻译教学的深度整合。茶元素词汇具有特殊性,其外在表现具有多维性和多样性。茶文化元素不仅具备物质属性,还展现出强烈的精神属性,涵盖了不同文化背景下的文化认同。在茶文化视角下,高校英语翻译教学的创新研究应聚焦于茶元素词汇,将其作为传统文化与英语翻译教学融合的切入点。以茶元素词汇为核心,向传统文化领域拓展,并将其融入英语翻译教学中。教师应深入挖掘茶元素词汇的文化内涵,指导学生正确进行词汇翻译和语言转化,总结要点和问题,从而帮助学生对茶文化的传播和形成新的认识。通过点面结合的方式,对比学习我国传统文化与西方文化,为学生提升翻译能力提供更多可能性。

三、茶文化视域下高校英语翻译教学创新的构建策略

(一)文化在英语翻译课堂中的巧妙融合

为了创新高校英语翻译教学,应以多元文化背景为基石,战略性地扩展

课程内容,并设计兼具适应性和契合性的教学模式。鉴于西方文化在我国社会的渗透对学生的思维观念和价值塑造产生的潜在影响,以及英语作为外来语言在词汇和语法学习中对英美文化的深入探究,教师在文化视角上的正确引导至关重要,有助于增强学生的民族文化自信心。因此,教师应巧妙地将文化融入英语翻译课堂,引导学生对中西方茶文化进行多维度的对比和深入分析,以培养其良好的文化意识。例如,在英语翻译课堂中,教师可以扮演翻译者的角色,向学生介绍中西方茶文化的差异。西方茶文化体系虽以我国传统茶文化为基础,但在其流传和演变过程中,形成了独特的价值共识和思想理念。通过探讨和对话,教师应使学生认识到中西方茶文化的异同,学会在文化交际中把握社交尺度和规则,构建正确的交流语境。

(二)构建多元的高校英语翻译教学新情境

情景认知在英语翻译技巧学习中扮演着重要角色,对学生学习行为的一致性和连续性具有显著影响。因此,教师应根据英语翻译教学的特点和关键内容,构建多样化的教学新情境,从不同维度强化学生的情景认知能力。例如,通过构建交互式的教学情境,以翻译技巧的学习为核心,引导学生在教师的引导下进行互动和反馈。这种富有趣味性的交互式教学情境有助于知识的沉淀和升华,使学生更好地吸收和掌握。此外,教师还可以以旅游、外事、商务等为主题,设计不同的教学情境,帮助学生对不同领域的英语翻译形成正确的认识。通过利用不同的教学情境,教师可以有效激发学生的情景认知,从而提高教学效果。

(三)设计理论-研究-实践一体化英语翻译教学模式

在茶文化视域下创新英语翻译教学,教育工作者应借鉴茶文化中的兼容并蓄思想,设计理论-研究-实践一体化的新型英语翻译教学模式。这一模式以网络技术为媒介,将传统课堂与网络空间相结合,使学生在线上线下都能学习和获取丰富的理论知识,并构建开放型的讨论和研究空间。在网络平台上,师生可以跨越时空进行英语翻译难点的研究,从而拓展英语翻译教学的深度和广度。同时,教师应突破既定英语教材的局限,从海量的网络视听资源中提炼优质内容。在课堂内外,教师应组织学生将理论知识应用于实践,通过相互翻译和文化介绍,使学生掌握翻译的规则和技巧。例如,教师可以模拟茶话会的形式,引导学生进行中西方茶文化相关内容的语言转换。这不仅有助于提升学生的英语翻译能力,还能使他们更深刻地认识到不同文化体系中词汇使用的差异性。通过理论学习、知识探究和实践应用,将学生培养成为具备翻译能力的人才。

总之,多元文化背景下,高校教师在传授学生英语翻译相关知识和技能的过程中,应注重培养他们的文化意识,促使他们具备较高的翻译能力。而在茶文化视域下,高校对英语翻译教学的创新应切实展现人文教育属性和哲学教育思想,立足学生长远发展和个性化需求,科学地对课程内容进行扩充、对教学模式进行创新、对教学空间进行延展。

第九章　文化视域下的高校英语教学创新发展

第一节　基于文化自信导向的高校英语教学实践

在我国经济社会快速发展的背景下，经济硬实力逐渐提升，在国际上影响力逐渐扩大，同时，文化软实力也逐渐增强。目前社会主义进入了新时代，我们要坚定文化自信，努力实现中华文化伟大复兴。对于高校而言，作为社会主义未来建设者的培养场所，应该积极响应时代召唤，坚定文化自信，对教育教学进行研究和实践。"在高校教育中，英语作为文化的载体，也是高校教育阶段中重要的学科，具有一定的文化教育优势"[①]。因此英语教学需要进行改革，将其文化价值发掘出来，以提升学生的文化认同感和文化自信心。

一、高校英语教学培养学生文化自信的现实意义

（一）借助英语平台展现中国文化的无穷魅力

作为高校必修课程，英语教育的目标远超过基本语言知识和表达能力的培养，它旨在引导学生不仅通过这一学科掌握西方的文化精髓，而且能够对比和分析中西方文化的异同，进而提升学生的文化自觉与文化自信。鉴于英语作为国际通用语言的广泛影响力，它成为向世界展示中国文化的有力媒

[①] 别俊玲. 基于文化自信导向的高校英语教学改革［J］. 英语广场，2020（36）：90.

介。因此，高校英语教师应将我国优秀传统文化融入教学内容中，通过这一载体，使青年学生深刻理解并传播中国文化，从而增强国民的文化自信。

（二）增强青年学生的文化水平和素养

我国丰富的传统优秀文化，作为历史长河中积淀的瑰宝，不仅记录了我国精神文明的发展历程，更展现了我国人民的思想精髓。在高等教育中，英语学科不仅具备文化传输的功能，更承担着提升青年学生文化素养的重要使命。在英语教学中，注重文化自信的培养，引导学生深入理解优秀传统文化的内涵，并在思想层面受到熏陶，这不仅有助于提升学生的文化自信心，更能激发他们的文学兴趣，使他们在日常生活和人际交往中实践并传承传统文化。对于高校英语教学改革而言，将文化自信的培养作为导向，能够凸显英语学科的人文性质，弥补传统母语文化教育的不足，使学生在学习英语的同时，深入理解和接受我国优秀传统文化的熏陶，体会其深厚价值，并在此过程中更新对传统文化的认知，进而建立文化自信，提高文化水平和素养。

二、基于文化自信培养的高校英语教学改革

（一）将英语教学与文化教学有机结合

在培养学生的文化自信背景下，高校肩负着推动我国优秀传统文化在社会发展中得以有效传播和传承的重要使命。为此，教师需积极关注现代文化与传统文化的融合，坚守科学教育理念，将传统文化的精髓与内涵有机融入教学之中，特别是在高校英语教学中，实现文化的深度内化显得尤为关键。

第一，教师在英语词汇教学中应巧妙融入文化元素。英语词汇不仅具有特定的概念和含义，更承载着深厚的文化内涵。通过深入剖析这些词汇，学生不仅能够掌握其字面意义，更能领略其背后的文化韵味，实现词汇概念与文化内涵的双重掌握。在教学实践中，教师应依据东西方文化的差异，引导学生体会词汇在结构、含义及表达上的细微差别，领悟英语词汇的文化价值，进而提升其跨语言交际能力和文化理解力。

第二，在培养学生的文化自信导向下，高校应审慎选择英语教学内容。鉴于英语作为公共基础课程，理论知识的教授占据了课堂教学的主体部分，

为增强学生对我国优秀传统文化的认知,教师应以严谨的态度筛选教学内容。在融入传统文化元素时,应避免盲目性,确保教学效率与质量并重。在选择内容时,教师应倾向于那些具有时代意义的素材,以此激发学生对我国优秀文化的认同感。

第三,高校在设置英语课程时,需充分考虑学生的个体差异及学习难度。由于不同专业的学生学习基础各异,这与其受教育程度及成长环境密切相关,即便是同一专业的学生,其语言能力和认知能力亦存在显著差异。因此,高校在设置英语课程时,应深入学生群体进行调研,了解其实际状况。在原有教材的基础上,融入我国优秀文化作品的英语翻译内容,使学生在掌握英语词汇的同时,能够更深入地了解我国的优秀文化。例如,施耐庵的《水浒传》英译本《Water Margin》和吴承恩的《西游记》英译本《Journey to the West》等作品,均可作为课程设计的素材。这些文化作品的引入不仅能提升学生的学习兴趣,还能促使他们以更加积极的态度投入到英语学习中,从而实现我国优秀传统文化在英语教学中的有效渗透。

(二)开展实践活动,创设良好文化氛围

在教育事业持续深化改革的浪潮下,高校英语承载着培养学生文化自信、弘扬我国优秀传统文化的重大历史使命。这一使命要求高校英语教学必须挣脱传统固定教学模式的桎梏,革新教学理念和方法,充分挖掘并展现该学科在语言文化传输中的独特价值,从而更有效地实现英语教学改革的宏伟目标。

为实现这一目标,教师在传授英语理论知识的同时,应积极组织学生参与多元化的实践活动。通过引入优秀传统文化元素于课堂之中,并在课堂外进行拓展延伸,教师能够增强学生的学习体验,借助丰富有趣的活动吸引学生的注意力,激发学生参与英语教学实践活动的热情,进而营造浓厚的文化氛围和优质的学习环境。

具体而言,高校应充分利用国际文化交流的平台,为在校学生及交换生创造交流与探究学习的机会。定期开展交流活动,鼓励本校学生向交换生介绍我国的优秀传统文化,增进外国学生对中国文化的了解与认同,从而深化他们对我国优秀传统文化的印象。

此外，高校还应充分挖掘传统节日的文化内涵，组织学生开展形式多样的节日文化活动。通过亲身参与活动，学生能够自然而然地接受优秀传统文化的熏陶，进而提升文化自信心。近年来，大学英语四级、六级考试中频繁出现关于中国传统节日及传统习俗的英文表达内容，这进一步凸显了传统文化在英语教学中的重要性。在日常教学中，教师除了要注重介绍中国优秀传统文化的英文表达，还应结合节日的由来和历史发展，为学生策划相应的节日活动。例如，中秋节时分发月饼，元旦节组织包饺子活动，端午节则指导学生包粽子，并鼓励学生用英语描述这些节日活动的过程。这不仅能够提升学生的英语表达能力，更能引导他们深入感受我国传统文化的魅力，领悟文化的深厚底蕴，增强他们的爱国情怀和文化自信，从而有效推动我国传统文化的传播。

（三）提升教师能力，展现其引导作用

教师作为知识和文化的传播者，在教育教学中扮演着举足轻重的角色。在培养学生文化自信为导向的高校英语教学改革中，应尤为关注教师的教学能力提升，特别是其文化自信和文化感知能力的深化。通过展现教师的示范引领作用，为培养学生的文化自信、实现教育改革奠定坚实基础。

高校英语教师需树立终身学习的理念，在深入了解地方文化的同时，不断完善自身的英语教学能力。此外，还应加强对我国优秀传统文化的学习，深入研究西方文化与我国文化之间的差异，以增强民族自豪感，并建立起坚定的文化自信。教师应从心理、行为、语言等多方面展现对优秀传统文化的热爱，从而在教学过程中感染学生，激发其研究我国传统文化的热情，提升学习文化的兴趣。

同时，教师应积极主动地对传统教学模式进行改革，优化教学内容和形式，充分利用现代化教学技术，展现教学内容的文化魅力，使学生更直观地感受我国传统文化的精髓。在此过程中，教师可借助多媒体技术，将单调的英文转化为生动的画面，采用富有趣味性的教学方式吸引学生的注意力。例如，通过播放优秀影视作品的翻译版本，并结合多媒体技术的播放、暂停及文字添加等功能，精细地解析影视作品所蕴含的文化内容。以播放动画电影《花木兰》为例，不仅可让学生在学习英语词汇的同时，更深入地体会花木兰的精神以及她所展现的勇敢、善良、孝顺等品质，从而树立文化自信心。

总而言之，对于高校学生来说，文化自信的树立具有重要的作用。在培养学生文化自信心的导向下，高校英语教学应该积极改革，将英语教学与文化教学有机结合起来，开展多种实践活动，创造良好的文化氛围，提升教师教学能力，将教师的引导作用展现出来，从而不断提升学生对我国优秀传统文化的认同感和自信心，在国际交流过程中实现我国传统文化的有效传播，提升我国在国际上的文化影响力，为我国社会主义建设奠定基础。

第二节　数字赋能高校英语本土文化教学的实践

高校英语本土文化教育是培养具有国际视野和交际能力人才的重要组成部分。传统的英语教学模式强调语言知识和技能的掌握，往往忽略了文化价值和交际能力的培养。随着数字化技术的不断创新和应用，数字赋能作为一种全新的教学手段和方法逐渐受到广泛关注。数字赋能不仅可以增加学生的自主性和个性化学习体验，还可以提高学生的信息素养和交际能力，有助于拓展学生的国际视野。

数字赋能是一种新的教育模式，利用数字技术为学生创造更加多元化、个性化和自主化的学习空间，以实现教育资源共享、知识创新和文化交流。数字赋能具有以下特点：一是教学内容可定制化；二是教学形式更加自由灵活；三是学习场景更加多元化；四是教育资源互联互通。

目前，数字赋能已经在大学英语教学中得到了广泛应用，主要体现在以下方面：一是利用数字化技术工具辅助英语学习，例如网络课堂、MOOCs等；二是通过构建数字化本土文化资源库，促进文化交流和本土文化素养提升；三是基于数字化平台开展跨国合作项目，促进英语教学国际化。

"数字赋能对大学英语教学的促进作用"[①]。数字赋能为大学英语教学带来了很多积极的影响,主要表现在以下方面:一是有利于提高学生英语学习兴趣和主动性;二是扩大英语教学资源的覆盖范围和质量;三是提高教师和学生的交际能力和本土文化素养;四是有助于推进大学英语教学国际化,提升毕业生的综合竞争力。对于数字赋能大学英语本土文化教学而言,进一步加强数字技术与本土文化融合的研究和探索,将数字技术运用到本土文化教学中,可以更好地发挥其促进作用。

一、数字赋能在高校英语本土文化教学中的策略

数字赋能是现代教育的新模式,它通过应用数字技术和互联网工具,为学生创造更加多元化、个性化和自主化的学习空间。随着全球化发展越来越快,大学英语教育中对本土文化的应用已经成为一个热门话题。以下内容将结合数字赋能应用的实践案例,分析数字技术在大学英语本土文化教学中的应用策略,并探讨其可能的未来发展方向。

(一)教育技术工具在数字赋能中的运用

教育技术工具是数字赋能应用的重要手段之一,如虚拟实验平台、网络课堂、移动学习应用等,这些工具可以提供更加多元化、个性化和自主化的学习方式和场景。当这些工具与本土文化教育相结合时,可以为学生提供丰富的本土文化学习资源和交互式学习环境。

例如,网络课堂通过线上视频直播、在线讨论等方式,将传统的教学形式转变为数字化、互动化的学习方式。同时,网络课堂还可以拓展学生的学习范围,让学生可以在任何时间、任何地点进行学习。对于大学英语本土文化教学而言,网络课堂可以为学生提供丰富的本土文化知识和体验,同时也可以促进文化交流。

又如,虚拟实验平台。利用VR/AR等技术,在数字化环境中展示本土文化、历史遗迹等,可以深入了解本土文化背后的故事和情感,增强学生对

---

① 姜毓锋,王泳钦. 数字赋能大学英语本土文化教学的应用研究[J]. 教书育人(高教论坛),2024(6):88.

本土文化的感知和认知。同时，虚拟实验平台还可以帮助学生更好地理解复杂的概念和现象，提高其学习效率和兴趣。

（二）积极建立数字化本土文化资源库

建立数字化本土文化资源库是数字赋能应用的重要内容之一，它可以通过将本土文化信息进行数字化整理和分类，构建一个全面的本土文化资源库，为文化交际提供更加丰富多彩的素材和支持。数字化本土文化资源库可以包括多种形式的文化资料，例如图片、音频、视频、文献等，这些资料可以通过数字媒体平台进行在线存储和分享，实现教育资源共享和互联互通。同时，数字化本土文化资源库还可以为学生提供自主学习和探索的机会，增强其创新精神和文化认知能力。

（三）通过数字赋能提升本土文化课程的吸引力和实效性

数字赋能对于提升本土文化课程的吸引力和实效性具有重要意义。

首先，通过数字化宣传和推广，可以扩大课程的覆盖范围和学生参与度。在当今社交媒体盛行的时代，利用这一平台传播本土文化课程的相关信息和教学活动，能够吸引更多学生的关注和参与。这种宣传方式不仅可以增加课程的曝光度，也能够让学生更加直观地了解到课程的内容和意义，从而提高他们的兴趣和参与度。与传统的宣传手段相比，数字化宣传更加灵活、及时，能够更好地适应学生的需求和社交习惯，从而更有效地吸引他们投入到本土文化课程中。

其次，数字赋能工具可以设计交互式课程，增强学生的参与度和自主性。通过利用在线讨论板块、互动投票等功能，可以创建一个充满活力和互动性的学习环境，激发学生的学习热情和主动性。在这样的环境中，学生可以更加积极地参与到课堂讨论中，分享自己的观点和经验，从而更好地理解和掌握本土文化知识。与此同时，数字赋能工具还可以为教师提供实时的评估和反馈，帮助他们更好地了解学生的学习情况，及时调整教学方法和内容，提供个性化的指导和支持，从而提高课程的实效性和学习成效。

最后，通过数字化考试和评估，可以提高本土文化课程的测量和评估效率。利用在线考试平台、自动化评分系统等工具，可以实现对学生知识掌握情况的实时监测和分析，为教师提供更科学、准确的教学反馈和改进建议。这种方式不仅能够减轻教师的评估负担，提高评估的效率，还可以减少人为因素对评分结果的影响，提高评估的客观性和公正性。同时，数字化评估还可以为学生提供更加及时和全面的反馈信息，帮助他们及时发现和解决学习中的问题，提高学习效率和成绩水平。

数字赋能在大学英语本土文化教育中的应用策略是一个综合性、整体性的思考过程。教育技术工具的应用、数字化本土文化资源库的建立、本土文化课程的数字化宣传和交互式设计等方面的探索和实践，都有助于提高本土文化教育的吸引力和实效性，并为学生的交际能力培养中提供更加丰富多彩的支持，其应用有很大的发展空间和潜力，需要我们不断地进行尝试和创新，以期收到更好的教育效果和社会效益。

二、数字赋能在高校英语本土文化教学中的案例

在大学英语本土文化教学中，数字赋能正逐步发挥着重要作用，从数字化地图的运用到基于数字赋能的本土文化传统节日教学设计，再到以数字化平台支撑的本土文化影视作品欣赏与学习，一系列案例都清晰地展示了数字技术在教学中的应用效果和实践策略。通过这些案例，我们可以深入探讨数字赋能在大学英语本土文化教学中的意义和潜力。

（一）数字化地图的应用

教师将数字化地图纳入课程设计，通过 Earth－地球 App 中的"发现－VR 专区"模块，让学生身临其境地感受本土文化。通过该数字化地图，学生不仅可以在线浏览、搜索和查询本土文化地理信息，还可以通过多媒体形式了解本土文化历史、人文风景、民俗传统等方面的内容。同时，围绕数字化地图展开的在线问答、讨论等活动，鼓励学生参与互动，共同探讨和研究本土文化。这种应用方式旨在激发学生的学习兴趣，通过数字化地图所呈现的丰富信息，使学生能够更加直观地了解本土文化，进而提高其交际能力和信息素养。数字化地图不仅为学生提供了更加自主、个性化的学习环境，还为他们提供了一种全新的学习体验，使得本土文化教学更加生动有趣。

(二)本土文化传统节日设计

在本土文化传统节日教学中,教师利用数字赋能开展了一系列特色教学活动,包括在线课程平台和视频制作工具的应用,以及虚拟现实技术、移动学习应用的引入。通过这些活动,学生不仅可以了解本土文化传统节日的历史渊源、民俗风情、礼仪习惯等方面的内容,还可以通过互动式体验增强对本土文化的感知和认知。这种教学设计旨在使学生更加深入地了解本土文化传统节日,同时通过数字赋能工具的运用,为学生提供了更加丰富和多样化的学习资源,从而促进了学生的学习兴趣和参与度。通过这种数字赋能应用,学生不仅可以通过英语讲述本土文化故事,还可以通过互动式体验更好地理解和感知本土文化,从而提高其交际能力和信息素养。

(三)本土文化影视作品欣赏

利用在线影音平台选取了多部本土文化影视作品,并通过数字化平台进行学习和欣赏。在该课程中,学生通过在线观看、讨论、撰写影评等方式,深入了解本土文化影视作品的历史背景、风格特点、人文情感等方面的内容,同时结合英语进行文化输出。这种教学方式的优势在于,学生可以更加方便、快捷地接触到本土文化的精华,同时数字化平台还提供了丰富的在线资源和互动式的学习环境,帮助学生更好地进行学习和交流。通过数字化平台支撑的本土文化影视作品欣赏与学习,不仅提高了学生对本土文化的理解和认知,也提升了其交际能力和信息素养。

通过以上三个案例的剖析,我们可以看到数字赋能在大学英语本土文化教学中的重要作用。这种应用不仅提高了学生对本土文化的理解和认知,还促进了学生的交际能力和信息素养的提升。数字赋能的多元化、个性化、自主化特点为大学英语本土文化教育提供了广阔的创新空间,未来随着数字化技术的不断发展和应用,数字赋能在本土文化教学中的作用将会进一步得到加强,为学生的交际能力培养提供更加丰富和多样的支持。

三、数字赋能在高校英语本土文化教学中的评估

数字赋能在大学英语本土文化教育中的应用已经取得了一定的成效,然

而，为了更深入地了解其效果和实际效益，需要进行有效的评估和分析。这种评估不仅仅涉及教师参与度、学生掌握度与学习满意度，还包括了本土文化素养和交际能力的提升程度。

（一）教师参与度、学生掌握度与学习满意度的评估

对于数字赋能在大学英语本土文化教育中的应用效果，评估教师参与度、学生掌握度和学习满意度是至关重要的一环。通过问卷调查等方式，可以全面了解教师和学生对数字赋能的应用效果和感受。例如，在使用数字化本土文化地图的案例中，通过邀请学生填写相关问卷，可以评估他们对该工具的认知和接受程度。同时，邀请教师填写问卷则能了解他们对该教学工具的使用体验和效果评价。这种评估方式为后续的教学改进和优化提供了重要参考。

（二）数字赋能的前景与挑战评估

虽然数字赋能在大学英语本土文化教育中取得了一定的成效，但仍然面临着一些问题和挑战。例如，在数字赋能工具和平台的设计和开发方面需要进一步完善；同时，教师和学生的数字素养和使用能力也需要进一步提升。要加强数字赋能工具和平台的设计和开发，制定更加科学、合理、实用的数字化本土文化教学方案。此外，提高教师和学生的数字素养和使用能力也是至关重要的，这将为数字赋能本土文化教育提供更加有力的保障。加强数字赋能与课程内容的融合，注重教学实践和效果的评估，积极探索数字赋能在大学英语本土文化教育中的新型应用模式，也是未来发展的重要方向。

综上所述，数字赋能在大学英语本土文化教育中的应用效果已经初步显现，并且取得了一定的成效。然而，要进一步发挥数字赋能的作用，还需要持续不断地进行评估和分析，并积极解决其中存在的问题和挑战。只有这样，才能更好地实现大学英语本土文化教育的持续改进和优化，为学生提供更加丰富、有效的学习体验，同时也为文化交流与理解做出更大的贡献。

第三节 文化视域下的高校英语教学的创新融合

一、开展课程思政

全面推进课程思政建设是落实立德树人根本任务的战略举措，课程思政建设是全面提高人才培养质量的重要任务。如何抓住课程建设来帮助学生塑造正确的世界观、人生观和价值观，如何利用课程建设将思想政治工作融入课程教学之中，实现显性教育和隐性教育的统一，是每一位教育工作者当下应考虑的首要任务。

"课程思政"与"思政课程"有着紧密联系，同时也有着一定的区别。广义上的课程是指所有学科的总称。而狭义上的课程则指具体的某一门学科。思政课程就是指思想政治教育类的课程。实际上，课程思政不只是某一门学科或者一类课程的总称，其更多地代表一种教学的理念。具体内涵可以理解为：在高校课程体系中所开设的，凡是能够传播知识、培养学生能力的课程都可以为思想政治教育所用，这些课程能够对大学生的世界观、人生观、价值观的形成产生重要影响。

（一）英语课程思政开展的措施

1. 融入传统文化知识教学

在英语课程教学中，部分教师过分注重外国文化，而忽略了中国传统文化的教育。这种情况导致学生缺乏对民族文化的自信和认同。因此，教师在拓展学生的知识视野时，应当适时融合不同文化元素，穿插教学。这不仅丰富了教学内容，也有助于学生直观感受到中外文化的差异，进一步激发学生的学习兴趣，从而促进高效的教学课堂的构建。

例如，在教授具体单元内容时，教师可以适时引入"文化多元性"的概念，以中国文化为例，引导学生探讨文化多元性的具体表现。在讲解中国文化的多元性时，教师可以提升学生对中国文化的认识。通过比较中外文化，学生可以提升自身的综合学习能力。中国文化蕴含着丰富的道德品质，教师可以以此为切入点，引导学生向积极的思想道德方向发展，有效实现英语课程思想政治教育的目标。

2. 创设语言能力练习环节

文化交际能力的一个重要培养目标就是提高学生的交际能力。由于英语对大学生来说是一种外语，其流利程度不及母语，导致学生羞于或害怕用英语进行交流。因此，大学英语教师在认识到这一现状的同时，应当适时在课堂上创设语言能力练习环节，以引导学生勇于用英语交流，提高其英语语言的应用能力。

学生的交际能力和外语表达能力是其综合素质的重要体现，也是课程思想政治教育的目标之一。例如，教师可以在课前引入课程思想政治教育内容，以当前社会热点为切入点，引导学生正确思考，并鼓励学生用英语表达对该事件的看法。通过参与这一教学实践活动，学生可以深入挖掘课程思想政治教育的内容，从文化角度表达自己的观点和立场，有效提升学生的文化交际意识和政治思想觉悟。

（二）基于课程思政的英语教学模式

1. 考虑到英语的实质特征

在素质教育发展进程的影响下，我国高校逐渐开始关注思想政治建设工作，由于高校英语课堂本身就是开展思想政治教育的重要场所，因此，将思想政治建设融入高校英语教学是有迹可循的。这样，学生可以一边学习英语文化知识，一边培养自己的人文素养，接受价值观的教育，进而在知识储备、学习能力以及思想水平等方面获得同步提升。

基于思想政治建设的高校英语课堂能够充分凸显英语教学的价值，在这一教学模式下，学生除了学习英语基础知识与英语文化之外，还能感受到不同文化之间的交流碰撞，形成包容、理解、尊重的文化观，同时更加认同尊重本民族的文化。学生的英语学习目标会更加明确，对英语学习的本质理解会更加深刻。

2. 注重课程的合理优化

基于思想政治建设的高校英语教学课程设置应该进行合理优化，使思想政治建设与英语教学达到完美的融合，具体来看，可以采取以下措施：

（1）在英语知识内容的讲授过程中合理穿插思想政治建设的内容，寻找英语教学内容中的思想政治教育元素，增强英语课堂的人文氛围。

（2）在英语教学过程中有意识地锻炼学生的批判思考能力，引导学生对英语教材中的内容进行批判思考，在这一过程中，学生也可以使用思想政治相关知识展开批判思维练习。

（3）转变教师与学生的角色地位，将学生视为英语教学的主体，激发学生的主观能动性，提升课堂的参与度，让学生大胆在英语课堂上发表自己的意见，教师可以从思想政治建设的角度对学生的看法进行评价指导，引导学生逐渐学会独立思考。

3. 强化教师队伍的建设

在高校英语教学中，英语教师无疑是最为重要的角色，教师要向学生教授英语知识，同时还要解决学生思想上的困惑。在高校英语教学中融入思想政治建设恰好满足了这一要求。因此，建设高校英语教师队伍需要做到以下方面：

（1）高校英语教师要有较强的教学专业能力，能够明确英语教学的方向，认同思想政治建设在英语教学中的重要地位，具备先进的英语教学观念。

（2）高校应该为英语教师的专业发展提供更多机会与途径，为教师营造良好的成长环境。英语教师自身也应该积极主动地开展自我学习，提升自己的英语教学技能，加强自身思想政治意识，在潜移默化中实现思想政治建设与英语教学的有机结合，以自身为榜样，带动学生形成正确的价值观。

（3）英语教师可以组建一个专业的教研团队，专门整理总结有效的英语教学方式，探究思想政治建设与英语教学的完美融合，从而为一线的英语教师提供更多帮助与参考。

基于课程思政的高校英语教学模式有效推动了高校思想政治建设的进程，并且有助于增强英语教学的效果，将英语教学与思想政治建设结合起来，可以使高校英语课堂更加有趣，更加贴近生活，同时也使思想政治建设不再那么枯燥死板，能够在潜移默化中影响学生的学习与生活，引导他们形成正确的思想观念，从而达到英语水平与思想道德水平的双重提升。

二、实施个性化教学

（一）个性化教学的优势与原则

1. 个性化教学的优势

个性化教学模式对教育实践的革新具有显著优势，这些优势体现在以下方面：

（1）增强学生学习动机。在个性化教学框架内，教育者重视对每位学习者个体差异的认可与尊重，致力于为学生的独特成长提供必要的支持与条件，将学生的个性发展置于教学活动的核心位置。与传统的教学范式相比，个性化教学更注重师生之间及学生间的积极互动，这种模式有助于激发学生的内在学习热情，集中精力于教学素材之上，并在英语学习过程中凸显他们的主体作用。

（2）促进课堂互动与和谐氛围的建设。个性化教学旨在摒弃传统教学的单一与枯燥，充分激发学生的主体性，尊重学生独立的思想和观点，营造一种轻松愉悦的课堂气氛，构建平等和谐的师生关系，增进师生间的互动交流，并强调教学中双方的平等地位。在个性化教学模式下，师生间相互尊重，为共同实现教学目标而努力。

（3）培育个性化人才。个性化教学的根本宗旨在于促进学生个性的全面发展，引导学生合理规划自身的学习路线，培养出具有独特特质的人才。社会当前正迫切需要这类个性化人才。英语的个性化教学为学生提供了一个优越的学习环境，以及充分展现自我的平台，这些都有助于学生在不知不觉中提高学习效率，为他们未来步入社会做好充分准备。

2. 个性化教学的原则

（1）重视学生个性化的成长。在个性化教学中，尊重学生个性的发展是最显著且至关重要的原则。伴随着高校英语教学改革逐步深入，素质教育理念逐渐受到广泛关注，与学生个性发展紧密相连。推行素质教育是促进学生个性成长的关键路径,而个性化英语教学对于素质教育的实施具有显著的推动作用。

(2)确认学生的主体性。在个性化教学中,确立学生的主体地位同样是一项核心原则。个性化教学呼吁教师全面认可学生的主体性,并将此理念贯彻于教学过程的每一个环节。无论是在教学内容的设计上,还是在教学策略的实施中,教师都应坚持学生中心论,基于平等对话交流的基础之上。对学生的全面尊重不仅能够让学生体会到自身在学业中的价值,更能激发他们的学习热情,促使他们积极地投身于英语学习之中。

(3)重视学生自尊心的培育。个性化教学同样强调教师对学生自尊心的重视。将尊重学生自尊心作为个性化教学的一项原则,原因在于自尊心对人的学习行为具有显著的影响。缺乏自尊心的人往往难以认识自我,从而难以激发学习的积极性。自尊心是个体生命意义和价值的体现。因此,关注并尊重学生自尊心是实行个性化教学的基础,唯有如此,教师才能识别并发展学生的特长,有的放矢地提高学生的英语实际运用能力。

(二)高校英语教学的个性化建构

1.个性化教学指导组织的构建

为了实施个性化的高等院校英语教育模式,关键在于建立一个专门的教学指导组织,从而在制度层面确保个性化教学得以顺利进行。该组织应承担以下主要职能:首先,根据个性化教学的计划和方针,以及学生在学习过程中遇到的具体问题,对教师的教学活动和学生学习过程提供个性化指导。其次,负责联系和整合院校内外英语教师及教学专家资源,组建专门针对学生差异性教学的小组,以提供针对性的教学指导。

2.个性化英语教学的校内教师协作团体的建立

建立一个校内教师协作团体对于推进个性化英语教学至关重要。由于每位教师掌握的教学资源和信息、教学素质和水平不尽相同,通过组建协作团体,教师可以交流和共享教学资源,相互学习,取长补短,从而共同提高教学能力。这一协作团体在实施个性化英语教学过程中发挥着不可或缺的作用。

3. 个性化英语教学的校外教师协作团体的建立

除了校内协作团体之外，建立校外教师协作团体对个性化英语教学同样重要。这一团体的目的在于建立高校与社会之间的沟通桥梁，将社会上的优秀英语人才引入高校个性化教学体系，为教学服务。通常，校外协作团体由高校的教研室、其他院校的教研机构以及校外英语教育专家共同构成。

由于每个学生都是独一无二的个体，拥有各自的学习需求，个性化英语教学的实施因而变得复杂。它要求教师不仅具备高超的教学技能，还应具有个性化教学的意识。然而，有些校内教师可能难以达到这些要求。在这种情况下，利用校外教师协作团体，将社会英语人才纳入教学团队，对于提升个性化教学至关重要。

同时，我们还应注意高校英语个性化教学与集体教学之间的平衡。在设计课程时，教师应兼顾个性化教学与集体教学的关系，实现二者的有机结合。一方面，确保个性化教学所需的时间和资源；另一方面，在集体教学中融入个性化教学元素，对学生的学习难点进行个性化指导。这种方法不仅节省了教学时间，还能提高教学效率，激发学生的学习兴趣，并进一步发掘他们的潜能。

第四节 文化视域下的现代教育技术与高校英语教学

一、文化视域下的高校英语翻转课堂教学

翻转课堂指的是把教师自己所讲授的课程的教学内容和计划等作为根据，从而非常细心地对微视频进行制作，这样不论是在家里还是在其他的环境中，学生都可以使用教师制作的微视频开展自主性的学习，到了课堂以后，学生可以和教师之间进行面对面的交流，对于学习中遇到的问题或者是课堂作业中遇到的问题进行较为有效的解读的教学方法。

传统意义上的教学模式就是在课堂上，学生听教师讲课，课下积极完成这一课程的作业的模式，翻转课堂和传统意义上的教学模式是完全不一样

的。在翻转课堂中，学生先自己学习，然后教师再讲授，这样的学习具有一定的自主性、个性化，是一种新型的教学模式，和传统意义上的教学相比较，这样的教学模式可以使学习质量得以提高，使学生的学习效果更好。然而，翻转课堂和传统意义上的在线视频学习又不是一样的，因为翻转课堂既需要学生在课前对微视频进行有效的自主学习，还需要教师和学生之间进行面对面的交流，并不是说微视频已经完全代替了教师的课堂讲授，也不是说学生可以随意地进行学习，也不是让学生孤立地进行学习。翻转课堂是一种新型的教学手段，其可以增加师生之间的互动交流，让学生对自己的学习负责，教师是学生学习的引导者。翻转课堂采用直接讲授和建构主义相结合的模式，当学生不能出现在课堂上的时候也能跟上学习的节拍，学生可以随时查看课程，发现其中的不足之处，从而调动学习的积极性。

（一）高校英语翻转课堂教学的可行性

受信息技术发展的推动，翻转课堂成为英语教学发展的趋势。高等教育需要有效探索信息化教学模式。现代信息技术的发展促进了学生自主学习的发展，畅通了学生之间、师生之间的交流。与中小学英语教学相比，高等教育更容易实现翻转课堂教学，原因在于大学课程安排较为宽松，学生时间充裕且灵活，这使得他们在课外可以进行预习。此外，大学生相比中小学生具有更强的自制力和行动力，以及更熟练的网络技术操作能力，这些都有利于个性化自主学习的完成。

（二）高校英语翻转课堂教学的目的

交际英语的教学目的旨在教会学生正确得体地使用英语语言行为和非语言行为进行交际。在教学过程中，不仅要注意学生的语音、语法、词汇等，更要重视让学生了解英语的文化背景、使用规范和沟通习惯等。在交际英语教学过程中，应用翻转课堂的形式弥补了授课时间不充足、学生演练时间少的缺憾。利用翻转课堂的特点，学生成为知识传播过程中的主体，通过课下的自主学习、课上充分的自主交流和讨论，能更好地掌握交际英语的相关知识，获得更多实际经验，从而达到英语交流无障碍的最终目标。

（三）高校英语翻转课堂教学的实际应用

翻转课堂教学模式强调课堂内外教学的有效整合，并提倡学生将自主学习与课堂展示相结合。在此模式下,教师需在课前准备充足的教学资源,包括微课、慕课以及网络语言相关的视频和音频材料。英语课程内容丰富,不仅涵盖语言基础知识,还涉及历史、艺术、人文等多个领域,并通过新闻、电影等多种媒介进行语言素材的整合。为实现教学过程的完整性及准确性,文化视域下翻转课堂在英语教学中的应用应涵盖以下方面:

1. 学习单设计

学生需逐步适应自主学习模式。为实现此目标,教师应根据教学内容设计学习指南,以便学生依据教学大纲和目标开展自主学习。学习单应包含单元教学内容、自学任务及语言资料索引,引导学生了解自身知识水平、学习兴趣和发现,从而推动教学活动。

2. 课外自主学习

教师的首要任务是分解教学内容,这一过程需遵循特定的要求和规律,基于学习内容的阶段性和模块性制定学习目标。完成分解后,教师可上传自制微课视频至网络平台,供学生学习,并根据自身情况制定学习计划。学生可在校园网络平台或家中进行自主学习。选择学习内容时,学生应考虑自身语言能力和知识储备,以便符合实际需求并吸收新知识,转化为自身知识,促进有效沟通。

3. 课内展示与讨论

学生自主学习后,教师需转变传统课堂角色,使学生成为学习主体,通过展示所学内容来翻转课堂。在此模式下,学生主动参与学习,教师则提供辅导。多样化的教学内容和形式有助于学生展示语言学习和知识积累成果,增进对西方文化知识的理解,促进学生间的交流和多样化的课堂对话活动。

4. 评价体系构建

翻转课堂与文化交际课程的评价体系有别于传统教学模式。翻转课堂的实施需要充足资源,包括慕课和微课资源,并且学生需具备较强的自主学习能力。文化交际课程不仅传递语言知识,还强调基于文化知识积累的文化交流。评价体系旨在有效测试学生自主学习过程,帮助教师和学生了解学习情况,培养学生的自觉性,并形成良好的学习习惯,以便教师针对性地指导后续教学设计。

二、文化视域下的高校英语慕课教学

慕课，英文名为 MOOC，是 Massive Open Online Courses 的缩写，中文翻译为大规模开放在线课程。这是一种通过网络进行的、面向大众的在线学习方式，旨在让更多人能够接触到优质的教育资源。

（一）高校英语慕课教学的优势

第一，符合新一代学生的认知需求。在当今时代，学生生活在充斥着计算机和互联网的环境中，各种数字化终端深刻影响学生的学习态度和认知行为。与传统教学模式不同，信息技术时代的学生更偏好使用多媒体进行学习，主要通过网络搜索信息。慕课满足了现代学生的多样化需求，因而容易被广泛接受。

第二，丰富教学内容。慕课平台汇聚了丰富的教学资源，包括电子资料和交流讨论论坛等，这些都能有效弥补传统教学模式的不足，并丰富教学内容。

第三，适应不同层次学生的需求。尽管传统的班级制教学模式有助于提高教学效率并积极培养人才，但它往往忽视了学生个体差异。在慕课平台上，适应能力强的学生可以加快学习进度，提前学习后续知识；而适应能力较弱的学生则可以放慢速度，重复学习难以理解的部分，从而加深理解。

第四，促进终身学习的实现。在科技迅猛发展的社会中，知识更新迅速。为了与时俱进，每个人都需要不断学习以实现自我提升。慕课使得终身学习成为可能，人们可以跨越时间和年龄的限制，获取所需知识。

（二）高校英语慕课教学的实施

在文化视域下，高校英语慕课教学的实施策略可以从以下方面展开：

第一，课程内容设计：在慕课课程内容的设计上，应当注重融入文化元素，比如可以设置专门的章节讲解不同文化背景下的交际原则、交际礼仪等。同时，选取教材和案例时，也应尽量涵盖多种文化背景，使学生能够接触到丰富的文化交际场景。

第二，教学方法创新：慕课教学可以采用多种创新方法，如在线讨论、角色扮演、小组合作等，来增强学生的实际交际能力。比如，针对某一文化交际场景，可以让学生在在线平台上进行模拟对话，其他学生和教师可以进行点评和反馈。

第三，互动与反馈：慕课教学需要充分利用网络平台的互动功能，比如设置在线问答、论坛讨论等，鼓励学生提问和交流。同时，教师需要及时给予反馈，解答学生的疑问，指导学生的学习。

第四，多元化评价体系：在评价体系上，除了传统的考试和作业评价外，还可以加入学生的在线讨论、课堂参与度、小组合作表现等多方面的评价，以全面评估学生的文化交际能力。

第五，教师培训与发展：为了保证慕课教学质量，需要对教师进行专业的交际知识和教学方法的培训，提升教师的交际教学能力。

第六，学习支持服务：对于学生来说，交际能力的培养不仅需要课程学习，还需要更多的实践机会。因此，高校可以提供相应的交际实践活动，如国际交流活动、外语角等，为学生提供更多的实际操作机会。

三、文化视域下的高校英语微课教学

把"微型视频网络课程"进行简化，就可以称之为"微课"，最早的时候就是一分钟演讲或者是60秒课程。微课的教学内容是在线学习，通常来说一般在1~3分钟的时间，把一些概念和活动放在非常突出的位置，积极引导学生对网络进行有效的利用，从而建构属于自己的知识。微课是一种比较新颖的教学资源，其对传统意义上的课堂学习具有一定的补充。微课的应用越来越广泛。

（一）高校英语微课教学的特点

微课，作为一种针对传统教育资源局限性的创新教学模式，其核心特质可概括为"精致、简洁、具体、生动"八字。此模式主要体现在以下五个维度。

1. 明确的教学主题

微课的设计宗旨在于有效解决传统课堂教学中的诸多问题,如知识点繁杂、重点与难点的界限不清晰,以及过多的教学目标等。在微课程的制作过程中,重点突出、信息精炼,教学目标明确。明确的微课程教学目标有助于学生更深刻地理解和掌握学习内容。

2. 多样性和真实性

微课资源的多样性格局为教学注入了新的活力。无论是教师还是学生,都能从中受益。学生通过微视频开展学习,巩固和提升知识;同时,微反馈机制有助于评价学习成效,激发学习兴趣。教师也能通过丰富多样的微课程资源不断提升教学能力,进而改善教学效果。真实性方面,微课程设计需融入真实场景,并与教学内容有效结合,以突显教学情境的生动性和实践性。

3. 灵活性与高效性

与传统课堂教学严格的时间规定相比,微课的时间安排更为灵活。微视频的长度通常较短,与学习者的认知特征相契合。微课资源体积小,便于携带,学习者可以节约学习时间,降低学习成本,更自主地安排学习时间,体现了一定的人性化设计。

4. 资源共享与互动交流

网络环境下,资源共享成为微课发展的关键理念。微课的优势在于内容丰富、便于携带,且时间和空间的限制被有效打破,从而实现教学资源的共享。此外,微课为师生提供了便捷的互动交流平台,不仅强化了师生之间的沟通,也促进了教师与教师、学生与学生之间的相互学习与反思,与学习共同体的理念相契合。

5. 实践性与生动性

微课的诸多优势使其在教学评价中备受好评,尤其受到一线教师的青睐。微课的开发者主要是广大的一线教师,且其开发基础是学校教学资源、教师教学活动及学生学习需求,具有较强的实践性。在实践中,应当关注微课的表现形式,无论是视觉效果、主题内涵、流程设计,还是互动方式,均需生动活泼,以提高教学吸引力和效果。

(二) 高校英语微课教学的优势

1. 微课在学生学习过程中的优势

(1) 激发学习兴趣。微视频作为微课的核心组成部分，以其趣味性与形象性，能够有效激发学生的学习兴趣。这种教学媒介能够促使学生主动参与学习过程，从而提高学习效率并实现优质的学习成果。

(2) 培养自主学习能力。教师对教学内容进行深入研究，明确重点与难点，并将其融入微课设计中。通过网络平台上传微课内容，学生得以自主学习。这种模式不仅补充了传统教学，而且允许学生随时回顾教学内容，巩固知识，并主动学习。

(3) 满足多样化学习需求。微课视频的灵活性满足了学生多样化的学习需求。学生可以随时随地观看视频，并根据自身情况调整播放进度，以适应不同学习基础和反应速度的学生。

(4) 便利家长辅导。微课为家长提供了辅导孩子的便捷网络资源，有助于家长有效地参与孩子的学习过程。

2. 微课在教师专业发展中的优势

微课推动了教学模式的革新，摒弃了传统的教师讲授、学生听讲模式。

(1) 知识拓展性。在微课模式下，教师可以在上课前通过查阅资料对课程内容进行拓展，丰富知识点。这种方法不仅拓宽了学生的视野，还丰富了教学资源，并提升了教师的教学水平。

(2) 空间灵活性。微课教学打破了物理空间的限制，教师只需配备录像设备，即可在任何地点进行课程录制。这种灵活性为教师提供了更多的教学选择。

(3) 应用广泛性。微课在说课、评课以及教师交流等活动中都有广泛的应用。它能够提升教师的信息设计能力、评价能力，并促进教师之间的交流与合作。

(4) 角色转变。微课使教师从传统的演员角色转变为引导学生智慧发展的导演型导师。

(5) 研究科学性。微课的制作过程本身就是一个微研究的过程，教师在不断的教学实践中提升自身的教育教学能力。

（6）反馈及时性。微课的录制允许他人随时对教学进行评价，教师可以根据这些反馈对课程进行改进。与传统教学相比，微课能够更及时、更有效地促进教师教学行为的优化。

（三）高校英语微课教学的应用

在全球化的大背景下，高校英语教学不再仅仅局限于语言知识的传授，更应该注重培养学生的交际能力和文化素养。微课作为一种新兴的教学模式，以其短小精悍、灵活多样的特点，为高校英语教学提供了新的思路。在文化视域下，高校英语微课教学的实践应用主要体现在以下两个方面。

1. 文化主题微课的设计

教师可以根据课程内容和学生需求，设计以文化为主题的微课，如节日文化、饮食文化、服饰文化等，让学生在学习英语的同时，了解不同文化的魅力。例如，在教授英语国家节日时，教师可以制作关于圣诞节、感恩节等节日的微课，通过介绍节日的起源、习俗和庆祝活动，让学生了解英语国家的文化背景。同时，教师还可以引导学生对比中国的传统节日，如春节、中秋节等，让学生在对比中认识到文化差异，提高他们的交际能力。

此外，教师还可以设计以饮食文化、服饰文化为主题的微课。在饮食文化微课中，教师可以介绍英语国家的饮食习惯、特色菜肴以及饮食礼仪等，让学生了解英语国家的饮食文化。同时，教师还可以引导学生对比中国的饮食文化，如八大菜系、传统小吃等，让学生在对比中感受到中国饮食文化的博大精深。在服饰文化微课中，教师可以介绍英语国家的服饰特点、时尚潮流以及服饰搭配技巧等，让学生了解英语国家的服饰文化。同时，教师还可以引导学生对比中国的服饰文化，如传统服饰、民俗服饰等，让学生在对比中认识到中国服饰文化的独特魅力。

2. 文化素养的提升

微课中可以融入经典文学作品、影视作品等文化元素，让学生在欣赏中感受不同文化的内涵和价值，从而提升他们的文化素养。例如，在教授英语文学作品时，教师可以选择一些经典的英语小说、诗歌等，通过微课的形式介绍作品的背景、作者的生平和创作意图等,让学生在了解作品的基础上,深入剖析作品的内涵。同时,教师还可以引导学生对比中国的文学作品,如《红楼梦》《水浒传》等,让学生在对比中认识到中西方文学的差异,提高他们的文化素养。

此外,教师还可以将影视作品融入微课教学。影视作品具有直观、生动的特点,能够让学生在欣赏的同时,感受到不同文化的魅力。例如,在教授英语国家的历史文化时,教师可以选择一些反映英语国家历史发展的影视作品,如《英国历史》《美国往事》等,通过微课的形式让学生了解作品的历史背景和文化内涵。

总之,在文化视域下,高校英语微课教学的实践应用不仅可以丰富教学内容,激发学生的学习兴趣,还可以提高学生的交际能力和文化素养。教师应根据课程内容和学生需求,设计富有文化特色的微课,将文化元素融入教学,从而提高高校英语教学的质量。

四、文化视域下的高校英语智慧课堂教学

信息技术的迅速发展带动着教育教学的信息化改革,作为技术含量较高的新兴教育形式,智慧教育能够满足学习者和教学者多种需求。

(一)高校英语智慧课堂教学的目标

教育目的就是人们在开始正式的教学活动之前,在脑海中对教育的结果所产生的预期,它也是教育应该达到的标准与要求。因此,人们期望通过一定的教育活动设计和教学手段去获取的最终结果就是教育目的。

教学改革的推进无疑对教学目标的设定产生了一定的影响,人们对教学目标的设定开始朝着多样化的方向发展,除了对学生的知识水平有所要求之外,还提高了对学生动手能力、实践能力以及价值观的要求。现代教育的目标更加关注人的发展,具体而言,包括人的完整发展、和谐发展、多方面发展以及自由发展。完整发展是指人的基本素质要得到整体上的发展;和谐发展主要强调各种素质的协调发展;多方面发展是指人的各项素质要尽可能地多样化发展;自由发展则强调人的个性发展与自主发展,将这些方面综合起

来就构成了人的全面发展。由此可见,现代教育的目标越来越综合化,人们希望学生不只要在课堂上学到知识,还要学到学习知识的方法,同时也要学会感知学习的乐趣,提升自己的综合素质。

文化视域下高校英语智慧课堂的教育目标与上述教学目标相一致。因此,教师在智慧课堂教学中要对学生有充分的了解,积极调动学生的兴趣与热情,通过客观、公平、个性化的评价驱动学生投入学习。具体而言,智慧课堂的教育目标可以从以下方面进行探讨:

1. 教育资源有效获取与存储

经过了数字化处理,能够在计算机网络中投入使用的教学资源就是智慧课堂的教学资源,它是在教育信息化的推进下产生的,智慧课堂教育资源能够促进教育教学的改革发展。一般而言,网络课程、音频视频资料、电子教案、数字化资源库等都属于智慧课堂的教学资源。根据具体的功能作用划分,教育资源可以分为教学素材与辅助程序两大类。教学素材就是常见的在教学活动中频繁用到的文字、图片、音视频等形式的教学资源;辅助程序则指能够帮助学生解决问题的教学程序,如学生遇到不认识的单词时,可以用网络英汉双解程序查找其释义,这种程序也属于教学资源。对智慧课堂的教育资源能够有效存取与利用是教师必须具备的能力,同时这也是智慧课堂重要的教育目标。

2. 实现课堂教学高效互动

智慧课堂推出的互动式教学真正实现了有效的课堂互动。智慧课堂主张教师在进行教学设计时应该将"互动"放在中心位置,同时借助多媒体技术、互联网技术、大数据技术以及云计算技术等新兴的教育技术,开展丰富的课堂互动活动,互动活动可以有多种形式,可以是一对一,也可以是一对多、多对一,教师与学生可以相互交流分享自己的观点,这能够增强学生的课堂参与感,有助于加强学生的学习兴趣,激发学生的学习思维。智慧课堂不仅为师生互动提供了良好的环境,还增加了互动的对象,拓宽了互动的范围,使高效互动课堂成为现实。

3. 培养学生的学习主动性

科技的进步与时代的发展改善了人们的生活条件，教育领域也在不断涌现出丰富的教学资源与先进的教学设备，教育信息化、智慧教育等教学理念逐渐被人们接受，教师与学生的教学学习生活也在朝着多样化、个性化发展。基于这一背景，主动探究学习逐渐成为人们提倡的学习模式。

基于网络技术与计算机技术的发展，文化视域下高校英语智慧课堂为学生提供了全新的、多样的学习方式，拓宽了学生获取知识信息的渠道。学生可以借助这些数字化资源与网络平台开展自主学习，自主选择感兴趣的学习内容，自主选择学习的时间与空间，学生的学习主动权重新回到了自己手中。智慧课堂期望能够激发学生的主动性，改变学生被动消极的学习状态，让学生更加积极地投入学习中。"学生在智慧学习环境和教师有效的教学组织形式下，提升自身的认知、情感、思维等智慧潜能，达到智慧学习的目的"。[1]

（二）高校英语智慧课堂教学的作用

1. 英语教学资源共享

文化视域下高校英语智慧课堂将现代教学技术引入英语课堂之中，促进了师生之间的互动交流，并且优质的英语教学资源可以通过网络远程输送到各个地方，促进教学资源的共享。空间上，通过多媒体教学技术，学生可以坐在教室中看到其他学校的教室场景，换言之，英语教学可以以异地同步的教学形式进行，英语的学习不再受到空间的局限，不管是优秀的教师还是优质的教学资源都可以共享。时间上，教师与学生的互动交流可以摆脱课堂时间的限制，即使在课下，学生也可以向教师提出自己的问题，与其他同学在线上进行讨论，学生的思维也不再局限于某个课堂，其英语学习思维会得到拓展。

2. 帮助教师更好教学

文化视域下高校英语智慧课堂可以根据英语教学大纲以及本节课的教学

---

[1] 朱燕华，陈莉萍. 高校英语智慧课堂教学评价指标体系构建 [J]. 外语电化教学，2020 (4)：94.

内容，智能化地为教师推荐教学课件，推送相关的音频、视频教学资源，还会筛选出课程内容的重难点，推送具体的应用案例等，这为英语教师备课带来了极大的便利。英语教师可以借助这些优质的智能化课件，高效、快速地完成备课任务，其教学负担被减轻了。

智慧课堂则以智能化技术与海量的资源库，代替了教师的出卷、改卷工作，并且还能在批卷之后自动生成分析报告，明确学生在学习中的问题，为教师提供了精准的、科学的数据，便于教师有针对性地修改教学策略。显然，智慧课堂帮助教师节省了大量的重复劳动的时间，使英语教师的工作负担有所减轻。

3. 提高英语课堂效率

基于信息技术与大数据技术形成的英语智慧课堂能够极大地提升英语课堂教学效率，辅助英语教师设计出合理的、个性化的教学方案。英语智慧课堂有着非常丰富的教学知识储备，支持多样化的教学形式，能够借助现代信息技术实时分析学情，跟踪记录学生的学习过程，并且可以随时回顾相关的教学内容。具体而言，文化视域下高校英语智慧课堂对英语教学效率的提高主要体现在两个方面：一是教学密度高；二是教学节奏快。教学密度高是因为英语智慧课堂涉及的知识范围非常广，教学内容多，练习量较大；教学节奏快是因为在现代教育技术的辅助下，英语课堂教学的节奏加快了，不过依然遵循着一定的秩序。

在信息时代的背景下，英语教学资源的内涵也有所扩展。现如今，除了基础的英语教材之外，其他相关的辅导书籍、音频、视频以及网络上的课程资源都属于英语教学资源。只要英语教师仔细筛选，加以利用，就能为英语课堂增添各种有趣的、新鲜的内容。英语教学必须与时俱进，关注网络教学资源，加强信息技术与英语课程的整合，最大限度地提升英语课堂教学效率。

4. 更好实现因材施教

现代教育技术的发展使得教师可以借助计算机技术与网络技术，为学生创建一个良好的自主学习环境，在这里学生可以根据自己的学习能力与学习兴趣，灵活地采用各种学习方式与学习途径开展英语学习。对于学习能力较弱的学生而言，他们可以选择难度较低的课程，循序渐进地展开学习；而对于学习能力较强的学生而言，他们则可以选择较高难度的课程，挑战自己，激发自己的无限潜能，智慧课堂使因材施教的实现成为可能。

5. 培养教师互联网思维

互联网思维是指在网络信息时代下产生的一种全新的思维方式，它具有诸多优势与特点，具体包括跨界融合、平台开放、关注用户、强调体验、应用大数据技术等。教师制作教学视频的任务重、压力大，不能仅依靠教材进行视频制作，而是要充分利用互联网中的优质资源。教师可以在网上寻找一些符合自己需求的、合适的、优质的课程视频，直接下载使用，这能够有效减轻教师的工作压力。另外，高校英语教师之间也要进行微课视频共享。

文化视域下高校英语智慧课堂依靠的是大量的、充足的客观数据。借助大数据技术对学生学情、教学效果展开分析，极大地推动了高校英语教学改革的进程。具体而言，大数据技术与人工智能技术可以使教学分析结果可视化，教师可以通过清晰的图表了解教学效果，反思教学策略，进而有针对性地予以调整。同时，教师还可以借助新兴技术分析掌握学生的个性特点、学习偏好，从而帮助学生找到最适合自己的学习方式，为学生制定个性化的学习计划，真正地实现差异化、个性化教学。由此可知，现代信息技术与高校英语的深度融合有助于学生的个性化发展。

（三）高校英语智慧课堂教学的应用

在文化视域下，高校英语智慧课堂教学的应用可以从以下方面进行探索和实践：

第一，文化背景的导入：在英语智慧课堂教学中，教师可以利用多媒体资源和网络平台，为学生提供丰富的文化背景知识。这有助于学生更好地理解和把握英语语言背后的文化内涵，提高他们的交流能力。

第二，课程内容的多元化：英语智慧课堂应涵盖不同文化背景下的阅读材料，如文学作品、新闻报道、纪录片等。这样可以使学生在学习英语的同时，了解世界各地的文化特色，培养他们的国际视野。

第三,教学方法的创新:教师可以运用信息技术手段,如在线讨论、虚拟现实、互动游戏等,将文化元素融入英语教学过程。这种互动式的教学方式有助于激发学生的学习兴趣,提高他们的语言运用能力和文化素养。

第四,个性化学习路径设计:智慧课堂平台可以根据学生的兴趣和需求,推荐适合他们的文化话题和课程资源。这样可以帮助学生更深入地了解自己感兴趣的文化领域,培养他们的文化自信。

第五,评价方式的改革:英语智慧课堂教学应注重过程评价,关注学生在文化语境下的语言运用能力和交流能力。教师可以利用智能评分系统,对学生的文化话题讨论、小组合作等环节进行评价,以全面了解他们的学习状况。

第六,师资培训和文化交流:为了更好地实施英语智慧课堂教学,教师需要不断提升自己的文化素养和信息技术能力。学校可以组织相关培训,同时鼓励教师参与国际文化交流项目,拓宽他们的文化视野。

总之,在文化视域下,高校英语智慧课堂教学应注重培养学生的文化素养,将文化元素融入课程内容、教学方法和评价体系,以提高学生的英语运用能力和文化自信。同时,教师应不断提升自身的文化素养和信息技术能力,为学生的全面发展提供有力支持。

第五节 文化视域下的高校英语教学发展建议与方向

一、文化视域下高校英语教学的发展建议

(一)培养目标的建议

在文化视域下,高校英语教学培养目标的发展建议可以从以下方面进行考虑:

第一,强化文化意识的培养:高校英语教学应重视培养学生的文化意识,使他们能够理解和尊重不同文化背景下的语言使用习惯、社会习俗和价值观。这有助于学生更深入地理解英语语言和文化,提升他们的交际能力。

第二，融入多元文化教育：教学内容应涵盖不同国家和地区的文化元素，使学生了解世界各地的文化多样性。通过比较和分析不同文化之间的差异和相似之处，可以增强学生的文化敏感性和包容性。

第三，创新教学方法和手段：采用多种教学方法和手段，如案例教学、角色扮演、小组讨论等，让学生在实践中学习和体验英语文化。同时，利用现代技术手段，如多媒体教学和网络教学平台，为学生提供更丰富的学习资源和交互式的学习环境。

第四，提升教师的文化素养：教师是培养学生文化意识的关键。高校应加强对英语教师的培训，提升他们的文化素养和交际能力。同时，鼓励教师参与国际交流项目，拓宽他们的国际视野和文化认知。

第五，建立文化评估体系：将文化评估纳入英语教学评价体系中，以评估学生在文化理解和交际方面的能力。这有助于教师了解学生的学习情况，及时调整教学策略，同时也能够激励学生更加重视文化学习。

（二）英语教材的建议

在大学英语教学中，对中华文化的充分表述和体现是至关重要的。这不仅仅是为了使学生对自己的文化有更深入的了解，更是为了在文化交际中建立起平等的认知和交流基础。因此，在教材编写过程中，必须将中华文化的内容有机地融入大学英语教材中，并分层次、系统地呈现给学生。

通过对母语文化的学习，学生能够逐渐树立起自己的民族自信心和自豪感。这种自信心不仅仅是在语言交流中的体现，更是对自己文化的认同和尊重。当学生对自己的文化有了深刻的了解和认同，他们在文化交际中就能更好地展现出平等的交际意识，从而建立起与他人的良好沟通关系。

在文化交际中，不仅仅是单向地传递信息，更应该是双向的文化交流。因此，大学英语教材不能仅仅关注西方文化的介绍，而忽视了中华文化。只有在教材中充分体现出中华文化的特色和魅力，学生才能够真正地感受到文化的双向传输，从而在交际中更好地理解对方的文化，同时也能够向对方展示自己文化的魅力。

英语教材的编写应该充分发挥其培养学生人文素质、弘扬民族文化、提高语言运用能力的作用。通过丰富的中华文化内容，学生不仅能够提升自己的语言水平，更能够在全球化的语境下更好地展示自己的文化特色和价值观念。因此，教材编写者需要审慎考虑如何将中华文化融入教学内容中，使之成为学生学习英语的重要组成部分。

（三）教学方法的建议

1. 树立"以学生为中心"的教学理念

教学理念的转变是一个深刻的过程，而在这一过程中，教师需要以学生的需求为出发点，调整教学内容和方法。然而，现实中我们发现，教师往往更倾向于按部就班地执行既定的教学计划，而非根据学生的实际情况进行调整。这种情况下，一些学生可能会感到学习过程枯燥乏味，缺乏动力。为了解决这一问题，教师应该更多地关注学生的学习需求，从而调整教学内容和方法，使之更贴近学生的实际情况，激发学生的学习兴趣和动力。

2. 明确教学目的

教学目的的明确是教学活动的基础，而在实际教学中，很多教师却忽视了这一点。他们往往将教学目的简单地理解为完成教材内容，而忽略了通过教学活动培养学生的语言应用能力和交际能力。因此，教师需要重新审视教学目的，并在教学过程中注重培养学生的语言能力和交际能力，从而提高教学效果。

3. 突出教学重点

教学重点的突出是教学活动的关键，而在实际教学中，很多教师却没有把握好这一点。他们往往将教学内容简单地呈现给学生，而忽略了教学内容的层次结构和重点部分。因此，教师需要重新审视教学内容，从中提取出重点部分，并通过教学活动突出这些重点，从而提高学生的学习效果。

4. 合理分配课堂时间

课堂时间的合理分配是教学活动的前提，而在实际教学中，很多教师却没有把握好这一点。他们往往过分强调课文的讲解，而忽略了课后活动的设计。因此，教师需要重新审视课堂时间的分配，合理安排进入课文、课文讲解和课后活动的时间，从而提高学生的学习效果。

5. 加强语言互动和信息交流

语言互动和信息交流是语言学习的关键，而在实际教学中，很多教师却没有重视这一点。他们往往过分强调语言的输入，而忽略了语言的输出。因此，教师需要重新审视语言教学的目标，注重学生的语言输出，从而提高学生的语言应用能力和交际能力。

（四）课堂用语的建议

1. 多元化视角下的课堂用语

随着全球化进程的加速和不同文化之间的交流日益频繁，英语作为世界性语言的地位更加凸显。在传统英语教学中，通常以英国英语为标准，然而，随着美国、加拿大、澳大利亚等国家的影响力增强，教学用语也呈现出多元化的趋势。例如，我们可以观察到在课堂上广泛采用了美语的日常用语，如"Sure""OK"等，这种用法已经得到了广泛的认可与应用。这种多元化的教学用语不仅有助于丰富学生的语言输入，更能够使课堂氛围更加活跃和生动，促进学生对不同英语变体的理解与应用。

2. 简化与通俗化的语言运用

随着语言发展的趋势，我们可以发现英语语言正朝着更简化、更通俗的方向演变。这种简化趋势不仅体现在非正式场合的口语中，也在教学用语中表现得淋漓尽致。传统的教学用语往往显得冗长和正式，例如"Do you understand what I'm talking about?"这样的句子，在当今英语教学中已经被更简洁、更直接的表达所取代，比如"Are you with me?"这样的表达方式。类似地，"Raise your hands!"也逐渐演变为"Put up your hands!"或"Hands up, please!"这样更为简洁明了的表达。这种简化与通俗化的语言运用有助于提高学生对教学内容的理解和接受，同时也使课堂更具活力和互动性。

3. 从命令到建议与希望的转变

随着教育理念的更新和师生关系的变化，传统的教师在课堂上发号施令的模式正在逐渐被弱化和取代。取而代之的是更加温和委婉的建议、要求与希望的表达方式。教师不再是单向发出指令的主宰者，而是与学生共同建构知识、共同探讨问题的引导者。因此，诸如"Raise your hands!"这样的命令式用语正在逐渐被"Could you please raise your hands?"或"Would you mind raising your hands?"这样更加礼貌和尊重学生个体的表达方式所替代。这种转变不仅有助于促进师生之间更为平等和谐的关系，也有利于激发学生的学习兴趣和参与度。

（五）教学手段的建议

"教学手段是实现教学目标的有效途径之一，它服务于教学理论、教学策略和教学方法"①。随着教学改革的不断深入和高新科技的发展，教学手段更新的速度也明显加快了。

1. 有效运用教学工具与黑板

在课堂教学中，黑板一直是不可或缺的重要工具。无论是哪门课程，板书都扮演着关键的角色。它所具备的优势与特点是现代教学媒体所无法替代的。通过合理运用黑板，以及科学设计的板书，学生们能够得到充足的思考时间和空间，这有助于更好地生成和传递知识，同时也使得师生之间的互动与交流更加流畅自然。教学内容的需要决定了我们可以运用日常生活中的各种物品作为教具。无论是小型实物、图片、图表材料还是模型，都可以成为课堂中的有力辅助。特别是在低年级，学生的思维正处在由具体形象思维向抽象思维过渡的时期，这时候教师可以充分利用现有的资源，例如实物或模型等，选择有助于教学的教具，对学生理解和记忆起到重要的帮助作用。

20世纪30至40年代，随着电化教学设备的逐渐发展，一些电子教具如收音机、电影放映机、电视、投影仪、录音机以及磁带、录像机与录像带等开始应用于外语课堂教学，并对外语教学的进步起到了积极的推动作用。

2. 充分利用语言实验室

语言实验室是由录像机、录音机等现代化视听电教设备组成的通信系统，主要用于语言训练。20世纪70年代中期，语言实验室在外语教学领域的广泛应用将我国的外语电化教学推向了新的高度。

---

① 蒋丽霞. 文化视域下的高校英语教学研究［M］. 北京：北京工业大学出版社，2021：230.

语言实验室在外语教学中有着诸多优势，它不仅提供了良好的语言环境，方便了教师因材施教，也有利于学生进行自主学习。语言实验室为多学科、多形式的外语教学提供了现代化手段。教师在日常的教学实践中应充分利用语言实验室，结合视听的教学方式，培养学生的听说能力，帮助他们更加灵活地掌握实用英语，从而提高教学质量，使学生成为社会需要的合格人才。

通过充分利用教学工具与语言实验室，教学质量将得到进一步提升，学生的学习效果也将更加显著。这种结合传统教学与现代技术的方式将有助于培养学生的综合能力，使他们在未来的社会生活和工作中更加游刃有余。

3. 采用多媒体教学手段

在现代高校英语教学中，采用多媒体教学手段已经成为一种不可或缺的趋势。多媒体教学是指利用文字、声音、图像、动画等多种媒体形式，结合计算机技术，将教学内容以更加生动形象的方式呈现给学生，以提高他们的学习效果。具体来说，多媒体教学具有以下显著特性：

（1）集成性：多媒体系统的集成性使得教学过程变得更为完整、丰富。通过将不同媒体信息有机地组合，教师能够创造出更加立体、丰富的教学环境，使得学生更易于理解和接受所学知识。

（2）交互性：多媒体教学的交互性是其关键特征之一。通过人机交互，学生可以更加积极地参与到教学过程中，实现个性化的学习体验。例如，通过鼠标、键盘、触摸屏等方式，学生可以自主选择学习内容，与教学内容进行互动，提高学习的效率和趣味性。

（3）实时性：多媒体教学技术支持实时处理，确保了教学过程的流畅性和连贯性。在教学过程中，声音和图像能够实时传输和播放，避免了信息传递的延迟，保证了学生对教学内容的及时理解和消化。

（4）数字化：多媒体教学采用全数字化方式处理信息，具有更高的精确度和播放效果。相比于传统的模拟方式，数字化处理使得教学内容更加清晰、真实，为学生提供了更加直观的学习体验。

在高校英语教学中，多媒体教学手段的应用已经成为提高教学质量和效率的重要途径。通过多媒体技术，教师能够创造出更加生动、形象的教学场景，帮助学生更好地理解和掌握英语知识。首先，多媒体教学可以有效地提高学生的学习兴趣。通过丰富多彩的图像、动画和声音，多媒体教学能够吸引学生的注意力，激发其学习的热情。例如，教师可以通过播放英语原版电影片段或者英文歌曲，让学生在欣赏的同时学习语言，既增加了学习的趣味性，又提高了学习的效果。其次，多媒体教学能够帮助学生更直观地理解抽象概念。在英语教学中，很多抽象概念如语法规则、词汇用法等往往难以通过传统的讲解方式直接理解。而通过多媒体教学，教师可以利用图像、动画等形象化的手段将抽象概念具体化，使得学生更易于理解和记忆。例如，通过展示图表、示意图等形式，教师可以生动地解释英语语法结构，帮助学生掌握语言规则。另外，多媒体教学还可以提供更丰富的学习资源和学习方式。通过互联网等渠道，教师可以获取大量的英语学习资源，如英语网站、在线课程等，为学生提供更广阔的学习空间。同时，多媒体教学还可以采用多种形式的教学活动，如在线讨论、虚拟实验等，帮助学生在实践中掌握英语技能，提高语言运用能力。

随着科技的不断发展和创新，多媒体教学手段也在不断更新和完善，呈现出一些新的发展趋势。首先，随着人工智能和大数据技术的广泛应用，多媒体教学将更加个性化和智能化。通过分析学生的学习行为和学习习惯，教师可以根据学生的特点和需求量身定制教学内容，提供个性化的学习建议和指导，从而更好地满足学生的学习需求。其次，多媒体教学将更加融合和互动。随着虚拟现实、增强现实等新兴技术的发展，多媒体教学将更加立体化和沉浸式，学生可以通过虚拟实验、虚拟场景等方式身临其境地体验学习内容，提高学习的真实感和趣味性。同时，多媒体教学还将更加强调跨学科的整合。作为一门综合性的技术，多媒体教学涉及计算机技术、数字信号处理技术、人工智能技术等多个领域，因此，未来的发展将更加注重不同学科之间的融合与整合，以实现更高水平的教学效果。

然而，随着多媒体教学手段的不断发展，也面临着一些挑战和问题。首先，多媒体教学的成本较高，包括硬件设备的购置和维护、软件开发和更新等方面，这对一些经济条件较差的学校来说可能是一个不小的负担。其次，多媒体教学的质量受到教师水平和教学设计的影响较大。虽然多媒体技术可以提供丰富的教学资源和工具，但教师的教学能力和设计水平仍然是影响教学效果的关键因素。另外，多媒体教学还可能引发学生过度依赖技术的问题，导致他们对于传统教学方式的抵触情绪，从而影响到他们的综合素养和学习能力的培养。

4. 运用网络教学手段

随着互联网的普及和迅猛发展，在现代教育技术中，计算机网络技术已成为实施网络教学的一个重要手段。网络教学有以下特点：

（1）易操作性。网络教学在现代高校英语教学中扮演着不可或缺的角色。其易操作性是其优势之一。学生通过简单地点击鼠标就能轻松获取所需的学习资料，如教学录音或录像，使得烦琐的重复训练变得简单。这种便利性大大降低了学生学习的复杂度，同时也提升了学习的效率。如果教师和学生能够充分利用网络技术，必将使得教学和学习变得更加高效。

（2）灵活性。网络教学打破了传统教学中时间、地点和人数的限制，为学生提供了更加灵活的学习方式。教师可以通过网络媒体直接授课，学生也可以随时随地接受教师的课程与辅导。教师可以预先制作电子教案，并录制授课过程供学生随时学习。学生可以自主掌握学习进度，遇到问题也可以通过网络向教师或其他同学请教。这种灵活性使得学习不再受时间和地点的限制，学生可以根据自己的实际情况选择学习的方式和时间，从而提高学习的效率。

（3）多样性。随着多媒体技术的不断进步和网络带宽的提高，网络教学能够提供更加丰富多样的学习资源。文字、音频和视频等多种信息媒体在网络中传输质量逐渐提高，这对于外语教学尤其有利。学生可以通过网络进行听、说、读、写、译等多种技能的训练，从而全面提高语言水平。此外，以因特网为基础的外语教学还可以建立虚拟学习环境，如虚拟图书馆、虚拟实验室等，为学生提供更加立体化、动态化的学习环境，从而真正实现学生从被动学习到主动学习的转变。

（4）便捷性。传统的远距离教学对于教师和学生都是一种挑战，而网络教学则大大简化了这一过程。通过电子授课系统、电子考试系统等工具，教师可以轻松地对学生的学习活动和学习效果进行监督和评价，学生也可以及时获得反馈信息，调整自己的学习方式和进度。这种便捷性不仅提高了教学和学习的效率，也促进了教师与学生之间的交流与互动。

（5）易于选择。在网络教学环境下，学生可以根据自己的实际情况和需求，自主选择学习内容和学习方式，这大大提高了学生的学习积极性和自主性。与传统教学相比，在网络教学中，学生不再受制于教师的安排，可以根据自己的兴趣和能力选择适合自己的学习内容，这对于学生的个性发展和学习效果都是非常有利的。网络教学将学习者置于学习的中心，促进了以学生为主体的新型教学模式的发展。

综上所述，网络教学作为现代高校英语教学的重要手段，具有易操作性、灵活性、多样性、便捷性和易于选择等特点，对于提高教学效率、促进学生全面发展具有重要意义。教师和学生应充分利用网络教学的优势，不断探索创新，共同推动高校英语教育的发展。

（六）考试形式的建议

目前英语考试主要以笔试为主，但是对于一些项目的考查有一定的局限性，应该加以改革。概括来讲，要多进行一些阶段性的考试，下面就以听力和口语考试为例来进行说明。

1. 听力考试改革

在英语考试中，听力部分是学生们普遍认为较为困难的一环。为了更好地评估学生的听力能力，提出以下建议：首先，多样化题型设置是必不可少的。传统的听力考试题型主要集中在听对话和听短文上，而缺乏针对词汇、句型等更细致的考察。因此，我们建议将听力考试的题型拓展至听单词、听词组、听句型等，以满足不同程度学生的需求。其次，准备多套试题是确保考试公平性的重要举措。不同班级可以设计不同版本的试题，同一班级内也应分设不同的试卷，如 A、B 卷。同时，为了避免学生之间的抄袭行为，考试时应合理安排座位，确保考试的公正性和严肃性。最后，随堂考试是提高学生听力水平的有效方式。通过在日常课堂中进行小范围的听力测验，学生们能够更加集中注意力，提高听力效果。此外，考试形式也可以更加灵活，包括听写、听录音后回答问题等，以满足不同学生的学习需求。

2. 口语考试改革

口语表达能力是英语学习中至关重要的一环。为了全面评估学生的口语能力，提出以下建议：首先，教师应根据学生的学习内容准备多样化的口语试题。这些试题可以包括读单词、词组并进行汉语翻译、阅读课文并进行汉语翻译、用英语回答问题等多种形式，以全面考察学生的口语能力。其次，采取抽签选题的方式进行口语考试可以确保考试的公平性。学生们在考试前通过抽签确定所需回答的题型，然后在教师面前逐一进行考试，避免了题目安排上的偏袒。最后，口语考试的内容应该紧密结合课本内容，并注重学生的思维表达能力。通过要求学生根据课文内容进行口头表达、即兴演讲等方式，不仅可以考查学生的基础知识和基本技能，还可以锻炼学生的心理素质和应变能力。

综上所述，通过对英语考试形式的改革，可以更全面地评估学生的听力和口语能力，促进学生在英语学习中的全面发展。

（七）教学场所的建议

1. 充分利用图书馆资源

在提升英语教学质量的过程中，充分发挥高校图书馆的优势至关重要。首先，建立多媒体网络教室是一个极具前景的举措。这种教室不仅具备了网上交互和信息服务功能，更是理想的语言教学环境。通过配备多媒体设备和英语专业馆员，学生们可以在这里进行听说教学，并且轻松访问网上英语学习资源和四、六级考试信息数据库。此举不仅可以提高学生的学习效率，还能够创造出良好的英语交流环境。其次，图书馆应该加强对学生的个别辅导工作。通过馆员导读或检索系统，针对不同程度的学生推荐不同的信息资源，以满足其个性化学习需求。此外，与各系部和外语教师的联系也至关重要，这有助于了解学生的具体学习情况，并开设英语基础知识辅导班，为学生提供更多的学习支持和帮助。最后，建立与英语四、六级考试相关的数据库也是十分重要的。考虑到这些考试的特殊性,图书馆可以将其作为特色馆藏资源进行重点建设,并整理补充相关的文献资料和其他考试资源。通过利用数据库管理软件和动态服务器页面技术,学生们可以方便地获取到大学英语教学大纲、考试要求、历年考试题集等信息,从而更好地备考英语四、六级考试。

2. 充分发挥网络教学的优势

除了充分利用图书馆资源外,充分发挥网络教学的优势也是提升英语教学质量的有效途径。首先,网络教学能够拓展个性化的学习领域。相较于传统的课堂教学,网络环境提供了更广泛的学习空间,使得个性化教学成为可能。教师可以因材施教,学生也可以根据自身需求选择学习内容,这有助于提高教学的针对性和学习的效果。其次,网络教学可以搭建资源丰富的开放性平台。在网络环境下,学生可以从丰富的信息资源中选择适合自己的学习材料,并根据自身情况进行学习设计和安排。这种自主性的学习方式有利于培养学生的主动性和创造性,促进其思维能力和创新能力的发展。此外,网络教学还能够提供丰富的语言素材和文化资源。互联网上的英语资源丰富多样,不仅包括文学语言,还有日常生活用语,这为学生提供了更为生动地道的学习材料。同时,网络信息的更新速度也很快,学生能够及时了解到最新的语言发展和文化变化,从而更好地提升自己的语言水平和文化素养。最后,网络教学还可以开展各种交际活动,包括一对一或一对多的交流。通过电子邮件、网络聊天室等工具,学生可以与他人进行交流,不仅促进了师生之间和学生之间的互动,还能全面提高学生的听说读写能力,对于学生的认知能力和语言交际能力的提升也大有裨益。

(八)英语师资的建议

随着全球化的不断深入,语言学习在人文博雅教育中扮演着日益显著和决定性的角色。耶鲁大学的课程学习蓝皮书早已指出,掌握外语不仅能够提高学习者对语言的理解力,更能促进其更严密、更细致地使用母语,并深化对文化交际的理解。这一观点在当今日益多元化、国际化的社会背景下愈发凸显。与此同时,外语教育也因此面临更高的要求,而外语教师则承担着更为重要的角色。

在大学教育中，外语教师是承担外语教学任务的主要实施者，他们需要面对着日益复杂的教学环境与挑战。然而，值得注意的是，传统的外语教师培训往往更加注重业务方面，如提升语言技能，而忽视了更深层次的教学理念和文化内涵。这种状况会传达出一种错误地思想，即学会外语就等于能够教好外语，却忽略了"教什么"和"如何教"的双重重要性。

针对这一问题，当前的外语教师培训迫切需要从语言的文化内涵出发。正如耶鲁大学所指出的，语言不仅是符号系统，更是反映着民族历史、文化、心理素质的重要组成部分。因此，大学英语教师在培训中应当注重文化知识的传授，使其在教学过程中能够涉及文化元素，以更好地培养学生的交际能力。

同时，在教学方法的培训中也需要进行深入的思考。传统的教学方法研究多源于西方国家，而在我国，尤其是在大学英语教学领域，缺乏本土化的经验。因此，教学方法的培训不能仅仅局限于技术层面，还需考虑到社会政治维度等因素的影响。教师们需要明白，在后方法教学时代，最重要的不是追求所谓的"最佳"教学方法，而是根据学生的需求和个体差异，灵活运用适合的教与学策略。

如何保证大学英语教学的质量？这需要进行师资整合。将大学英语教师整合进入国际语言文化中心，形成跨语言的团队，与对外汉语教学的师资和外事交流与联系的师资整合，能够为教师们提供更为丰富的学术资源和交流平台。同时，将国际语言文化中心设立为通识教学部的下属分支，涉及众多学科的师资整合，能够为大学英语师资提供跨学科的支持与合作，从而提升教学质量，满足学生的多元化需求。

师资整合不仅为大学英语教师提供了丰富的学术资源和交流平台，也为其提供了一个自然地提升自我、丰富自我的过程。正如所言，大学英语教师是大学英语教学能否走出困境的关键之一。通过师资整合，能够更好地解决当前大学英语教学面临的问题，提升教学质量，满足学生需求，促进教育的更好发展。

综上所述，随着全球化的深入和社会的不断发展，外语教育的重要性愈发显著。大学英语教师作为外语教学的主要实施者，需要不断提升自身的能力和素养，以更好地适应时代的需求，为学生的发展和社会的进步做出更大的贡献。而通过培训、师资整合等方式，能够有效解决当前大学英语教学面临的问题，推动教育的进步与发展。

二、文化视域下高校英语教学的发展方向

（一）发展目标

1. 中国高等教育的国际化与英语教学

在中国的高等教育体系中，国际化已成为当今时代的迫切需求。一流高等教育不仅是国家强盛的标志，更是国家实现强盛的关键之一。在这个背景下，高等教育国际化不仅是目标，更是手段。国际化意味着师资、课程和学生的国际化。而将英语作为教学语言之一，则是国际化进程中至关重要的一环。毋庸置疑，英语已成为国际交流的通用语言，也是学术交流的必备工具之一。因此，对中国高等教育而言，将英语作为授课语言，不仅有助于吸引国际一流人才，更有利于提升学术水平、推动科技创新。尤其对于一流大学，如985高校而言，其英语教学应紧密围绕服务国际化的大局展开。教师需具备用英语开课的能力，学生则需要具备听懂英语授课的能力。这既是适应国际化需求的重要举措，也是提升学校整体实力的必然要求。

南方科技大学在此方面的尝试可谓令人鼓舞。通过引进香港大学教授唐叔贤进行英语授课，学校不仅为学生提供了与国际接轨的学习环境，更为英语教学的改革提供了有益的借鉴。唐叔贤教授的课程中，英文术语贯穿始终，这不仅帮助学生熟悉学科专业术语，更促进了他们的英语听力和口语表达能力的提升。此外，学校还采取了集中教学的模式，将英语课程集中在一年内完成，为学生迅速提升英语能力提供了有效途径。这种探索与尝试无疑为中国高校的国际化进程注入了新的活力，也为其他院校提供了可借鉴的经验。因此，对于中国的高等教育而言，英语教学的国际化不仅是服务国际化的需要，更是推动学校整体发展的必由之路。在这一过程中，学校应不断探

索符合自身特点的教学模式,加强师资队伍建设,提升学生的英语实践能力,为培养国际化人才和推动学校国际化进程提供坚实支撑。

2. 高校英语教学与国际化人才培养

除了服务于高等教育国际化的需要外,大学英语教学还承担着培养国际化人才的重要使命。中国高等教育的目标之一是培养具有国际视野、通晓国际规则的国际化人才,而英语沟通能力则是这类人才必备的基本素养之一。针对不同类型的高校,其英语教学目标也需有所不同。商务类、金融类等专业的学生应具备在国际商务、金融领域进行英语交流的能力,而这就要求英语教学与专业课程的有机结合,以提升学生在专业领域使用英语的能力。

对于985高校而言,其应逐步在部分专业开设英文学位课程,吸引国外优秀留学生,同时也为本校学生提供一流的英文专业课程,从而使学生在学习期间获得用英语学习和交流的机会。而对于其他院校,则应更加注重学生的英语实用能力培养,加强专业沟通能力的培养。这既有利于满足国际化人才培养的需要,也有助于提升学校在国际舞台上的竞争力。要实现这一目标,除了明确英语教学的定位和目标外,还需要对课程设计、教材选用、教师培训等方面做出详细论证和安排。特别是在教师队伍建设方面,应帮助教师制定专业的发展计划,提高他们的教学水平和英语表达能力,以适应新的教学发展需要。

综上所述,大学英语教学不仅要为高等教育的国际化服务,更要为培养国际化人才服务。在这一过程中,各高校应充分发挥自身优势,探索符合自身特点的英语教学模式,为中国高等教育的国际化进程和国际化人才的培养提供有力支持。通过不断的实践与探索,中国的高等教育必将在国际舞台上展现出更加充盈的活力和更高的竞争力。

(二)发展方向

随着高等教育国际化趋势的逐渐明晰,中国高校也逐步重视国际交流与合作,致力于推进国际教育市场的开放与国际优质教育资源的共享。这一趋势的核心在于培养能够适应全球化时代需求的国际化人才,这些人才既具备人文精神和科学素养,又具备文化素养和较强的国际竞争力。国家中长期教育改革和发展规划纲要也明确指出了培养国际化人才的重要性。这种人才的特征主要表现在具有全球视野、精通外语、熟悉外国文化传统、了解国际规则等方面。因此，通用英语和通识英语教学成为培养这类人才的必由之路。

通用英语教学是培养国际化人才不可或缺的一环。它不仅包括英语语言知识的传授，还着重培养学生的口头交际能力。通过分析英语语言的特点，教师可以帮助学生掌握语言知识，并通过大量的口语训练提高他们的交际能力。与此同时，通识英语教学则更加注重学生对英语国家文化传统、文学渊源、发展历史等方面的理解和掌握。这种教学不仅帮助学生从外国视角看待文化，还能够反思本民族的文化特性和思想潮流，从而在文化交流中增添自信和胸襟。

中国高等教育开始意识到过分强调专业教育可能带来的弊端，因此开始着力推行通识教育。通识教育的核心在于培养学生的全面素养，强调学生作为自由人和公民的教育。通识教育的内容涉及知识的广泛性和普适性，力求全面发展学生的身心，并提升他们的人文素养和科学素养。通识英语课程的开设正是这种趋势的体现，它不仅让学生学习语言知识，更重要的是让他们了解不同国家的文化、历史和思想，从而拓展他们的视野，提升交际能力和人文素养。

通用英语和通识英语教学不仅有助于培养学生的语言能力和文化素养，还对学生的心智发展有着积极的促进作用。语言作为人类最重要的精神工具之一，对人类的认知能力有着深远的影响。学习外语能够让学生从全新的视角认识世界，丰富他们的概念系统，提高分析能力和认知水平。已有研究证明，学习第二语言的人在思维能力和思维敏捷性方面明显强于只会一种语言的人。这种学习方式不仅能够增加学习者大脑左半球语言区域的灰质密度，还能够提高他们的图形解读能力，使他们更善于解决一些含有误导信息的问题。

综上所述，通用英语和通识英语教学对于中国高等教育的国际化发展具有重要意义。未来的大学英语教学应以此为主，兼顾学术英语教学，以培养更多适应全球化时代需求的国际化人才为目标。

参考文献

[1] 蒋丽霞. 文化视域下的高校英语教学研究 [M]. 北京：北京工业大学出版社，2021.

[2] 金朋荪. 大学英语翻译理论与实践 [M]. 武汉：华中科技大学出版社，2009.

[3] 荣子菁. 语篇翻译探析 [J]. 考试周刊，2014（62）：27.

[4] 朱燕华，陈莉萍. 高校英语智慧课堂教学评价指标体系构建 [J]. 外语电化教学，2020（4）：94.

[5] 姜毓锋，王泳钦. 数字赋能大学英语本土文化教学的应用研究 [J]. 教书育人（高教论坛），2024（6）：88.

[6] 刘娟. 茶文化视域下高校英语翻译教学创新思路 [J]. 福建茶叶，2021，43（7）：141.

[7] 别俊玲. 基于文化自信导向的高校英语教学改革 [J]. 英语广场，2020（36）：90.

[8] 韩健. 功能语言学视阈下的法律文本对比分析 [M]. 上海：上海交通大学出版社，2013.

[9] 靳昭华，王立军. 输出驱动理论在高校听力教学中的应用 [J]. 中国市场，2015（28）：2.

[10] 申媛媛. 高校英语专业教学中中国传统文化的传承与融入 [J]. 校园英语，2023，（49）：100－102.

[11] 张海芹. 高校英语写作教学策略浅析 [J]. 佳木斯教育学院学报，2010（5）：334.

［12］范娟．中华优秀传统文化元素融入大学英语写作课堂的教学实践研究［J］．高教学刊，2024，10（S1）：108．

［13］李红梅，张鸾，马秋凤．高校英语词汇教学与习得研究［M］．武汉：武汉大学出版社，2016．

［14］左健．高校英语文化导入教学及措施［J］．数字化用户，2018，24（19）：163．

［15］程航．高校文化视角下的英语词汇教学［J］．飞天，2012（8）：177．

［16］论中华水文化融入大学英语教学的意义及模式［J］．吉林省教育学院学报，2024，40（1）：171－175．

［17］安璐．中国饮食文化融入大学英语教学的实践探索［J］．中国食品，2023（24）：36－38．

［18］熊慧琳．高校英语教育中的文化教学途径分析［J］．英语广场，2021，（4）：91．

［19］何英．数字人文背景下大学英语教学研究［J］．辽宁经济职业技术学院．辽宁经济管理干部学院学报，2024，（1）：98．

［20］宋君．高校英语有效教学的研究［D］．咸阳：西北农林科技大学，2012：7．

［21］潘瑞峰．高校英语课堂教学的有效性研究［J］．科技致富向导，2012（6）：61．

［22］韩宪武．新时期高校高专英语有效教学策略初探［J］．湖北科技学院学报，2013，33（3）：102．

［23］何彬．线上线下相结合的高校英语混合式教学模式探究［J］．英语广场，2022（6）：102．

［24］文燕．教师反思与高校英语有效教学的研究［J］．教育与职业，2010（18）：188．

［25］魏丽珍，张兴国．高校英语教学的生态特性及教学定位探究［J］．环境工程，2022，40（2）：2．

[26] 郭坤,田成泉.高校英语生态教学环境的优化[J].教育理论与实践,2016,36(24):56.

[27] 简洁,高原,刘娜,等.高校英语教学方法新编[M].长春:吉林大学出版社,2022.

[28] 李芹.中华优秀传统文化融入高校英语教学的策略探究[J].纺织服装教育,2022,37(4):372.

[29] 陈仲庚.中西文化比较[M].广州:羊城晚报出版社,2015.

[30] 黄文静.教海探航 多元文化视域下的高校英语教学研究[M].北京:中国商业出版社,2022.

[31] 李慧.我国高校英语教学模式研究[M].长春:吉林出版集团股份有限公司,2022.

[32] 孙婕.高校英语教学理论及实务研究[M].长春:吉林人民出版社,2022.

[33] 宋佳.基于产出导向法的大学英语文化教学设计与评价[J].湖北开放职业学院学报,2024,37(5):174-176.

[34] 汤学智.多元文化视角下高校英语教育教学策略探究[J].英语广场,2024,(6):86-89.

[35] 孟锐.文化自信背景下高校英语课堂信息化教学模式研究[J].校园英语,2024,(5):42-44.

[36] 王雪.多元文化视域下高校英语教学改革策略探究[J].英语教师,2024,24(1):79-81.

[37] 李防.传统文化在高校英语教学中的渗透探讨[J].产业与科技论坛,2024,23(2):175-178.

[38] 马丽娟.高校英语语言教学中的文化渗透分析[J].中学生英语,2024,(4):67-68.

[39] 何宁宁.中国传统文化在高校英语教学中的渗透[J].知识文库,2023,39(24):127-130.